은근 몰랐던 일본 문화사

| 일러두기 |

인명, 지명, 제도 용어의 한자 표기는 문헌 및 관례에 따랐고, 한자의 음독은 원칙적으로 한국식에 따랐습니다.
이 책에서는 보편적 정서에 따른 '일왕' 대신 문헌과 관례에 따라 '천황'으로 표기하였습니다.

은근 몰랐던
일본 문화사

2021년 12월 08일 초판 01쇄 발행
2024년 03월 04일 초판 04쇄 발행

지은이 조재면

발행인 이규상   편집인 임현숙
편집장 김은영   책임편집 강정민   교정교열 최지은
기획편집팀 문지연 강정민 정윤정
마케팅팀 이순복 이채영 김희진
디자인팀 최희민 두형주   회계팀 김하나

펴낸곳 (주)백도씨
출판등록 제2012-000170호(2007년 6월 22일)
주소 03044 서울시 종로구 효자로7길 23, 3층(통의동 7-33)
전화 02 3443 0311(편집) 02 3012 0117(마케팅) 팩스 02 3012 3010
이메일 book@100doci.com(편집·원고 투고) valva@100doci.com(유통·사업 제휴)
포스트 post.naver.com/black-fish   블로그 blog.naver.com/black-fish
인스타그램 @blackfish_book

ISBN 978-89-6833-348-4 03910
ⓒ조재면, 2021, Printed in Korea

블랙삔쉬는 (주)백도씨의 출판 브랜드입니다.

* 잘못된 책은 구입하신 곳에서 바꿔드립니다.

재미와 역사가 동시에 잡히는
세계 속 일본 읽기

은근 몰랐던
일본 문화사

★ 조재면 지음 ★

블랙피쉬
Black Fish

우리는 일본에 대해 얼마나 알고 있을까요? 미디어조차 일본을 소개할 때 감정을 싣습니다. 이웃 나라이며 왕래도 잦은 나라이지만, 생각보다 우리는 일본에 대한 정보를 꽤나 편식하고 있는지도 모릅니다. 이 책은 거기서부터 시작되었습니다. 교과서도, 미디어도 잘 알려주지 않는 일본 이야기를 최대한 객관적이면서도 흥미롭고 쉽게 써보자가 이 책의 소명 같은 것이었습니다.

우리나라에 오래 살았다고 해서 '대한민국 전문가'라고 하지 않는 것처럼, 일본에 대해 공부하고 가르친다고 해서 '일본 전문가'라고 지칭하는 것은 무리가 있다고 생각합니다. 그 복잡한 정치, 경제, 사회, 문화 전반에 걸쳐 고도의 전문성을 가지는 것 자체가 불가능하다고 생각합니다. 그래서 처음 출판 제의를 받았을 때도 무게감이 컸습니다. 그렇지만 일본에서 공부를 했고 일본 사회를 10년 이상 가르치고 있는 사람으로서 다양한 일본의 모습을 보여줘야 한다는 사명감이 마음 한구석에 있었나 봅니다.

이 책은 일본에 대해 관심을 가지기 시작한 분들께 입문자용으로 추천드립니다. 법, 정치·경제, 사회, 문화로 나뉜 테마는 한상 가득 차려진 한정식처럼 다양한 정보와 재미를 선사할 것입니다. 또 일본 하면 떠오르는 '황실', '버블경제', '오타쿠', '원자력' 등 30여 가지 키워드와 함께 현대 일본을 생생하게 소개하고자 했습니다. 역사 순으로 일본을 읽는 데 어려움을 느끼는 분들도 이 책을 쉽게 시작하실 수 있을 것입니다. 이 책을 읽고 또 다른 흥미가 유발되어 깊이 있는 학습으로 이어진다면 저자로서 더 바랄 것이 없겠습니다. 특히 우리가 잘 알지 못했던 일본의 현대사와 그 시기에 있었던 여러 사건들은 지금의 일본을 이해하는 데 큰 도움이 될 것입니다.

이 책에서 저는 무턱대고 일본을 비난하지도, 그렇다고 무분별한 이해를 요구하지도 않습니다. 간혹 잔인한 사건이나 일본 사회를 충격에 빠트린 대형 사고가 등장하지만, 이는 일본 사회의 문제점인 동시에 일본을 고민하게 하고 또 진보하게 만든 사건으로서 소개할 필요가 있다고 생각했습니다. 오히려 이런 사건들이 벌어졌던 사회를 보여주면서 독자 분들께 "그럼 우리는?"이라는 질문을 던지고 싶었습니다. 일본 사회도 우리와 비슷한 고민을 해왔고, 비슷한 사건들이 일어나기 때문이죠.

사건과 동시에 인물을 소개하는 데 많은 힘을 썼습니다. 존경할만한 인물, 신념을 관철한 인물, 그 신념이 제 생각과 같지 않은 인물, 그리고 우리 역사와 관련된 인물 등 다양한 인물을 소개하기 위해 노력했습니다. 다만, 과도하게 일본의 이름과 지명이 등장하는 책은 저 또한 집중력이 흐트러진 경험이 있으므로 최대한 독자분들을 배려하기 위해 노력했습니다.

처음 일본에 갔을 때를 기억합니다. 가수 보아가, 드라마 〈겨울연가〉가 인기를 얻기 시작한 그 시기, 한국에 대해 관심이 높아진 시기에 한국인이라는 이유로 덩달아 관심을 받았습니다. 한편으로는 '가깝고도 먼 나라'의 의미를 떠올릴만한 사회적, 문화적 충격도 많이 겪었습니다. 처음 1년간은 "일본은 왜 이래?"라는 말을 수도 없이 내뱉었습니다.

시간이 쌓이고, 경험이 축적될 즈음부터 일본과 한국 사회를 더욱 객관적으로 보기 위한 노력이 시작되었습니다. 일본 사회의 문제점이 파악될 때쯤, 한국 사회의 문제점도 같이 보이기 시작했습니다. 그리고 지금도 끊임없이 그 과정이 반복되고 있습니다.

그렇기 때문에 이 책은 아직도 현재 진행형입니다. 제가 알고 있는 일본에 대해, 그 정보에 대해 겸허하기 때문에 또 다른 일본을 발견하면 이 책에서 논했던 내용이 부끄럽게 느껴질 수도 있겠다는 생각을 합니다.

이웃은 때때로 같이 즐거움을 나눌 수 있지만, 서로를 피곤하게 만드는 존재이기도 합니다. 하지만 이웃을 바꿀 수 없는 상황에서, 관계가 좋아지든 나빠지든 우선 그 이웃을 알아야 하는 것만큼은 틀림없습니다. 그것은 역사가 증명하고 있죠. 저와 같은 생각이라면, 이 책은 일본에 대해 조금 더 알아가는 데 큰 도움이 될 것입니다.

마지막으로, 일본을 바라보는 제 관점을 정리하는 동안 오랜 시간 기다려주신 출판사 및 관계자 분들에게 감사드립니다.

- 조재면

차 례

PART 2. 정치·경제

PART 3. 사회

PART 4. 문화

일본국 헌법 1조, 난 국민이 아니라고?

_ 헌법과 천황제

헌법, 그중에서도 1조는 그 나라의 정체성을 보여줍니다. 대한민국 헌법 1조는 "대한민국은 민주공화국이다. 대한민국의 주권은 국민에게 있고, 모든 권력은 국민으로부터 나온다"입니다. 그렇다면 일본의 헌법 1조는 과연 어떤 내용일까요?

"천황은 일본국의 상징이며 일본국민통합의 상징으로서, 이 지위는 주권을 가지는 일본 국민의 총의에 기초한다."

'음, 그렇군' 하고 고개를 끄덕이는 것으로 넘어가려고 했다면, 조금 더 위의 문장에 오랫동안 시선을 두고 여러 번 곱씹어보는 것은 어떨까요. 저 문장에는 일본 사회와 문화, 특히 일본의 근현대사가 함축적으로 담겨 있기 때문입니다.

。일본은 헌법이 두 개라고? 。

현재 일본의 헌법을 '일본국 헌법'이라고 합니다. 하지만 이 헌법은 한 번 개정된 것이기 때문에 두 번째 헌법이라고도 볼 수 있습니다. 사실 헌법이라는 것이 효력이 정지되고 다시 만들어지는 일은 일반적이지 않은데요. 일본은 2차 세계대전에서 패전한 이후 새로운 내용의 헌법이 제정되었죠. 당시 일본 사람들도 헌법이 이렇게 새로운 형태로 다시 탄생할 것이라고는 상상하지 못했습니다.

1889년 일본에서 처음 등장한 헌법을 대일본제국헌법, 일명 **메이지 헌법**이라고 합니다. '동아시아 최초의 근대적 헌법'이라는 의미가 부여되곤 하는데요. 하지만 근대적이라는 표현이 무색하게도 메이지 헌법은 천황에게 모든 권력이 집중되어 있는 천황주권의 헌법이었습니다. "대일본제국은 만세일계万世一系 천황이 통치한다"라는 것이 헌법 1조였으니까요. 참고로 만세일계는 일본 황실의 혈통이 지금까지 단절되지 않고 이어져오고 있다는 것을 말합니다. 어쨌든 메이지 헌법에서는 국민이 주권자가 아니었을 뿐만 아니라 지금의 민주주의 국가들처럼 권력이 분립되어 있지도 않았습니다. 정확히는 분립되어 있는 척만 했지요. 원래 헌법은 권력자의 권력을 제한하고 인민의 권리를 보장하기 위해 발전한 것인데, 메이지 헌법은 권력자에게 권력이 집중되어 있었기 때문에 지금 우리의 관점에서 본다면 문제가 많은 헌법이었습니다. 메이지 헌법의 제정을 주도한 이토 히로부미는 당시 군주(황제)를 중심으로 눈부신 경제발전을 하고 있었던 독일의 프러

메이지 헌법 공포 약도. 토요하라 치카노부, 1889년.

시아 헌법을 참고하였습니다. 여기서 명심할 점은 메이지 헌법이 아시아 최초의 근대적 헌법은 아니라는 것입니다. '동아시아' 최초입니다. 아시아 최초의 근대적 헌법은 1876년에 나온 오스만제국의 미드하트 헌법입니다.

메이지 헌법 이후 일본에서 두 번째로 등장한 헌법은 현재까지 사용되고 있는 일본국 헌법입니다. 이 헌법은 2차 세계대전이 끝난 직후인 1946년에 제정되었습니다. 일본국 헌법은 인천상륙작전으로 유명한 더글러스 맥아더와도 연관이 깊은데요. 2차 세계대전에서 패배한 이후 일본은 사실상 미국 중심의 연합군총사령부GHQ의 간접통치 아래에 있었고, 당시 연합군 최고 사령관이 바로 맥아더였습니다. 맥아더의 초안에 근거하여 지금의 일본국 헌법이 제정되었죠.

◦ 천황제를 폐지할 수 있을까? ◦

천황은 지금도 일본의 상징으로서 존재합니다. 다소 과격하게 들릴지도 모르겠습니다만, 천황제를 폐지하는 것이 가능할까요? 많은 사람들이 막연하게 불가능할 것이라고 생각합니다. 하지만 결론부터 이야기하면 확률은 매우 낮으나 가능은 합니다.

천황이 옛날부터 아주 당연하게 존재했던 것은 아닙니다. 천황의 존재 자체가 위태로웠던 적이 일본 역사에서 여러 차례 있었죠. 당장 현대사만 봐도 2차 세계대전 패전 직후 천황의 자리는 없어질 뻔했습니다. 전쟁의 책임을 천황에게 물어야 한다는 국제사회의 목소리가 높았고 당연히 처벌해야 한다고 주장하는 나라가 많았기 때문이죠. 특히 중국, 오스트레일리아, 뉴질랜드 등은 천황제를 남겨둔다면 다시 군국주의가 등장할 수 있다고 우려하며 천황을 전범재판에 기소해야 한다고 주장하였습니다. 하지만 당시 맥아더는 천황을 기소하거나 처형하면 일본을 통치하기 어려워질 것이라고 생각하였는데요. 그가 본국에 보낸 전보에는 천황을 처형한다면 무질서와 게릴라 등에 의해 최소 백만 명 이상의 군대를 투입해야 하고, 행정 업무를 위한 수십만 명의 인원이 더 필요할지도 모른다는 내용이 담겨 있기도 합니다. 이러한 배경에 따라 쇼와 천황은 처벌받지 않았고, 그 때문에 현재 많은 일본인들이 천황에게 전쟁 책임이 없다고 생각합니다.

그렇다면 지금 천황은 일본 사회에서 어떤 위치일까요? 다시 일본국 헌법 1조를 살펴보겠습니다.

"천황은 일본국의 상징이며 일본국민통합의 상징으로서, 이 지위는 주권을 가지는 일본 국민의 총의에 기초한다."

헌법 1조에 따라 지금 천황은 일본의 상징에 불과합니다. 큰 재난이 있을 때 국민을 위로하고 격려하는 아버지와 같은 역할을 하고 있습니다. 하지만 헌법 1조를 다르게 해석해볼까요? 천황이 일본 통합의 상징으로 존재하는 것은 일본 국민의 공통된 의견을 바탕으로 한다고 명시하고 있으니, 국민들이 반대한다면 천황제도 없앨 수 있다는 이야기가 됩니다. 물론 그럴 가능성이 높은 것은 아닙니다. 일본 국민 대다수가 천황제에 찬성하고 있기 때문에 현재로서는 거의 불가능하죠. 하지만 조금 거칠게 따져보면 소수이지만 천황제를 반대하는 사람도 일본에는 있습니다. 일본 국민의 총의에 근거해서 지금의 천황이 존재하는 것이니까, 천황제를 반대하는 사람은 일본 국민에 포함되지 않았다고도 볼 수 있습니다. 그래서 천황제를 반대하는 사람은 일본 국민이 아니라는 논리를 펴는 사람들도 있습니다.

◦ 천황주권설과 천황기관설 ◦

2차 세계대전 이전까지 일본이 천황을 신으로 하는 천황주권사회였다는 것은 많이 알려진 역사적 사실입니다. 그러면 천황은 절대

권력을 가진 신이었을까요? 국가의 최고 권력기관이었을까요?

"어쨌든 천황은 권력자 아닌가요?"라는 관점에서 보면 크게 차이가 없어 보이지만, 20세기 초 일본 사회에서 이는 다른 관점으로 받아들여졌습니다. 이 두 가지 관점을 각각 **천황주권설**과 **천황기관설**이라고 합니다.

'주권은 신성불가침의 천황에게 있고 천황은 권력 행사에 제한이 없다.' 이것이 천황주권설입니다. 쉽게 말하면, 천황이 신이고 신이 국가를 통치한다는 생각인 것이죠. 하지만 1910년 전후 천황기관설이 등장하였습니다. '주권은 국가에 있고 천황은 국가의 최고 권력기관으로서 헌법에 따라 권력을 행사한다'라는 사상입니다. 천황기관설을 펼친 사람은 미노베 다쓰키치美濃部達吉라는 헌법학자였습니다. 결국 두 사상이 어떻게 다르냐고요? 다시 한번 위의 밑줄 친 문장을 천천히 보면 천황이 권력자인 것은 똑같으나, 천황주권설에서는 권력의 제한이 없는 반면 천황기관설에서는 천황도 국가의 기관이기 때문에 권력의 제한이 있다는 것을 알 수 있습니다.

기업에 비유하자면 천황주권설에서 천황은 회사 경영을 마음대로 좌지우지하는 강력한 권력을 지닌 사장입니다. 반면 천황기관설에서 천황은 경영진 회의를 통해 한정된 권력으로 회사를 운영하는 사장이죠. 지금의 관점에서 보면 둘 다 민주적이지 않지만, 그래도 후자인 천황기관설이 조금 더 진보한 사상이라고 볼 수 있습니다.

이러한 분위기 속에서 나름 민주주의 운동이 1910~1920년대에 일어났습니다. 이 시기의 연호가 다이쇼여서 당시 민주주의, 자유주의 운동을 '다이쇼 데모크라시'라고 부릅니다. 납세액과 상관없이 25세 이상 남성에게 선거권이 주어진 보통선거가 시작된 것도 이 시기쯤입니다.

그런데 천황기관설은 얼마 가지 못해 탄압당합니다. 쉽게 말하자면 "천황은 신인데 무슨 소리를 하는 거야? 기관이라니!"라는 것이 이유였습니다. 만세일계의 천황이 통치하는 것이 바로 일본인데, 그것에 반하는 주장이라는 것이었지요. 1935년 2월 한 의원이 미노베를 비판하기 시작하였고, 비판은 비난이 되어 가짜 정보와 뒤섞이며 여론을 들끓게 했습니다. 다이쇼 데모크라시의 민주주의 분위기 속에서 천황기관설은 결코 비난이나 비판을 받는 사상이 아니었는데 말이죠. 1930년대가 지나가면서 일본은 천황이라면 무엇이든 용서되고, 지식인들은 그에 대해 입을 닫는 파시즘으로 치닫고 있었습니다. 그렇게 미노베의 천황기관설은 공격의 대상이 되어버렸습니다.

◦ 일본국 헌법이 퇴짜 맞은 이유 ◦

다시 2차 세계대전 이후, 새로운 일본국 헌법이 만들어진 이야기로 돌아가보겠습니다. 현재 도쿄 히비야에 있는 DN타워21은 연합

제2부

히비야의 DN타워21.
ⓒ Rs1421(wikimedia)

군총사령부의 청사로 사용되었던 곳입니다. 6층은 맥아더의 집무실이었죠. 연합군총사령부의 지시에 따라 일본 정부는 새로운 헌법을 만들기 위해 헌법문제조사위원회라는 것을 만듭니다. 위원장은 도쿄대학교 출신의 마쓰모토 조지松本烝治였고 고문은 천황기관설로 비난받았던 미노베 다쓰키치였습니다. 미노베 다쓰키치의 재등장은 시대가 바뀌었다는 것을 의미하겠지요.

그런데 일본국 헌법의 초안은 퇴짜를 맞습니다. 위원장이며 중추적인 역할을 했던 마쓰모토 조지가 가마쿠라의 한 별장에 들어가 이 새로운 헌법의 초안을 만들었는데요. 이른바 '마쓰모토안'이라고 불리던 이 초안에는 여전히 "천황이 통치권을 모두 관할

한다"라는 내용이 포함되어 있었습니다.

천황의 통치권을 인정한다고요? 그렇다면 천황의 권력이 전쟁을 일으켰던 메이지 헌법과 크게 다르지 않다는 것 아닌가요? 하긴, 전쟁이 끝났다고 해서 하루 만에 사람이 변하지는 않겠지요. 이 내용은 당시 마이니치신문에 특종으로 보도됐고, 결국 연합군총사령부는 이 안에 퇴짜를 놓았습니다. 맥아더는 자신의 원칙에 따라 헌법을 만들라고 지시했고 그것을 바탕으로 만들어진 것이 지금의 일본국 헌법입니다.

◦ 헌법 9조와 자위대의 불편한 관계 ◦

일본 정부의 우경화는 심각해질수록 우리나라 언론에도 소개되는 경우가 많아 우리에게도 익숙한데요. 일본국 헌법의 또 하나의 큰 별칭은 **평화헌법**입니다. 헌법 9조에 전쟁을 포기하고 전력戰力을 보유하지 않겠다는 내용이 담겨 있죠. 전 세계에서 이와 비슷한 내용의 헌법을 보유한 국가는 코스타리카 정도 아닐까요?

전력을 보유하지 않겠다는 것은 군대를 보유하지 않는다는 것을 의미합니다. 이 내용은 군국주의로 회귀하는 것에 대한 국제사회의 불안을 불식시키기 위해 만들어졌습니다. 민주주의와 자유주의, 평화주의를 내걸고 일본을 개혁한 연합군총사령부의 의향이 충분히 반영된 내용이었죠. 물론 국제사회가 그렇게 정의롭지 못하다는 관점에서 볼 때, 일본이 다시 덤비지 못하게 하기 위한 미국의 조치라고도 생각됩니다.

하지만 일본에게 평화주의 헌법을 내밀었던 미국은 냉전이 격해지고 한반도에서 한국전쟁이 일어나자 그 반대로 움직였습니다. 군대를 만들지 말라더니 이제는 "빨리 자립해서 우리 편으로 들어와"라고 요구했죠. 그런 분위기 속에서 7만 5천여 명의 경찰예비대가 창설되었고 해상보안청 요원 8천여 명이 증원되었으며, 미국은 일본이 미군의 후방기지 역할을 해주길 바랐습니다. 그 과정에서 추방되었던 군국주의자들이 돌아왔습니다. 감옥에 있던 A급 전범 용의자인 기시 노부스케岸信介를 포함하여 전쟁에 참여했던 군인들이 상당수 복귀하여 경찰예비대로 들어갔고, 이들은 훗날 **자위대**를 구성하게 됩니다. 이러한 정책 전환에 따라 군국주의는 완전히 청산되지 않은 상태로 현재에 이르게 됩니다. 당시 이러한 점령정책의 전환을 **역코스**라고 합니다. 일본 우익 정치인들의 제국주의, 군국주의 망언도 이러한 역사 인식에서 나온 것이죠.

그렇다면 자위대는 군대일까요? 자위대는 자국을 지키는 부대입니다. 어디까지나 다른 나라를 공격할 수 없고 침략을 받았을 때 방어하는 역할만을 수행합니다. 어쨌거나 전력을 가지면 안 된다는 헌법 9조를 자위대가 위반하고 있는 것이죠. 하지만 일본 정부는 자위대는 방어만 하기 때문에 군대가 아니라는 주장을 반복해왔습니다. 그런데 최근에는 방어만을 목적으로 하는 자위대가 국제평화를 위해서 또는 동맹국의 안전을 이유로 국제사회로 진출하며 군대와 다름없는 모습을 보여주고 있습니다.

자위대와 헌법 9조가 불편한 관계인 것은 틀림없습니다. 그리고 그 불편한 공존은 지금까지 이어지고 있습니다. 우리에게 자위대는 과거 군국주의를 떠올리게 하는 불편한 존재이지만, 일본의 보수정치인들은 자위대의 존재를 부정하는 헌법 9조를 불편하게 생각합니다. 그래서 이 헌법 9조를 개정하려는 움직임이 과거부터 있었습니다. 그 바탕에는 "일본국 헌법은 미국에 의해 강요된 헌법이므로 개정해야 한다"는 의견도 많습니다. 하지만 과거 전쟁의 참상을 기억하는 국민들의 반대로 헌법 9조는 지금까지 유지되고 있습니다.

◦ 70여 년이 넘도록 그대로인 헌법 ◦

1948년 제정된 대한민국 헌법은 지금까지 아홉 번의 개정이 있었습니다. 하지만 일본국 헌법은 1946년에 제정된 이후 지금까지 단 한 번도 개정된 적이 없습니다. 일본에서는 헌법을 고치려면 상당히 어려운 절차를 거쳐야 하는데요. 그 때문에 일본 헌법을 경성헌법硬性憲法이라고 합니다. 절차를 살펴보면, 먼저 중의원과 참의원을 3분의 2 이상 확보해야 하며(일본은 미국과 마찬가지로 국회를 두 개 가지는 '양원제' 국가로, 중의원과 참의원은 각각 미국의 상원, 하원의원 격이다), 국민투표에서 국민의 절반 이상이 찬성해야 합니다. 중의원과 참의원 3분의 2 이상이 동의한다고 해도, 자칫 무리하게 밀어붙이면 국민투표에서 역풍을 맞을 수도 있기 때문에 쉽게 하지 못합니다.

앞에서 언급한 것처럼 일본국 헌법이 미국에 의해 강요된 헌법이라고 주장하는 사람들도 있습니다. 연합군총사령부의 영향력 아래에서 제정된 것임은 틀림없기 때문이지요. 하지만 그렇게 보지 않는 사람들도 많습니다. 특히 일본 정부가 개정하고자 하는 헌법 9조의 전쟁 포기와 평화주의는 당시 일본 수상의 제안에 따라 포함된 것인데요. 맥아더가 남긴 《맥아더 회고록》과 편지 등에 따르면 시데하라幣原 수상이 전쟁 금지 조항을 맥아더에게 제안하였다고 합니다. 다른 조항에 대해서는 의견 대립이 있기도 하였지만 오히려 9조의 평화주의에 대해서는 큰 대립이 없었죠. 이뿐만 아니라 헌법을 만들 당시 여러 정당에서 각자가 생각하는 헌법안을 내놓기도 하였으니 결국 헌법을 만드는 과정에 일본이 주체적으로 참가했다고 볼 수 있습니다.

일본국 헌법 9조는 2차 세계대전 이후 전쟁의 참혹함 속에서 평화를 바라는 사회 분위기에 따라 만들어졌습니다. 지금도 일본 사회에서는 "평화헌법이 있었기 때문에 말 그대로 평화로운 분위기 속에서 일본이 지금과 같이 성장할 수 있었다"고 말하곤 합니다. 한편 우리나라를 포함하여 일본의 침략을 받았던 국가에게 헌법 9조는 과거 침략에 대한 반성과 다시는 전쟁을 하지 않겠다는 공약과 같습니다. 그러니 헌법 9조를 개정하려는 움직임을 보고 있자면 과거 제어가 되지 않았던 일본으로 다시 돌아가려는 것이 아닌가 하고 불안해집니다.

일본국 헌법의 기본 원리는 국민주권, 평화주의, 인권존중입니다. 옆 나라의 헌법이지만 곰곰이 생각해볼 만한 가치가 있습니다. 이러한 기본 원리, 특히 평화주의는 일본에만 필요한 조항이 아니라 인류 전체의 보편적 가치니까요. 다행히 일본 시민들을 중심으로 헌법 9조를 지키는 움직임은 계속해서 이어지고 있습니다. 헌법 9조를 개정해야 한다고 주장하는 일본인을 만나면 저는 이렇게 이야기합니다.

"그 아름다운 헌법을 왜 바꾸려 해?"

일본 국회에는 좀비도 있고 소도 있다?

_ 필리버스터와 우보전술, 우설전술

영화 〈카메라를 멈추면 안 돼!〉
한국판 포스터.

2017년 일본 열도를 뒤흔들었던 영화가 한 편 있습니다. 〈카메라를 멈추면 안 돼!〉라는 작품인데요. 당시만 해도 잘 알려지지 않았던 우에다 신이치로上田慎一郎라는 젊은 감독이 일본 영화팬을 열광시켰습니다. 부천 국제 판타스틱영화제 수상작으로 한국에서도 꽤 나 알려졌지요. 아주 엉성한 좀비물이지만 좀비물을 극도로 싫어하는 저도 엔딩 크레딧이 올라갈 때는 박수치고 있었을 정도로 신선한 작품이었습니다. 정확하게는 좀비물이라는 장르보다는 반전이 핵심인 영화죠.

∘ 좀비는 국회에도 있다 ∘

일본 국회에는 **좀비의원**이라는 속칭이 있습니다. 일반적으로 좀비가 살아 있는 시체를 의미한다면, 정치계에서 좀비는 선거에서 낙선했다가 부활한 사람을 의미합니다. 썩 유쾌하게 들리지 않는 이 표현은, 사실 원래 썩 나쁜 의미로 시작한 것은 아니었습니다.

일본의 중의원은 1994년 이래 두 가지 선거 방식으로 선출되고 있습니다. **소선거구제**와 **비례대표제**인데요. 제도명만 보면 우리와 크게 차이가 없어 보이지만 조금 들여다보면 다른 부분들이 보입니다. 가장 두드러지는 차이는 바로 중복입후보 가능 여부입니다. 중복입후보란 지역구에서 당선자가 한 명 나오는 소선거구제와, 각 정당의 명부에 근거하여 의석수를 배분하는 비례대표제에 동시에 입후보할 수 있는 것을 말합니다. 쉽게 말해, 지역구에 출마하였다가 낙선하여도 비례대표로 당선이 가능하다는 것이죠. 예를 들자면 A정당 후보가 종로구에서 출마했다가 떨어졌는데 A정당의 비례대표 후보로 등록되어 있어 당선되는 것이 가능합니다. 그리고 실제로 이런 방식으로 다시 당선된 의원을 비꼬아 좀비의원이라 하는 것이죠. 물론 무조건 부활하는 것은 아니고 일정 이상의 득표(석패율)가 필요합니다.

소선거구제는 영국 등에서 사용하는 제도인데요. 이 제도의 가장 큰 단점은 낙선한 후보자에게 던져진 사표가 많다는 점입니다. 사표가 많다는 것은, 국민들의 의견이 잘 반영되지 않는다는 뜻이기도 하죠. 그래서 이런 사표를 조금이나마 반영하기 위해 시작한 것이 바로 중복입후보였던 것입니다. '표를 많이 받았는데도 아쉽게 떨어진 사람은 국민의 지지가 높으니 당선시켜주자'라는 의도였겠지요. 일부에서는 국민이 낙마시킨 후보를 다시 부활시키는 것이 도리에 맞느냐는 비판도 있습니다. 언론에서는 **부활당선**이라는 표현을 자주 사용하는데요. 소선거구제의 단점을 비례대표제가 보완하는 것이지만, 부활당선이라는 표현은 소선거구에서 패배한 후보가 부활했다는 부정적인 인식을 만들기도 합니다. 물론 정치에서는 그런 인식을 이용해 해당 정치인의 약점을 잡기도 하지요. 중복입후보로 여덟 번 당선된 의원도 있습니다.

◦ 임기를 채워본 적이 드문 중의원 ◦

일본 국회는 양원제입니다. 중의원과 참의원으로 되어 있지요. 일원제를 채택하고 있는 우리나라 관점에서 보면 조금 어색할 수도 있지만, 우리도 제2공화국에서는 민의원과 참의원으로 나뉘기도 하였습니다. 비록 아주 잠깐이었지만요.

일본 중의원의 임기는 4년입니다. 그런데 중의원이 임기 4년을 다 채운 적은 1945년 이후로 1976년과 2021년 두 번밖에 없습니다. 대부분이 해산을 당해버렸죠. **중의원 해산**, 이것은 일본 수상이 가지고 있는 강력한 권한입니다. 수상은 한 번에 중의원 465명을 자르고 다시 선거를 치르도록 할 수 있습니다. 그런데 여기서 찬찬히 생각해봅시다. 일본에서는 수상을 중의원이 뽑습니다(물론 참의원도 투표하지만, 결과적으로는 중의원의 의견대로 선출됩니다). 즉, 수상은 중의원이 지지를 해줘야 수상 자리를 유지할 수 있지요. 그런데 반대로 수상은 중의원을 해산시킬 수 있습니다. 냉정하게 생각해보면, 수상이 자신에게 여론이 좋을 때 중의원을 해산하면 그다음에도 자기 세력으로 중의원을 꾸릴 수 있고, 그 중의원이 또다시 수상 자신을 지지해주면 수상은 장기적으로 견고하게 정치를 할 수 있습니다. 그 때문에 중의원 해산은 수상에게 너무 큰 권한이 아니냐는 비판도 있습니다.

중의원 해산은 우리나라에는 없는 제도여서 보고 있으면 신선할 때가 많습니다. 중의원 의장이 의회에서 "일본국 헌법 제7조에 따라 중의원을 해산한다"라고 외치면, 만세 삼창과 박수갈채가 터져 나오죠. 재밌는 것은 만세 삼창을 외치는 사람들이 곧 해산당하는 중의원들이라는 사실입니다. 마음에서 우러나오는 만세 삼창일까요? 이 만세 삼창은 언제부터 시작된 것일까요. 조금 더 일본 의회의 역사를 거슬러 가보겠습니다.

◦ 제국의회가 설립된 배경 ◦

일본 의회는 언제 처음 만들어졌을까요? 정확히 1890년에 제국의

회가 만들어졌습니다. 이전 장에서 메이지 헌법이 1889년에 만들어졌다고 알려드렸는데요. 그 헌법에 따라 의회가 설치되었죠.

의회는 국민의 대표들로 구성된, 국민의 의견을 반영하기 위한 곳입니다. 사실 메이지 시대에는 국민들의 의견이 잘 반영되지 않았습니다. 파벌과 기득권이 강했지요. 메이지 정부는 1868년 에도 시대의 권력기관인 막부를 타도하고 만들어진 정부인데요. 이때 에도 막부 타도에 앞장섰던 사람들이 누구냐면 바로 사쓰마번과 조슈번 사람들이었습니다. 여기서 <u>번藩은 봉건 영주인 다이묘大名가 지배하는 영지를 말하는데요.</u> 사쓰마번은 규슈 최남단 가고시마에 있었고, 조슈번은 혼슈의 서쪽 끝, 지금의 야마구치현에 자리 잡고 있었습니다. 사쓰마번과 조슈번 사람들이 손을 잡고 에도 막부를 밀어내고 만든 정부가 바로 메이지 정부입니다. 그렇기 때문에 메이지 정부의 권력자는 당연히 조슈번과 사쓰마번 출신들이었지요. 이토 히로부미, 기도 다카요시, 사이고 다카모리, 오쿠보 도시미치 등 우리가 이름 들어봤을 법한 일본 근대사 인물들이 이 지역 출신입니다.

조슈번과 사쓰마번의 파벌정치(번벌정치)와 기득권 정치는 많은 사람들의 불만을 샀고 이 불만으로 자유민권운동이 일어났습니다. 사람들 위에서 군림하는 번벌 독재를 없애고 국회와 헌법에 따라 정치를 하자는 것이었지요. 자유민권운동의 가장 대표적인 인물이 이타가키 다이스케板垣退助입니다. 조선을 정벌해야 한다는 정한론征韓論을 주장한 사람이기도 한데요. 자객에게 공격을 당하면서도 "이타가키는 죽어도 자유는 죽지 않는다"라는 말을 남긴 일화는 일본에서 유명합니다. 정말 그런 말을 했는지에 대해서는 논란이 있지만요.

이러한 분위기 속에서 헌법과 국회가 만들어지는데요. 그전에 이토 히로부미는 1884년 화족령華族令을 발표하여 메이지 유신과 국가에 공헌을 한 자들에게 작위를 수여하고 그들을 화족에 편입시켰습니다. 공작, 후작, 백작과 같은 화족의 등급도 만들어졌죠. 이렇게 화족이라는 신분을 견고하게 한 데에는 곧 만들어질 중의원을 견제하는 목적도 있었습니다. 국회가 만들어지면 국민들이 중의원을 선출하게 될 것인데, 화족으로 귀족원을 구성해서 중의원을 견제하려 했던 것입니다. 그 결과 의회는 중의원과 귀족원으로 구성되었고, 이것이 지금은 중의원과 참의원으로 이어지고 있습니다.

왜 중의원을 해산할 때 만세 삼창을 하느냐는 질문에 답변을 하자면, 처음 국회가 일본에서 만들어졌을 때의 관습 때문입니다. 당시는 천황주권의 시대였던 만큼 메이지 헌법 아래에서 절대적 권력자였던 천황에 대한 안녕을 기원하는 형태로 만세 삼창을 했던 것이고 이러한 관습이 21세기인 지금까지 내려오고 있는 것입니다.

。국회에서 소걸음을 하는 이유。

의회 안에서 소수파가 다수파의 독주를 막기 위해 장시간 연설 등으로 의사진행을 막는 것을 필리버스터라고 합니다. 우리나라에서 필리버스터는 1964년 故김대중 대통령이 동료 의원의 구속동의 안이 본회의에 상정되자 5시간 19분 동안 발언하여 안건 처리를 무산시킨 것이 최초였는데요. 일본에도 필리버스터가 있을까요? 우리나라와는 조금 다르지만, 보통 **의사방해**라고 하는 **우설전술** 牛タン戰術과 **우보전술**牛步戰術이 있습니다. 우설전술이 일본에서 인식하는 필리버스터인데요. 장시간 연설을 통해 의사진행을 방해하는 방법입니다. 하지만 일본 국회는 연설이나 답변의 시간이 한정되어 있기 때문에 정해진 시간이 지나면 의장이 제지하거나 배제 등의 명령을 내리므로 실제로 큰 효과는 없습니다. 그리고 연설로 상대방을 설득하기란 매우 어려운 일이죠. 그래도 그로써 다수파가 횡포를 부린다는 인식을 여론에 알릴 수 있습니다.

우보전술은 말 그대로 소걸음 전술입니다. 일본 국회에서는 의원 5분의 1 이상이 요구할 경우 기명 투표를 해야 합니다. 원래는 버튼을 눌러 투표하지만 기명 투표의 경우에는 직접 단상에 올라가서 투표를 해야 하는데요. 그때 소수파가 바로 투표하지 않고 매우 느리게 이동하는 것을 우보전술이라고 합니다. 10~20미터도 채 되지 않는 거리를 몇 시간에 걸쳐서 이동하기도 합니다. 특히 1992년 자위대가 해외로 처음 파견되었던 PKO협력법 체결 때에는 특별위원회장이었던 시모조 신이치로下条進一郎에 대한 문책 결의로 13시간 8분 동안 소걸음이 이어지기도 했습니다.

2015년 배우 출신 정치인 야마모토 타로山本太郎가 아베 정권을 비판하며 단독으로 우보전술을 하여 화제가 되기도 하였습니다. 그는 과거 재일동포 영화인 〈역도산〉, 〈GO〉와 장동건, 오다기리 조가 등장하는 〈마이웨이〉에도 출연했었죠. 최근에는 의장에게 시간 제한 권한이 주어지면서 거의 성공한 사례가 없습니다. 야마모토 타로도 "정치인으로서 인지도를 올리고 싶은 것 아니냐, 시간 지연 그만하라"등 많은 비판을 받았죠.

우보전술은 단순히 소의 느림만을 강조한 것이 아닌 것 같습니다. 소는 느리지만 우직하기도 하기 때문이죠. 좀비는 인간을 적대시하는 괴물로 등장하지만 지칠 줄 모르는 이미지를 가지고 있기도 합니다. 의회에 소와 좀비가 붙은 명칭이 등장하는 것은 우직하게 지치지 말고 일하라는 의미가 아닐까요?

존속살인죄?
그런 거 없어요

_ 존속살인죄와 위헌입법심사권

아시아의 많은 나라들이 유교의 영향을 받아왔습니다. 우리나라도 그중 하나이고 일본도 마찬가지입니다. 유교에서는 특히 효孝를 강조하는 만큼 우리나라에도 전통적으로 존속살인 개념이 있고, 존속살인죄는 보통의 살인죄보다 형이 더 무겁습니다. 하지만 같은 아시아 국가라고 해도 일본에는 존속살인죄가 없습니다. 정확하게는 1995년에 없어졌습니다. 이번 장에서는 일본에서 존속살인죄가 사라지게 된 경위와 일본의 위헌입법심사권, 그리고 사법부의 독립에 대해 이야기를 해보겠습니다.

35

。도치기 친부 살인 사건의 전말。

1968년 10월 5일, 일본 도치기현에서 충격적인 사건이 일어났습니다. 29세 딸이 아버지의 목을 졸라 죽인 사건이었죠. "딸이 아버지를 목 졸라 죽였다", "수면 중에 끈으로 살인" 등의 제목으로 언론에 보도되었습니다. 자극적인 사건이기는 했지만 처음에는 크게 사회적 관심을 받지 않았습니다. 사람들은 이 범죄를 자신과는 관계없는 한 파렴치한 딸이 아버지를 죽인 비인간적인 사건 정도로 여겼습니다.

하지만 이 사건에는 그 이상의 더 충격적인 과거와 배경이 있었습니다. 죽은 아버지가 딸을 어릴 때부터 지속적으로 학대했으며 14세 때부터는 성폭행을 해온 것이었죠. 심지어 아버지와 딸 사이에 아이가 태어나 죽은 사실도 있었습니다. 그러니까 아버지가 아버지 같지도 않은 파렴치한 인간이었던 것입니다. 이후 딸은 성장하여 사회생활을 하게 되었고, 다니던 인쇄회사에서 사랑하는 사람을 만나 결혼을 약속하였는데요. 이 사실을 알게 된 아버지는 다시 격분하며 폭력을 행사하기 시작했습니다. 이러한 상황이 결국 범행으로 이어진 것이었죠.

하지만 딸이 아버지를 죽였다는 이유로 이 사건에는 보통의 살인죄보다 형이 훨씬 무거운 존속살인죄가 적용되었습니다. 살인죄를 정의하는 일본 형법 199조는 "사람을 살해한 자는 사형 또는 무기징역 또는 3년 이상의 징역에 처한다"고 되어 있는 반면,

존속살인죄에 관한 형법 200조는 "자신 또는 배우자의 직계존속을 살인한 자는 사형 또는 무기징역에 처한다"고 되어 있습니다. 즉, 이 사건은 존속살인죄에 해당되며 가장 낮은 형이 무기징역이었기 때문에 안타깝게도 딸은 무거운 형을 피할 수 없었습니다.

그런데 너무 억울하지 않나요? 물론 살인은 해서는 안 되는 중범죄지만 아버지 같지도 않은 아버지를 죽였는데 존속살인죄라니요! 훨씬 무거운 형을 받아야 한다니요!

◦ 존속살인죄는 위헌일까? ◦

근대 이후 대부분의 국가는 헌법을 그 나라의 최고 규범으로 정하고 있습니다. 일본도 마찬가지입니다. 따라서 법률은 헌법의 범위 내에서 제정되고 헌법을 어긴 위헌은 유지될 수 없습니다.

형법 200조는 존속살인죄에 관한 조항입니다. 사실 이 200조는 이전부터 일본국 헌법 14조를 위반한 것이 아닌가 하는 논쟁이 있었습니다. 일본국 헌법 14조는 "모든 국민은 법 아래 평등하며 인종, 신조, 성별, 사회적 신분, 출신에 따라 정치적, 경제적, 사회적 관계에 있어서 차별받지 않는다"라는 조항인데요. 모든 국민이 법 아래 평등한데, 부모를 죽였다고 가중처벌을 하는 존속살인죄라는 법률은 이상하지 않은가 하는 의문을 가진 사람들이 그전부터 꽤 있었습니다. 그래서 위헌 여부에 관한 논의가 여러 차례 있었지만 그때마다 문제없다는 합헌 판결을 받곤 했습니다. 그런데 이번 사건만큼은 달랐습니다. 이 사건의 딸에게도 과연 존속살인죄를 적용하는 것이 옳으냐는 의문을 가진 사람이 많았기 때문이죠.

딸의 변호를 맡았던 사람은 오누키 쇼이치大貫正一와 오누키 다이하치大貫大八 부자였습니다. 아버지인 다이하치는 중의원을 지냈던 정치인이자 농민 운동가이며 법률가였죠.

그들은 딸이 존속살인죄로 처벌받는 것은 너무나 안타까운 일이라고 생각하였습니다. 그래서 오누키 부자는 딸을 어떻게 해서든 살인죄로 처벌, 그것도 최대한 감형을 받아서 집행유예를 받을 수 있게 하기 위해 노력했습니다. 물론 집행유예를 받기 위해서는 존속살인죄로 처벌받아서는 안 됐습니다. 즉 존속살인죄를 위헌으로 만들어야 가능한 일이었지요. 형법 200조가 헌법을 어겼다는 논리를 펼쳐야 했습니다.

결국 딸은 어떻게 되었을까요? 최고재판소는 1973년 4월 4일, 대법정에서 수많은 방청객들이 지켜보는 가운데 다음과 같이 판결을 내렸습니다.

"피고인은 징역 2년 6개월에 처하며 재판 확정일부터 3년간 집행을 유예한다."

。최고재판소는 보수적이라고?。

결과는 집행유예. 즉, 딸은 존속살인죄로 처벌받지 않았습니다. 존속살인죄는 법 아래 평등이라는 헌법 14조를 어겼다고 여겨져 위헌 판결을 받아 사라지게 되었죠. 당시 재판관 15명 중에 14명이 위헌 판결을 내렸습니다. 한 명만 합헌 판결을 내렸죠.

이 사건을 소개하는 이유는 이 판결이 바로 1947년 일본국 헌법이 제정된 이래 첫 번째 위헌 판결이기 때문입니다. 일본 현대사에 있어서, 특히 사법부에 있어서 의미가 큰 판결이었는데요. 3심에 해당하는 최고재판소는 보수적인 성향이 있어서 쉽게 새로운 판결을 내리지 않고 사회적으로 큰 반향을 일으키는 사건에 대해서 소극적이라는 비판이 있었기 때문입니다. 지금도 크게 다르지 않습니다.

일본은 따로 헌법재판소가 없습니다. 필요성은 제기되고 있는데요. 대신 우리나라 대법원과 헌법재판소를 합쳐놓은 듯한 **최고재판소**라는 곳이 있습니다. 최고재판소는 재판관 15명으로 이루어져 있으며, 한 명은 내각총리대신이 지명한 장관이고 나머지 14명은 내각이 임명한 재판관입니다. 출신별로 보면 보통 재판관 출신 여섯 명, 변호사 출신 네 명, 검찰 출신 두 명, 행정관료 출신 두 명(그중 한 명은 보통 외교관 출신), 법학자 한 명으로 구성됩니다. 그리고 종신제입니다.

도치기 친부 살인 사건에서 살펴봤듯, 법률이 헌법을 위반했는가를 판단하는 제도를 일본에서는 **위헌입법심사권**이라고 합니다. 우리나라에도 그와 비슷한 **위헌법률심판권**이 있습니다. 현행 법률과 명령이 헌법을 위반하고 있지 않은가를 판단하는 제도이죠. 그 법률과 관련된 사건이 일어날 경우에만 발동한다는 점에서는 같지만, 다른 점이 있다면 일본은 최고재판소에서, 한국은 헌법재판소에서 최종 결론을 내린다는 것입니다.

◦ 최고재판소의 재판관은 국민이 파면시킨다 ◦

최고재판소 재판관은 우리나라로 치면 대법관이나 헌법재판소 재판관에 해당하는 사람인데요. 일본에서는 최고재판소 재판관을 국민이 파면시킬 수 있습니다. 우리나라에서도 일본에서도 재판관은 국회에서 탄핵소추가 가능하지만, 그것과 별도로 일본에서는 국민이 직접 파면시킬 수 있는 것입니다. 이른바 **국민심사**라는 제도인데요. 최고재판소 재판관을 내각이 임명하면 이제 국민들이 투표장에서 재판관을 심사합니다. 간단하게 투표 용지에 X를 표시하는 방식이고 과반수 이상이 반대하면 재판관은 파면됩니다. 이것 하나 때문에 투표장에 가는 것은 번거로우니 중의원 선거를 할 때 겸사겸사 같이합니다. 나름 이 제도에는 의미가 있습니다. 국민들이 재판관을 평가하는 일이 그렇게 흔하지는 않으니까요.

그런데 여러분은 우리나라 대법관이 누구인지 잘 아시나요? 이름이나 출신, 생각 같은 것들요. 아마 크게 관심이 높지 않다고 생각합니다. 그런데 그건 일본 사람도 별다르지 않습니다. 그러니까 결론적으로 자신들이 잘 모르는 사람에게 X를 표시하여 파면시키는 일은 거의 없다는 것입니다. 거의 없는 정도가 아니라 일본국 헌법이 만들어진 이후로 단 한 번도 없었습니다.

지금까지 가장 많은 X표를 받은 재판관은 시모다 다케조下田武三로, 1972년 국민심사에서 국민 15.17퍼센트가 반대했습니다. 외교관 출신인 시모다는 공교롭게 앞서 존속살인죄에 대해 유일하게 합헌 판결을 내린 사람이기도 합니다.

◦ 오쓰 사건 ◦

사법부에 대해 이야기하고 있으니, 내친김에 사건을 하나 더 소개해드리겠습니다.

일본에서 가장 큰 호수는 어디에 있을까요? 일본 지도를 보면 혼슈의 중간쯤, 교토의 동쪽에 있습니다. 비와코라는 호수인데요. 호수라고 하지만 그 크기가 서울과 비슷해서 실제로 가보면 바다와 같은 느낌을 받습니다. 비와코의 남서쪽에는 오쓰라는 도시가 있는데요. 지금으로부터 약 130년 전 이곳에서 일본의 정치와 사법에 큰 영향을 주는 사건이 일어납니다.

1891년 5월 11일 이곳을 유람하던 사람이 있었습니다. 훗날 러시아의 마지막 황제가 되는 니콜라이 황태자였습니다. 그가 인력거를 타고 시가지를 통과하는 순간, 별안간 일본 순사 한 명이 황태자에게 칼을 휘둘렀습니다. 이른바 **오쓰 사건**이 일어난 것입니다.

칼을 휘둘렀던 순사는 쓰다 산조津田三蔵였습니다. 그가 사건을 일으킨 배경과 관련해서는 '러시아가 일본을 방문했지만 천황을 예방하지 않았다', '러시아에 대한 반감이 있었다' 등 여러 설이 있는데요. 어쨌든 이 사건으로 니콜라이 황태자는 머리에 부상을 입게 됩니다.

일본 전역이 발칵 뒤집혔습니다. 당시 러시아는 군사 강대국이었기 때문에 큰 외교적 문제로 이어질 수 있는 상황이었습니다. 일본은 아직 근대화 초기였고 러시아가 거액의 배상금이나 영토 할양을 요구할 가능성도 있었기 때문에 어떻게 해서든 빨리 수습해야 했는데요. 사건 이틀 뒤 메이지 천황은 황태자가 머물던 교토의 호텔에서 사죄를 하였고, 이후 전국적으로 수습 분위기가 이어졌습니다. 학교는 휴교하고 1만 통의 문안 전보가 니콜라이 황태자에게 보내지는가 하면, 일부 지자체에서는 '쓰다'와 '산조'를 이름에 쓰지 않는 규정이 나오기도 했습니다. 심지어 러시아의 공격을 우려하며 일본의 미래를 걱정한 나머지 하타케야마 유코畠山勇子라는 여성은 사죄의 유서를 남긴 채 자살을 하기도 했습니다.

우리나라에서 오쓰 사건은 강대국에게 비굴한 일본의 모습을 보여주는 대표적인 사건으로 많이 알려져 있는데요. 하지만 일본 내에서는 또 다른 의미를 가지고 있기도 합니다.

∘ 오쓰 사건과 사법부 독립 ∘

칼을 휘두른 쓰다 산조는 어떻게 되었을까요? 당연히 그의 목숨은 풍전등화였습니다. 일본 정부는 그를 제거해야 빠른 수습이 가능하다고 생각했습니다. 그래서 "일본 황족에게 위해를 가한 사람은 사형에 처한다"라는 **황실법** 조항을 적용해 쓰다를 사형시키라고 재판소에 압박을 넣었죠.

그런데 가만히 생각해보면, 니콜라이 황태자가 황실 사람이긴 하지만 일본 황족은 아니잖아요? 그렇다면 황실법을 적용할 수 없는 것 아닌가요? 내각의 압박에 따라 재판소에서 황실법을 적용하려던 찰나, 우리나라의 대법원장 격인 고지마 고레카타児島惟謙 대심원장이 담당 재판관을 설득합니다. "일본 황족이 아닌 러시아 황태자 사건에 황실죄를 적용하는 것은 맞지 않다"라고요.

결국 쓰다 산조는 모살미수죄로 무기징역을 선고받습니다. 행정부의 압력에도 재판관은 법률만을 생각한 것이죠. 즉, 내각과 정부의 압력으로부터 사법권의 독립의 지킨 것입니다.

오쓰 사건은 이렇듯 일본의 권력 분립, 특히 사법부의 독립이 발전하는 데 지대한 영향을 끼쳤습니다. 그런데 사법부의 독립에 또 다른 문제점을 남기기도 했습니다. 정확히는 한계점이라고 하는 것이 맞을 것 같습니다.

재판관이 다른 영향을 받지 않고 법률만을 생각해서 재판을 내리는 것이 사법권의 독립입니다. 그런데 잘 생각해보면 대심원장인 고지마 고레카타는 오쓰 사건의 담당 재판관을 설득하였잖아요? 담당 재판관은 고지마의 영향을 받은 셈입니다. 이것이 이 사건의 또 다른 한계라고 볼 수 있습니다.

이후 정부로부터 미움을 받은 고지마는 어떻게 되었을까요? 화투 도박을 했다는 이유로 사직을 권고받았고, 이후 증거가 없다고 판단되었지만 결국 계속된 압박으로 퇴직할 수밖에 없었습니다.

다시 도치기 친부 살인 사건으로 돌아가서, 존속살인죄에 대한 여러분의 생각은 어떻습니까? 우리나라에서도 존속살인죄가 합헌인지에 대한 논의가 일어나고 있습니다. 존속살인죄는 시대의 흐름에 따라 논쟁이 되고 있고 전반적으로는 사라지는 분위기입니다. '일본에는 존속살인죄가 없다?'라는 주제로 글을 썼지만, 다른 나라 사람에게는 '한국에는 존속살인죄가 있다?'라는 것이 더 이상할지도 모르겠습니다. 사실 존속살인죄는 우리나라를 포함한 극히 소수의 국가에만 존재하거든요.

일본에서 성인은 몇 살일까?

_ 소년법 적용 연령의 변화

전 세계 주요 국가 중에 미성년자인데 투표가 가능한 나라가 한국 정도라는 것을 알고 계시나요? 한국의 민법상 성인 기준은 만 19세인데, 선거가 가능한 연령은 만 18세이기 때문입니다. 사실 일본도 얼마 전까지는 한국과 비슷했습니다. 일본의 성인 기준은 만 20세, 선거 가능 연령은 만 18세였기 때문이죠. 그런데 일본이 무려 146년 만인 2022년, 성인 연령을 만 18세로 하향 조정했습니다. 제가 처음 일본으로 유학 갔을 때는 만 18세로 미성년자였습니다. 외국인 신분에 미성년자였던 제가 법적으로 규제받은 것은 한두 가지가 아니었죠. 이제는 만 18세에 일본에 가면 한국에서와 달리 성인으로 인정받겠네요.

。일본의 성인 연령은 어떻게 바뀌어왔을까? 。

일본에서 고등학교 졸업 후 바로 대학에 입학했을 경우 만 20세는 대학교 2학년에 해당합니다. 2021년까지만 해도 일본의 성인 연령 기준은 만 20세여서 대학교 1학년생은 아직 미성년자였죠. 제가 대학교 1학년생으로 일본에서 유학하던 시기에도 이러한 성인 연령 기준 때문에 개인적으로 꽤 골치 아팠던 기억이 있습니다. 자취를 하는 대학생의 경우 스스로 결정하고 책임져야 할 부분이 많은데 부동산 계약, 휴대폰 개설 등은 미성년자(심지어 외국인)로서 혼자 할 수 없는 부분이 많아 항상 보증인이 필요했고, 음주와 흡연도 법적으로 만 20세부터 가능했기 때문입니다. 한국에서는 성인이었는데 일본에서는 미성년자로 돌아가는 신기한 경험이었지요. 2022년부터는 성인 연령이 만 18세로 하향 조정되었으니 이제 저와 같은 일을 겪는 사람은 없겠지요? 다만, 음주와 흡연 가능 연령은 만 20세로 이전과 동일하게 유지되고 있습니다. 민법상의 성인 기준과는 별도로 관련 법을 따로 두고 있기 때문입니다. 그렇지만 독일과 이탈리아의 음주 연령이 만 16세인 것에 비하면, 일본의 연령 기준은 꽤나 높다고 할 수 있습니다.

일본의 성인 연령은 146년이라는 긴 시간 동안 만 20세 기준이었습니다. 1876년 〈태정관포고太政官布告〉에서는 성인을 만 20세로 정하고 있으며, 이 기준이 1896년 민법이 제정되며 이어졌습니다. 태정관은 메이지 시대 초기의 권력기관이고 포고라는 것은 지금으로 치면 법률 같은 것입니다. 당시에 왜 기준을 만 20세로 정했는지 그 이유는 정확하지 않습니다. 서양 국가들과 비슷하게 맞춘 것이라는 의견이 있기도 합니다. 메이지 시대 이전의 에도 시대에는 어땠을까요? 에도 시대에는 대략 만 15세에 원복元服, 즉 성인의 옷을 입는 행사(유교 문화권 국가의 성인식과 같은 행사)를 치렀습니다. 에도 시대의 성인 연령은 더 어렸던 것이죠.

◦ 성인식의 발상지가 있다고? ◦

성인이 된 것을 기념하는 식을 성인식이라고 합니다. 우리나라에도 성년의 날은 있지만 성인식은 조금 생소할 수도 있을 것 같은데요. 일본에서 성인식은 꽤나 큰 행사입니다.

일본에서 성년의 날은 1월 둘째 주 월요일입니다. 이날 전국 각지의 지방자치단체를 중심으로 성인식이 열립니다. 인생에 한 번밖에 없는 날인 만큼 대부분 고향으로 내려가 성인식에 참여하지요. 오랜만에 보는 친구들과 동창회를 하는 기분이지만 그래도 번듯한 회관이나 홀 등에서 꽤나 진지하게 행사가 진행됩니다. 성인으로서 자각을 가지도록 동네 어른들의 연설과 연주회, 사진 촬영 등 다채로운 행사가 진행되지요. 물론 구체적인 진행은 지방마다 조금씩 다릅니다.

이러한 성인식이 과거에는 통과의례로서 행해진 역사도 있지

일본인들이 성인식 때 많이 입는 후리
소데 기모노. 소매가 길게 늘어지는 것
이 특징이다.

만, 지금과 같은 모습의 성인식은 2차 세계대전 이후에 시작되었
습니다. 도쿄 근교에 위치한 사이타마현의 와라비시가 그 발상지
입니다. 전쟁 직후 패전의 분위기 속에서 미래를 짊어질 청년들을
위한 기획으로 '청년제'라는 이름의 행사가 열리면서 지금의 성인
식이 시작되었습니다. 그래서 와라비시 시민회관에는 성인식 발상
지를 기리기 위한 기념비가 있습니다.

　평생에 한 번밖에 없는 행사라는 희소성은 사람들을 사치스
럽게 만듭니다. 결혼식에 필요 이상의 사치를 부리는 것도 같은
이유겠지요. 그래서 그런지 일본의 성인식도 꽤나 화려합니다. 당
장 복장부터 보면, 여성은 보통 소매가 길게 늘어진 **후리소데**振袖

라는 기모노를 입는데요. 그 가격이 30만 엔을 넘는 경우가 많고 구매하지 않고 대여를 해도 15만 엔 전후가 듭니다. 거기에 메이크업, 헤어스타일링 등을 포함하면 상당한 비용을 지불하게 되지요. 성인식에 후리소데를 입는 것은 과거부터 내려온 전통이기도 하지만 비즈니스 전략과도 관련이 있습니다. 과거 전쟁 통 속에 타격을 받은 기모노 업체들이 경영난을 극복하기 위해 백화점이나 상점가에서 '성인식에는 후리소데를 입는다'라는 이미지를 만든 것입니다. 11월 11일을 빼빼로데이로 만든 기업의 상업적 전략처럼요.

◦ 소년법은 어떻게 시작되었나 ◦

법률상 성인에 달하지 못한 사람을 미성년자라고 합니다. 미성년자는 성인에 비해 판단 능력이 불완전해서 형사처분도 소년법에 따라 특별하게 조치합니다. 우리 사회에서는 근래 이 소년법이 논란이 되고 있습니다. 대부분의 시민들이 미성년자의 흉악범죄가 이대로 괜찮은지를 묻고 있지요. 그러면 일본에서도 소년법에 대한 논쟁이 있을까요? 당연히 있습니다. 어느 사회든 고민은 크게 다르지 않으니까요.

　일본 소년법의 역사부터 살펴볼까요? **소년법**이라는 이름의 법률은 1922년에 처음 등장했는데요(현재의 소년법과 구분하여 '구소년법'이라고 함). 이 당시 소년법은 사랑의 법률이라는 별칭으로 일본 형법 역사에서 꽤 큰 의미를 가졌습니다. 물론 그 이전의 형법에서도 소년에게 형을 완화해주는 조치는 있었지만요. 19세기 후반에는 지금의 교정시설이나 소년원에 해당하는 감화원이 만들어지기 시작했고 1908년에는 전국에 감화원의 설립이 의무화됐습니다. 참고로 감화원은 조선에도 있었는데요. 1923년 영흥감화원을 시작으로 고하도 목포감화원, 선감원 등이 있었습니다. 하지만 교육을 통해 교정하겠다는 목적과는 다르게 감금, 장시간 노동 그리고 제국주의 전쟁에 이용하기 위한 인권 유린이 행해진 것으로 알려져 있습니다.

1922년 구소년법이 있었다면 현재 일본의 소년법은 1948년에 전면 개정된 것입니다. 2차 세계대전 이후 혼란스러운 상황에서 비행소년이 폭발적으로 증가한 배경과 형벌보다는 교육을 철저히 해야 한다는 생각 아래 미국의 사례를 참고로 하여 개정되었습니다. 쉽게 말해서 형벌이 아닌 교정이 중심이 되었고 당시의 슬로건도 '소년의 건전한 육성'이었습니다. 소년법 적용 연령도 이때 만 18세에서 만 20세로 상향 조정되었고요.

◦ 소년법을 바꾼 최악의 사건들 ◦

교정 중심의 소년법은 2000년에 큰 변화를 맞이합니다. 일본 사회를 충격에 빠트린 몇 건의 소년범죄, 그것이 배경이었습니다.

먼저 1993년에 **야마가타 매트 살인 사건**이 있었는데요. 체육관에서 체조용 매트에 감겨 뒤집힌 채로 중학생이 질식사한 사건이었습니다. 경찰은 당시 만 14세의 상급생 세 명과 만 13세의 동급생 네 명에 의한 범행으로 판단하여 조사를 진행하였습니다. 그들은 처음에는 범행을 인정하였지만 취조 과정에서 강압적인 자백이 있었다고 말을 바꾸었는데요. 이후 알리바이와 사고사를 주장하며 진술을 번복하였고 1심에 해당하는 가정재판소에서 세 명은 증거불충분으로 무죄를 선고받았습니다. 그 후 고등재판소에서 전원 일곱 명에 대해 유죄 판결이 내려졌습니다만, 당시 사망한 학생이 초등학교 고학년 때부터 괴롭힘을 당했다는 것이 알려지면서 **이지메(왕따)** 문제가 사회적으로 크게 대두되었습니다. 뿐만 아니라 피해자 학생의 가족 전체가 마을에서 왕따를 당했다는 사실이 알려지면서 지역의 폐쇄성도 사회적 문제로 떠올랐습니다. 지역사회에서 외부인으로 낙인찍혀 따돌림을 당하고 있었던 것이죠. 이를 일본어로 **무라하치부**村八分라고 합니다. 이 사건으로 소년법 또한 이슈가 되어 여론의 관심이 커졌습니다. 소년법에 따라 가해자의 신상뿐만 아니라 구체적인 사건 내용 등이 공개되지 않았고 처벌조차 약했기 때문에 소년법을 개정해야 한다는 목소리가 높아지기 시작했습니다.

두 번째 사건은 악명 높은 1997년 **사카키바라 사건**입니다. 아즈마 신이치로東真一郎라는 소년이 사카키바라라는 가명으로 저지른 연쇄 살인 사건인데요. 그는 놀이터에서 놀고 있던 초등학교

4학년 여학생을 살인하는가 하면, 초등학교 5학년 남학생을 살해한 후 머리를 절단하기도 하였습니다. 그리고 그곳에 "자, 게임이 시작됐다. 우둔한 경찰들이여 나를 막아보시게"라는 엽기적인 편지를 남겼죠. 30대 정도일 것이라는 예상과는 달리 범인은 만 14세였습니다. 일본 열도는 충격에 빠졌고 그를 처벌할 근거가 없다는 사실에 분노하였습니다. 당시 일본에서 형사처벌이 가능한 미성년자 연령은 만 16세였습니다. 당연히 소년법 적용 연령을 낮춰야 한다는 여론이 나오기 시작했는데요. 이 사건을 계기로 형사처벌 적용 연령이 만 14세로 내려갔습니다. 물론 아즈마에게는 적용되지 않았으며 그는 의료소년원에서 8년간의 수감생활을 마치고 사회로 나왔습니다. 현재는 이름을 바꿔 새로운 삶을 살고 있으며 2015년에는 심지어 자신의 범행수기를 책으로 출판하여 베스트셀러에 오르기도 하였습니다. 지금 소년원 송치 가능 연령은 만 12세로 내려갔으며 형량도 최대 15년에서 20년으로 강화됐습니다.

우리나라도 2017년 인천 초등학생 살인 사건 등으로 소년법에 대해 사회적 논쟁이 이어지고 있습니다. 일본과 마찬가지로 미성년자에 의한 강력범죄가 일어나면서 소년법을 강화해야 한다는 목소리도 커지고 있습니다. 어느 사회에서나 일어나는 현상은 크게 다르지 않고 서로 닮은 문제들이 비슷한 시기에 나타납니다. 하지만 우리도 일본도 소년법에 관한 숙제는 아직 풀지 못하고 있는 것 같습니다.

미시마 유키오의 소설과 최초의 프라이버시권 재판

_ 새로운 인권의 등장

교토의 산조대교에 가면 에키덴駅伝을 기념하는 비석이 있습니다. 에키덴은 릴레이 형식으로 장거리를 뛰는 육상경기를 말하는데요. 지금은 고유명사로 에키덴이라고 부르지만 원래 영어 용어는 로드 릴레이Road Relay입니다. 1917년 도쿄 천도 50주년을 기념하여 교토 산조대교에서부터 도쿄 우에노공원의 시노바즈못까지 508킬로미터를 밤낮없이 달린 것에서부터 그 역사가 시작됩니다. 지금은 전국대회, 중·고등학교 대회, 지역대회 등 수많은 대회가 있는데요. 그중 고등학교 전국대회는 매년 12월 교토 시내에서 열립니다. 전국 각지에서 모교를 응원하기 위해 사람들이 몰리죠. 이 대회를 보기 위해 NHK 생중계를 틀었다가 뜻밖의 수확을 얻을 때가 있습니다. 금박을 한 금각사에 눈이 쌓인 아름다운 모습이 중계에 잡히는 경우입니다. 눈 덮인 금각사는 엽서에 자주 등장하곤 합니다. 그런데 금각사 하면 생각나는 인물이 있습니다. 히라오카 기미타케平岡公威, 바로 필명으로 더 잘 알려진 미시마 유키오입니다.

◦ 금각사 방화 사건을 모티브로 한 걸작 ◦

미시마 유키오는 1970년 자위대 통감본부에서 사무라이식 할복 자살을 한 일명 **미시마 사건**으로 사회적으로 큰 파장을 일으킨 내셔널리즘 인물입니다. 한편 '쇼와의 귀재'라는 별명을 가진 작가로 19세에 《꽃이 한창인 숲花ざかりの森》을 출판한 이래로 《가면의 고백》,《조소》등 소설과 희극을 중심으로 수많은 작품을 만들어냈죠. 그중 가장 대표작이 바로 《금각사》입니다.

　소설 《금각사》는 노벨문학상 후보에 세 차례 오른 걸작으로, 실제 일어났던 **금각사 방화 사건**을 모티브로 하고 있습니다. 금각사는 1397년 남북조 시대를 통일한 무로마치 막부의 아시카가 요시미쓰足利義滿의 별장으로 건설되어 교토가 잿더미가 된 **오닌의 난**도 잘 극복한 역사적 건물인데요. 이런 건물이 1950년 한 승려의 방화로 인해 허무하게 타버리게 됩니다. 그 방화의 이유가 바로 소설의 모티브가 되었죠.

　방화를 저지른 하야시 쇼켄林承賢은 처음에는 "사회를 떠들썩하게 만들고 싶었다", "사회에 대한 보복이다"라고 진술하였으나, 병약했던 몸과 함께 어머니의 과도한 기대와 사찰의 세속화에 대한 염세주의 등 복잡한 정신적 이유도 있었다고 합니다(하야시 쇼켄의 어머니는 이 사건에 대해 조사를 받고 돌아오는 길에 교토 서쪽의 호즈쿄에서 투신자살하였습니다).

　소설 《금각사》는 금각사의 아름다움에 매료된 미조구치라는

금각사 모습. 금각사(킨카쿠지)는 사실 별칭이고, 원래 이름은 녹원사(로쿠온지)이다.
ⓒ Jaycangel(wikimedia)

승려가 어떻게 금각사를 태우고 마는지 그 과정을 그리고 있습니다. 미시마 유키오가 5년간의 취재를 거친 작품으로 미조구치는 실제 인물인 하야시 쇼켄과 비슷한 부분이 많지만 결론적으로는 미시마가 만들어낸 허구의 인물입니다. 하지만 읽고 있노라면 '정말 저런 생각으로 저지른 일이 아닐까' 하고 공감이 되기도 하지요.

◦ "내 이야기 쓰지 마!" 일본 최초의 프라이버시권 재판 ◦

미시마 유키오는 대표작 《금각사》 이외에도 많은 작품을 썼는데

요. 그중에는 사회적으로 큰 파장을 불러일으킨 작품도 있었습니다. 1960년에 발표한 장편소설 《연회가 끝난 뒤宴のあと》라는 작품입니다. 대략적인 내용은 이렇습니다.

주인공은 고급 요정 세쓰고안의 여주인인 후쿠자와 카즈 그리고 과거 정치가였던 노구치 유켄입니다. 카즈는 이상적이며 품위 있는 노구치에게 매력을 느끼고 두 사람은 가까워지죠. 노구치는 도쿄도지사 선거에 입후보하고, 카즈는 가게를 저당 잡히면서까지 선거운동을 도와줍니다. 하지만 보수당이었던 상대방의 중상모략에 의해 노구치는 패배하고, 카즈는 이 책의 제목처럼 연회가 끝난 뒤의 공허함을 느낀다는 이야기입니다.

이 소설은 일본 최초의 **프라이버시권**을 둘러싼 재판으로 번지게 됩니다. 사실 소설 속 주인공인 후쿠자와 카즈는 실존 인물인 아제카미 테루이畔上輝井를, 노구치 유켄은 외교관이면서 정치인이었던 아리타 하치로有田八郎를 모델로 한 것이기 때문입니다. 고급 요정 세쓰고안은 도쿄 미나토구의 한냐엔을 배경으로 하였는데요. 지금은 사라졌지만 한냐엔은 과거 내각총리대신을 지낸 이시바시 단잔石橋湛山의 공관이었으며 그 이후 요정으로 바뀌어 미국 닉슨 대통령의 접대 장소가 되기도 했습니다.

。일본 헌법에는 프라이버시권 보장이 없다 。

일본 헌법은 1947년에 실시된 이후로 현재까지 한 번도 개정된 적이 없습니다. 그래서 현대사회에서 발전하고 당연시된 여러 권리들을 전부 문장으로 보장하고 있지는 않은데요. 프라이버시에 관해서도 언급이 없습니다. 그렇기 때문에 미시마 유키오의 소설 《연회가 끝난 뒤》를 상대로 제기된 소송은 상당히 신선하면서 중요한 사건이었습니다. 프라이버시의 침해인가, 표현의 자유인가를 둘러싼 논쟁이었죠. 당시에는 프라이버시라는 표현조차 생소하였으니 '표현의 자유'와 '사생활이 침해되지 않을 권리'의 대립 정도로 보는 것이 맞을 것 같습니다. 참고로 대한민국 헌법 17조는 사생활의 비밀과 자유를 보장하고 있습니다.

소설의 실존 인물인 아리타 하치로는 1961년 미시마 유키오와 신초샤 출판사를 상대로 손해배상 백만 엔과 사죄 광고를 요구하는 소송을 제기했습니다. 표현의 자유를 주장했던 미시마는 재판에서 이겼을까요? 결론적으로 도쿄지방재판소는 미시마에게 80만 엔의 손해배상 판결을 내렸습니다. 당시 재판관은 언론과 표현의 자유는 절대적이지 않으며 타인의 명예, 신용, 프라이버시를 침해하지 않는 범위에서 보장된다고 판단을 내렸죠. 이에 미시마는 당연히 항소하였습니다. 그렇지만 원고인 아리타 하치로가 세상을 떠나면서 사건은 일단락됩니다.

프라이버시와 같이 헌법에는 명시되어 있지 않으나 사회의 변화와 함께 발달한 인권을 '새로운 인권'이라고 부릅니다. 대표적으로는 알 권리, 초상권, 자기결정권, 환경권 등이 있습니다. 앞서 《연회가 끝난 뒤》 사건은 1심으로 끝났지만, '사생활이 멋대로 공개되지 않을 권리'가 중요시되었다는 점에서 큰 의미를 남겼습니다. 지금 이 권리는 더욱 발전하여 '자신에 관한 정보를 컨트롤할 권리'를 넘어 '인터넷 등에서 잊힐 권리'로까지 발전하였죠.

프라이버시권에 관한 또 한 건의 사건이 있습니다. 일본의 유명 작가상인 아쿠타가와상을 수상한 재일동포 유미리 작가의 이야기입니다. 그녀는 자신의 소설 《돌에서 헤엄치는 물고기》에서 등장인물의 모델이 된 여성의 승인 없이 사생활을 침해할만한 내용을 수록했고, 이 때문에 프라이버시를 침해했다는 소송이 제기되었습니다. 다시 충돌한 프라이버시권과 표현의 자유, 이번에는 누가 이겼을까요?

1심과 2심에서는 표현의 자유를 인정하지 않았고, 2002년 최고재판소에서도 모델이 된 여성의 명예와 프라이버시권이 침해됐다고 보았습니다. 아무리 예술성과 문학성이 좋은 작품이라도 개인의 인격적 존엄을 침해하면 안 된다는 것이었지요. 프라이버시 침해로 인해 소설이 출판 금지된 것은 일본에서 처음 있는 일이었습니다. 이 사건으로 '프라이버시'라는 단어가 재판에서 처음 등장하기도 했죠.

그런데 요즘 일본에서는 국가가 개인의 프라이버시권을 침범하고 있다는 목소리가 나오고 있습니다. 2013년 아베 신조 내각에서 시작한 **마이넘버 제도** 때문입니다. 마이넘버 제도는 모든 국민에게 12자리 번호를 부여하여 이름, 생년월일, 주소 등의 개인정보를 관리하고 이용하는 제도입니다. 심지어는 소득과 은행 계좌와도 연동되지요. 우리나라의 주민등록번호 제도와 흡사합니다. 마이넘버 제도의 장점으로는 탈세와 생활보호비 등의 부정수급을 막을 수 있고 행정이 효율적으로 이루어질 수 있다는 것이겠지요. 단점은 국민의 개인정보가 수집, 분석되어 국가의 관리가 강해지고 개인정보 유출과 같은 문제가 발생할 수 있다는 것입니다.

미시마 이야기로 돌아가서, 노벨문학상 후보에도 올랐던 그의 문학적 재능과는 별개로 그의 죽음은 충격 그 자체였습니다.

"자기만을 위해서 살고 자기만을 위해서 죽을 만큼 인간은 강하지 않습니다. 따라서 죽는 것도 무언가를 위해서인 것이죠. 그것이 대의라는 것입니다."

그가 살아생전 남긴 말입니다. 이 말을 남기고 4년 뒤, 그는 자위대 통감본부 2층 발코니에 올라서서 자위대의 각성과 궐기를 외치며 할복자살을 합니다. 그가 생각한 대의는 무엇이었을까요? 새로운 인권의 탄생, 프라이버시권의 발전. 사회는 이렇게 전진하고 있는데 천재 소설가 미시마는 오히려 과거로 회귀하고 있었나 봅니다.

더 알아보기

외무성 비밀 전문 누출 사건

알 권리도 새로운 인권 중 하나입니다. 알 권리란 국민 개개인이 중앙 정부 또는 지방정부에 대해 정보를 요구하거나 자유롭게 알 수 있는 권리를 말하는데요. 알 권리에 관한 유명한 사례로는 1978년 판결이 났던 **외무성 비밀 전문 누출 사건**이 있습니다. 당시 오키나와가 일본 으로 반환될 때의 비밀 문서를 마이니치신문 기자가 외무성의 친한 여성 사무관에게서 입수하여 폭로해버린 사건입니다. 이 사건에 대 해서 정부는 비밀을 유지해야 할 국가공무원법 위반으로 기자를 기 소하였고, 국가 기밀과 알 권리는 어디까지 인정되는가에 대한 논쟁 이 이어졌습니다. 1심에서는 기자에게 무죄 판정을 내렸지만 결국 유 죄로 판결 났는데요. 취재의 자유는 인정하지만 그 방법에 위법성이 있으면 안 된다는 것이 요지였습니다. 사실 당시 기자는 정보 입수 를 목적으로 사무관에게 접근하여 술을 마시고 육체관계를 통해 정 보를 얻어낸 것이었습니다. 여론은 그 행위 자체를 연일 비판했고 그 러는 사이 폭로된 비밀문서는 상대적으로 관심에서 사라져버리게 되 었죠.

교육은 사람의 영혼을 바꾸는 일! 교육 탄압에 맞서다

_ 학문의 자유

"교육은 사람의 영혼을 바꾸는 일이다."

과장된 이야기가 아니라고 생각합니다. 과거 군국주의 사상으로 아시아 지역의 수많은 민족에게 상흔을 남겼던 일본, 그 중심에는 세뇌교육이 있었습니다. 교육이라는 것은 그렇기 때문에 더 중요한 것인데요. 한때 우리 사회에서도 국정교과서 도입이 이슈가 된 적이 있었습니다. 일본에서도 그런 적이 있었을까요? 이번 장에서는 일본의 현대사와 교육, 그리고 헌법에서 보장하는 학문의 자유에 대해 살펴보겠습니다. 들어가기에 앞서, 일본의 문부성은 우리나라의 교육부에 해당한다는 것을 말해둡니다. 이번 장에서 자주 등장하는 주인공이니까요.

◦ 학문의 자유, 안녕하십니까 ◦

일본국 헌법 23조는 대학의 자유, 연구의 자유, 교수의 자유, 학문의 자유를 정의하고 있습니다. 심지어 군국주의 아래의 메이지 헌법에도 이러한 학문의 자유는 존재했죠. 하지만 일본의 근현대사에서 학문의 자유는 국가권력과 꽤 자주 충돌하였습니다. 하물며 2차 세계대전을 일으키기 전의 메이지 헌법 아래에서는 더했겠지요.

일본의 최고 대학이라고 하면 도쿄대학교와 교토대학교가 있습니다. 도쿄대학교는 관료를 많이 배출하고 교토대학교는 학문과 연구에서 두각을 나타내지요. 특히 교토대학교는 학문의 자유를 상당히 중시하는 풍토가 있습니다. 이 두 대학은 2차 세계대전 이전까지 도쿄제국대학교, 교토제국대학교라고 불렸습니다. 여기서 '제국'은 엘리트를 연상시키는 단어였습니다.

1933년, 군국주의로 달려가던 일본 정부에 눈엣가시 같은 인물이 등장합니다. 교토대학교 법학부 교수 타키가와 유키토키滝川幸辰였습니다. 그의 강연과 저서 그리고 학설은 당시 군국주의와는 상반된 자유주의적인 내용을 가지고 있었습니다. 정부 입장에서 그는 눈엣가시와 같은 존재였죠. 결국 문부성은 교토대학교 총장에게 타키가와 교수를 면직시키라고 압력을 행사합니다. 마치 지금으로 치면 청와대가 서울대학교 교수의 면직을 요구하는 상황이랄까요? 물론 교토대학교 측은 이를 받아들이지 않았지만, 문부성은 당시 공직자에 관한 칙령이었던 문관분한령에 따라 타키가와 교수에게 휴직 처분을 내렸습니다.

이에 발끈한 교토대학교 법학부 교수 31명은 일괄적으로 사직서를 던져버립니다. 정부가 학문의 자유를 침해했다는 것이었지요. 그리고 그들 중 교수 여덟 명과 조교수 다섯 명, 전임강사 여덟 명 등이 교토대학교를 떠났습니다. 교토대학교 학생들도 교수들을 지지하고 나섰으며, 아사히신문의 전신에 해당하는 오사카아사히에는 문부성을 비판하는 논설이 실렸습니다. 이 사건을 **타키가와 사건**이라고 합니다.

그런데 당시 이 사건을 주도하였던 문부성의 수장인 문부대신(교육부 장관)이 누구였을까요? 바로 하토야마 이치로鳩山一郎였습니다. 훗날 자민당을 설립하고 수상이 되는 인물입니다. 그는 자유주의를 탄압한 이 사건으로 2차 세계대전 이후에 공직추방령을 당합니다. 물론, 돌아와서 수상이 되지만요.

그럼 이후 타키가와 교수는 어떻게 되었을까요? 사실상 면직된 타키가와 교수는 교토의 다른 대학에서 강연을 하다가 훗날 2차 세계대전 이후 교토대학교의 법학부장으로 돌아오게 됩니다.

◦ 먹으로 덧칠한 교과서 ◦

2차 세계대전 이전 국가권력에 의해 침해당한 학문의 자유. 그렇다면 2차 세계대전 이후 연합군의 점령을 받은 시기에는 어땠을까요? 국가권력이 약해진 이 시기에는 학문의 자유가 널리 인정되었을까요? 이 시기에는 **먹으로 덧칠한 교과서**라는 것이 등장했습니다. 2차 세계대전 중에 사용된 교과서에는 전쟁을 찬미하거나 국가의 충성을 주입하는 군국주의적인 내용이 많았는데요. 이러한 내용을 먹으로 덧칠하여 보이지 않도록 한 것이죠. 한 페이지 전체가 먹으로 칠해진 부분도 있다고 합니다. 전쟁을 일으킨 일그러진 사상을 먹으로 칠하는 것, 매우 당연한 조치인데요. 그런데 이와 관련해 흥미로운 이야기가 있습니다. 일반적으로 먹으로 덧칠한 교과서는 당시 일본을 간접통치했던 연합군총사령부의 지시였을 것으로 여겨지지만, 문부성이 알아서 자신들의 권위를 가능한 한 지키기 위해 먼저 명령했다는 의견도 있습니다. 어쨌든 먹으로 덧칠한 교과서는 아직도 일본에서 많이 회자되고 있는데요. 군국주의에 대한 반성과 더불어 민주주의라는 이름으로 또 다른 생각을 검열한 것이 아니냐는 의견도 있습니다.

2차 세계대전 중에 일본이 사용한 〈초등과국사〉라는 교과서는 전쟁이 끝나고 연합군에 의해 폐지, 회수 처분되었습니다. 그래서 전쟁 후 1946년 문부성은 〈나라의 발자취〉라는 교과서를 새로 간행하였는데요. 새롭게 편찬된 이 교과서에는 일본의 건국신화와 군국주의적인 기술은 삭제된 반면 서민적인 이야기는 많이 담겨 있습니다. 그래서 국가의 강압적인 사상에서 벗어난 새로운 교과서라는 평가를 받기도 합니다. 하지만 최근에는 〈나라의 발자취〉가 미국에 의해 강요되어 만들어진 교과서라고 주장하는 사람들이 부쩍 늘었습니다. 전쟁 중에 사용했던 〈초등과국사〉의 복제본이 서점에서 판매되는 일도, 재평가되는 일도 늘었고요.

。국가와 맞서 싸우기로 결심한 지식인 。

〈나라의 발자취〉 편찬에 참가한 한 지식인이 있습니다. 이에나가 사부로家永三郞 교수입니다. 한일역사교과서 문제가 일어날 때면 양심적인 지식인으로 우리나라에도 자주 소개되는 인물입니다.

1913년생인 그는 육군장교의 아들이었습니다. 도쿄대학교 국사학과를 졸업하고 교수가 되어 평범한 학자의 길을 걸었던 그는 군국주의가 팽배한 광기의 시대에는 방관자의 삶을 살았고, 전쟁 때에는 제자들을 전쟁터로 보내기도 하였습니다. 그 시대 아무것도 하지 않고 전쟁이 조용히 지나가기를 기다렸던 이 지식인이 변한 것은 전쟁이 끝나고 한참 뒤였습니다.

계기가 되었던 것이 바로 〈나라의 발자취〉였습니다. 이 교과서 집필을 계기로 그는 역사에 대한 생각이 바뀌었습니다. 그리고 1952년 일본이 연합군으로부터 국권을 회복한 이후 다시 정부가 국가권력을 이용하여 역사 교육을 통제하기 시작하자 이에나가 사부로 교수는 국가권력에 맞서 싸우기로 결심합니다.

1963년 그가 발행한 교과서인 〈신일본사〉가 문부성으로부터 검정 불합격 판정을 받습니다. 문부성은 민간이 발행한 교과서를 검정할 수 있는 권한이 있는데요. 문부성은 〈신일본사〉가 일본인으로서의 자각을 높이고 애국심을 고취시키는 교과서가 아니라는 이유로 불합격시켰습니다. 예를 들어 2차 세계대전 중의 공습 사진에 대해서는 전쟁을 너무 어둡게 평가한다고 하였고, '무모한 전쟁'이라는 표현은 일방적이라는 의견을 내기도 하였습니다. 이러한 문부성의 검정제도에 대해 이에나가 교수는 국가를 대상으로 소송을 제기했습니다.

◦ 일본 역사상 가장 긴 민사소송 ◦

그가 소송을 시작했을 때 시간이 얼마나 걸릴 것이라고 예측했을까요? 분명 국가를 상대로 싸우는 것이니 어느 정도 각오는 하지 않았을까요? 순탄한 길이 아닌 소신을 관철하는 길을 걷기로 한 그의 마음에는, 아마도 수많은 사람이 죽어간 전쟁을 지켜만 봤다는 죄책감이 자리 잡고 있지 않았을까 싶습니다. 소송은 1965년 6월에 시작하여 1997년 8월까지, 무려 32년간 세 차례에 걸쳐 진행되었습니다.

쟁점은 학문의 자유였습니다. 문부성이 교과서를 검정하여 합격, 불합격 판정을 내리는 것은 학문의 자유와 사상 및 표현의 자유를 침해한 것이 아닌가 하는 것이 문제였습니다. 즉 문부성이 교과서를 검정하는 것이 검열은 아닌가를 따지는 것이 핵심이었죠. 세 차례에 걸친 소송의 결과를 다 나열할 수는 없지만 결론부터 이야기하자면 문부성의 검정제도는 검열이 아니다, 즉 학문의 자유를 침해하지 않는다는 판결이 났습니다. 하지만 중국의 남경대학살 관련 내용을 포함하여 일부 검정에 대해서는 문부성이 재량권을 남용하였다고 판단하였습니다. 국가가 교과서에 너무 개입했다는 것이었죠. 승소는 아니었지만 이 교과서 소송은 일본 사회에 큰 반향을 일으켰습니다. 각계각층의 사람들이 법정 투쟁을 도왔고, 문부성의 검정제도 개선과 더불어 당시 자국의 부정적인 역사를 덮으려 했던 분위기에 경종을 울렸습니다.

1974년 1차 소송의 1심 이후, 왜소한 체구로 까랑까랑하게 목소리에 힘을 주었던 이에나가 씨의 영상이 기억납니다. "세상에 만능은 없습니다."

◦ 일본에서 일제고사가 사라진 이유 ◦

학문의 자유에 관한 또 다른 이야기를 해볼까 합니다. 일제고사 이야기입니다. 일제고사는 우리나라에서도 1998년까지 존재했는데요. 당시 사교육을 조장한다고 하여 폐지되었습니다. (그 이후에 시행된 전국 단위의 학업성취도평가를 일제고사라고 칭하기도 합니다.)

한편 일본에는 전국학력테스트라는 것이 있습니다. 2007년부터, 그러니까 꽤나 근래 들어서부터 초등학생과 중학생 전 학년을 대상으로 실시하고 있습니다. 우리나라에서는 없애는 마당에 일본에서는 오히려 시작하고 있다니요?

여기에는 아주 오래된 사연이 있습니다. 일본에도 1956년부터 1965년까지 전국학력조사라는 것이 있었습니다. 원래는 전체를 대상으로 실시한 것은 아니었으나 1961년 문부성의 지시에 따라 전국에 있는 중학교 2학년과 3학년으로 대상이 확대되었습니다. 그런데 한 시립중학교의 교사가 일제고사에 격렬히 반대하며 이를 저지하기 위해 건물에 침입하고 교장을 폭행하여 공무집행방해죄로 체포되는 사건이 일어났습니다. 그때는 모든 학생들이 정부 주도의 일제고사를 치른다는 것에 대해 반발이 컸습니다.

당시 쟁점은 '아이들의 교육을 결정할 권리가 누구에게 있는가'와 '학교 선생님에게 교수의 자유는 보장되어 있는가'였습니다. 즉 '교육을 결정하는 것은 국가인가, 아니면 선생님과 부모를 중심으로 하는 국민인가 하는 문제와 학교 선생님도 교육의 내용과 방식을 대학교수처럼 자유롭게 정할 자유가 보장되어 있는가 하는 것이 문제였습니다. 일제고사를 통해 문부성이 부당하게 교육을 지배하려 한다는 의구심과 그에 대한 반발이었습니다.

판결은 어떻게 났을까요? 1966년 1심에서는 일제고사에 위헌 판결을 내렸습니다. 일제고사가 헌법에 보장된 교수의 자유에 반한다고 본 것이었죠. 그 결과 일본에서는 한동안 일제고사가 사라졌습니다. 다만 이 재판은 3심에서 뒤집힙니다.

이에나가 교수의 교과서 소송에서 30년간 증언자로 싸워온 오타 타카시太田堯는 이렇게 말했습니다.

"아이들의 성적이 어떤지에 대해서는 관심이 높지만, 교육의 내용이 어떤지에 대해서는 미디어조차 관심이 없습니다. 정보를 통제하는 것은 인간의 내면을 지배하는 것입니다. 내면의 지배는 외면의 차별보다 훨씬 강렬합니다."

교육의 본질을 고민하게 하는 말입니다.

PART 2
정치 · 경제

일본에서는
정치도 세습된다?

_ 정치의 세습과 파벌

"펀쿨섹좌?"

도대체 무슨 말일까요? 이것은 우리나라 네티즌들이 일본의 환경대신 (환경부 장관)인 고이즈미 신지로小泉進次郎에게 붙여준 별명입니다. 그가 2019년 환경대신으로 취임한 후, 유엔기후변화정상회의 전날 가진 인터뷰에서 "기후변화와 같은 문제는 펀fun하고 쿨cool하고 섹시sexy하게 대처해야 한다"라고 알 듯 말 듯한 말을 하면서부터 붙은 별명입니다. "그게 무슨 뜻이죠?"라는 기자의 질문에 "그걸 질문하는 자체가 섹시하지 않다"라고 애매한 대답을 하기도 하였습니다. 도대체 이 사람은 누구이고 왜 이러는 걸까요? 그는 우리에게도 잘 알려진 일본의 전 수상 고이즈미 준이치로小泉純一郎의 아들입니다. 고이즈미 준이치로는 화려한 언변과 화술의 소유자였는데요. 세습 정치인인 고이즈미 신지로도 언변을 통해 아버지처럼 존재감을 부각시키려는 의도였을까요?

세습 정치인일수록 출세가 빠르다?

일본은 세습 정치인의 비율이 매우 높은 나라입니다. 세습 왕국이라고 해도 과언이 아니죠. 헤이세이 시대라고 불리는 1989년부터 2019년까지 30년간 내각총리대신 16명 중 10명이 세습 정치인이었습니다. 그중 자민당의 총리대신은 10명 중 일곱 명이 세습 정치인이었죠. 우리에게 익숙한 아베 신조, 고이즈미 준이치로도 세습 정치인입니다.

자민당에서 세습 정치인은 다른 의원에 비해서 출세가 빠릅니다. 특진 같은 것인데요. 총리의 자녀는 3개급 특진, 대신(장관)의 자녀는 2개급 특진이라는 말이 있을 정도입니다. 3개급 특진이라는 것은 다른 사람에 비해서 국회의원 당선 횟수가 세 번 적어도 수상을 할 수 있다는 의미입니다.

세습 정치인이 출세가 빠른 것은 일본의 정치 풍토 때문입니다. 일본에서는 정치에서 세 가지가 중요하다고 이야기하는데요. 지반(地盤, 지역 기반), 간반(看板, 간판), 가반(鞄, 돈 가방)입니다. 지역 기반과 더불어 간판은 지명도를 말하고 돈 가방은 자금력을 이야기합니다. 세습 정치인은 지역후원회를 그대로 물려받아 지역 기반을 쉽게 다질 수 있고 다른 후보들보다 자연스럽게 인지도가 높으며 후원회 등을 통해 자금도 더 원활히 조달할 수 있습니다. 지역후원회 입장에서도 잘 키워놓은 조직을 기존 정치인이 은퇴했다고 해서 해산시키는 것보다는 그 자식인 세습 정치인을 이어서 지지하는 것이 낫습니다. 이러한 이해관계의 일치가 세습의 악순환을 만들고 있죠. 결국 세습 정치인은 정치에서 중요한 세 가지를 비세습 정치인보다 쉽게 손에 넣을 수 있습니다. 기울어진 운동장이자, 시작하는 스타트 라인이 다른 것입니다.

혹자는 세습 정치인이 장점도 있다고 말합니다. 일단 정치를 시작하기 위한 준비가 빠르며 처세술에 능숙하고 젊을 때부터 정치 경험을 쌓기 때문에 정책에 정통하다는 것입니다. 우리나라에서는 이러한 세습에 대해 상당히 부정적이지만 가계를 잇는 것에 익숙한 일본이라 그런지 우리보다 덜 민감한 듯합니다.

◦ 55년 체제와 파벌정치 ◦

일본 정치와 관련해 세습과 더불어 우리에게 많이 알려진 것은 장기 집권입니다. 특히 자민당의 장기 집권은 우리 관점에서는 도통 이해하기 어려운 부분이 있습니다. 자민당은 1955년에 만들어졌습니다. 초대 총재는 하토야마 이치로였습니다. 이때부터 보수 세력들을 통합하여 만든 자민당과 분열되어 있던 혁신(진보) 세력이 하나로 합쳐진 사회당이 '자민당 VS 사회당'의 양대 정당 구조를 만들기 시작했는데요. 이 체제를 **55년 체제**라고 합니다. 이 체제에서 자민당은 1993년까지 무려 38년간 수상을 배출하며 여당을 유지합니다. 어떻게 이렇게 오랫동안 정권을 유지할 수 있었을까요? 그걸 이해하기 위해서는 파벌정치에 대해서도 조금 알아둬야 합니다.

자민당 하면 떠오르는 것이 파벌정치입니다. 그러면 언제부터 자민당은 이렇게 파벌정치가 심했을까요? 그 역사를 알기 위해서는 2차 세계대전 직후의 일본 정치를 살펴봐야 합니다. 1946년 전쟁이 끝난 직후 민주화 과정과 함께 다양한 정당이 등장합니다. 난립했다는 표현이 더 어울릴 정도였는데요. 이렇게 분열된 정당들은 1955년 앞서 서술한 것처럼 보수와 혁신의 가치를 내걸고 뭉치게 됩니다. 이 과정에서 보수진영의 민주당과 자유당이 합쳐진 것이 자유민주당, 즉 자민당입니다. 심지어 민주당은 그 이전에 다른 보수정당인 개진당과 합당해서 만들어진 것이었죠. 즉, 하나의 정당이긴 했지만, 통합과 통합이 반복된 만큼 그 뿌리가 조금씩 달랐습니다. 이러한 출신과 뿌리의 차이는 파벌정치로 이어지게 되었죠. 이것이 파벌정치의 시작인데요. 하지만 이걸로 다 설명이 되지는 않습니다.

또 다른 큰 이유는 일본의 정치 시스템에 있습니다. 첫 번째는 선거 시스템인데요. 1994년까지 일본은 하나의 선거구에서 당선자가 두 명 이상 나오는 **중선거구제**를 채택하고 있었습니다. 우리나라는 당선자가 한 명인 소선거구제를 채택하고 있죠. 당선자가 두 명 이상 나온다는 것은 당선 인원을 다 차지하기 위해서 한 정당에서 후보자를 여러 명 내는 것이 유리하다는 의미가 됩니다. 당연히 자민당에서도 후보를 파벌마다 출마시켰고, 후보자 입장에서도 파벌에 속해 있어야지 출마할 수 있었기 때문에 파벌은 점점 중요해졌습니다. 그러니 같은 자민당 후보임에도 경쟁을 했고, 같은 정당 안에서도 파벌들은 차별화를 위해 정책 이외의 경쟁을 하며 각기 다른 노선을 가게 됐습니다. 정당 속에 정당이 있는 느낌이라고 할까요?

뿐만 아니라 수상을 뽑을 때도 파벌은 중요합니다. 의원내각제의 수상은 다수당의 총재가 맡는 구조인데요. 다수당의 총재가 되기 위해서는 파벌들이 밀어줘야 가능하기 때문에 파벌이라는 것이 일본 정치에서 뿌리 깊게 자리하게 된 것입니다.

﹒세습은 NO, 파벌은 OK﹒

일본 현대정치사에서 세습 정치인이 아닌 수상을 찾기가 쉽지 않습니다. 그래서인지 반대로 바닥부터 올라온 정치인의 삶에 일본 사람들은 오히려 신선한 느낌을 받는 것 같습니다. 그런 대표적인 인물로 1970년대 수상을 지낸 다나카 가쿠에이田中角栄가 있습니다. 그는 '어둠의 쇼군', '컴퓨터 달린 불도저' 같은 별명을 가지고 있는데요. 비정치 가문 출신으로, 도쿄대학교 출신도 아니고 엘리트 코스도 밟지 않았습니다. 학벌은 중학교 과정에 해당하는 고등소학교가 전부고 과거에 공사판 인부로 일하기도 했지요. 이러한 그의 인생 스토리는 다른 금수저 세습 정치인의 삶보다 훨씬 흥미롭고 신선했습니다. 1993년 다나카는 이미 세상을 떠났지만 그의 삶을 1인칭 시점으로 서술한 전 도쿄도지사 이시하라 신타로石原慎太郎의 소설 《천재天才》가 2016년에 인기를 끌면서 다시 그의 삶이 재조명되기도 하였습니다. 특히 그가 사람을 자기편으로 만드는 능력은 다양한 에피소드로 회자되고 있죠.

그 능력 때문인지 일본의 파벌정치는 다나카를 빼놓고는 논할 수 없을 정도인데요. 총리로 재임한 기간은 1972~1974년 사이의 2년 5개월밖에 되지 않지만, 퇴임 후 **다나카파**를 이끌며 막후정치를 하면서 78년 오히라 내각, 80년 스즈키 내각, 82년 나카소네 내각의 탄생에 영향을 주었습니다. 그리고 곧 등장하는 오자와 이치로小沢一郎도 바로 다나카파 출신입니다.

다나카는 파벌정치를 포함해 부정적인 평가도 많은 인물입니다. 특히 금권정치의 대표적 인물이지요. 1974년 잡지《문예춘추》에는 〈다나카 가쿠에이: 그 금맥과 인맥〉이라는 제목의 기사가 실렸는데요. 학연과 인맥, 세습도 아니었던 다나카가 성공할 수 있었던 배경을 파헤친 글로, 이로써 그 뒤에 정관계 유착과 막대한 비자금이 존재했다는 사실이 드러나게 됩니다.

○ 이치로에서 이치로로 ○

55년 체제 아래에서 세습, 파벌, 금권정치 그리고 이러한 장기 집권은 부패로 이어졌습니다. 특히 80년대 후반과 90년대에 걸쳐 일본 최대의 정치 스캔들이라고 하는 **리쿠르트 뇌물 사건, 사가와큐빈 불법자금 사건** 등은 일본 국민들을 분노하게 했습니다.

그리고 이 시기에 또 한 명의 이치로가 등장합니다. 바로 오자와 이치로라는 정치인입니다. 55년 체제의 시작이 하토야마 이치로였다면, 55년 체제의 끝은 오자와 이치로입니다. 오자와 이치로는 자민당 출신 의원인데요. 현재까지 의원 당선 횟수가 무려 17선입니다. 그의 정치 경력 중에서도 55년 체제가 끝나는 해인 1993년의 행보는 일본 정치를 크게 요동치게 했습니다. 1993년 그 해에 무슨 일이 있었던 것일까요?

당시 자민당의 미야자와 기이치宮澤喜— 내각은 야당에 의해 내각불신임을 받게 됩니다. 내각불신임이란, 쉽게 말하면 "수상 물러가라!"라는 것인데요. 보통은 야당이 내각불신임을 제출해도 여당이 다수이기 때문에 국회에서 과반수가 넘지 않으므로 통과되지 않습니다. 그런데 여당이었던 오자와와 그의 파벌이 같은 당임에도 내각불신임에 찬성표를 던진 것입니다. 자민당 소속 의원이 자민당 내각을 신임하지 않는다고 한 것이었죠. 이후 탈당하여 신생당을 창당한 오자와는 자신이 소속되어 있었던 자민당을 제외한 야당을 모아서 비非자민 연립내각을 만듭니다. 자민당과 공산당을 뺀 나머지를 싹 끌어모아서 새로운 연립내각을 만든 것입니다. 이렇게 하여 호소카와 모리히로細川護熙 내각이 탄생하였고, 38년 동안 이어진 자민당 정권은 막을 내리며 55년 체제는 끝납니다.

오자와는 이후 신진당, 자유당, 민주당 등 숱한 야당을 만들거
나 합당하였고 그 과정에서 직접 수상이 되지는 못하였으나, 막후
에서 많은 영향력을 행사하며 킹메이커로 존재감을 과시해왔습니
다. 그의 정치는 예전만큼 막강하지는 않지만 현재 진행형입니다.

◦ 2009년의 기억 ◦

2009년 가나가와현의 한 중의원 선거가 세간의 관심을 불러일으
켰습니다. 당시 28세였던 1981년생의 젊은 두 후보가 맞붙은 것
이죠. 한 명은 앞에서 언급했던 고이즈미 신지로였고 다른 후보는
요코쿠메 가쓰히토橫粂勝仁였습니다. 물론 둘 다 정치에 갓 입문한
상태였죠.

　　두 후보는 성향도 달랐지만 살아온 인생도 매우 달랐습니다.
고이즈미 신지로는 학부와 대학원을 졸업한 후 수상을 지낸 아버
지의 개인 비서로 일하며 전형적인 2세 정치인의 노선을 걸었으
나, 요코쿠메 가쓰히토는 지방도시에서 트럭 기사의 아들로 태어
나 어려운 환경에서도 도쿄대학교 법학부에 입학해 사법고시를
합격한 경력을 가지고 있었습니다(버라이어티 프로그램에 나와서 인지
도는 조금 있던 상황이었습니다). 결과는 자민당의 고이즈미 신지로
의 승리였습니다. 물론 선거 결과는 여러 상황을 고려해야 하지만,
자민당이 대패한 선거에서 고이즈미가 승리를 거두며 국회에 입성

할 수 있었던 것은 세습과 그 후광의 힘도 분명히 있었습니다.

고이즈미 신지로가 처음 당선된 2009년 중의원 선거는 가히 충격적이었습니다. 선거 결과에 따라 야당이었던 민주당은 기존 115석에서 308석으로 193석을 늘렸고, 여당이었던 자민당은 300석에서 181석으로 줄어버렸죠. 자민당은 1955년 이후 처음으로 제2당으로 밀려났고, 민주당의 하토야마 유키오鳩山由紀夫 정권이 새롭게 들어섰습니다. 자민당의 장기 집권에 염증을 느낀 국민들이 새로운 시대를 갈망하며 변화를 일으킨 해였죠. 하지만 그것이 실망으로 바뀌기까지 그리 오래 걸리지 않았습니다. 민주당의 하토야마 정권과 그다음 이어진 간 나오토菅直人 정권은 오키나와 미군기지와 동일본대지진 등 많은 문제에 부딪히며 정권은 약 3년 만에 다시 자민당으로 넘어가게 됩니다. 그리고 우리가 잘 아는 아베 신조 내각이 들어서죠.

2009년 선거 후 정권을 잡은 민주당의 하토야마 유키오도 세습 정치인이었습니다. 일본의 케네디라고 불릴 만큼의 명문 정치 가문 출신인데요. 증조부는 우리나라의 국회의장 격인 중의원 의장을 지냈으며, 조부는 앞서 나온 자민당의 초대 총재 하토야마 이치로 전 수상이고, 부친은 외무장관을 지냈습니다. 심지어 아들까지 5대가 모두 도쿄대학교 출신이니 실로 대단한 가문입니다. 재미있는 것은 2009년 선거에서 민주당이 압승하여 하토야마 유키오 정권이 들어섰다는 것인데요. 그 말은 하토야마 유키오가 하토야마 이치로가 초대 총재를 지낸 자민당을 이겼다는 뜻이 됩니다. 즉, 할아버지가 만든 정당을 손자가 무찌른 셈이었죠.

세습과 파벌은 일본 정치를 이해하는 데 있어서 중요합니다. 하지만 정당과 파벌은 엄연히 다르죠. 명목적으로 정당은 국민을 위해 존재하는 것이고, 파벌은 그 집단을 위해 존재하는 것이니까요. 저는 개인적으로 세습에 대해서는 대단히 긍정적입니다. 정치 말고요. 맛집 말이에요.

지방도시, 중앙정부를 상대로 소송을 걸다?

_ 가난한 지방자치와 고향세

2019년 이즈미사노는 중앙정부를 상대로 소송을 제기했습니다. 이즈미사노가 누구냐고요? 바로 오사카에 있는 지방도시입니다. 오사카로 여행을 가본 독자 분이라면 아실지도 모르지만, 바다 한가운데에 있는 간사이공항에서 오사카 시내로 들어갈 때, 다리 건너 처음 만나는 지역입니다. 그런데 이즈미사노시가 어떤 일로 중앙정부에 소송을 제기했을까요? 왜 이즈미사노 시장은 중앙정부인 총무성에 '감정적인 판단'을 했다고 비판하였을까요? 지방도시가 중앙정부에게 이렇게 덤벼도 되는 걸까요?

내각이 지방자치단체장을 임명했다고?

영국의 정치인 제임스 브라이스James Bryce는 "지방자치는 민주주의의 학교인 동시에 민주주의의 성공을 보장할 수 있는 가장 확실한 제도"라고 하였습니다. 그만큼 민주주의에서 지방자치가 중요하다는 것인데요. 그렇다면 일본에서 제대로 된 지방자치는 언제부터 시작했을까요? 정답은 2차 세계대전 이후 연합군총사령부 개혁 때입니다. 그 이전에 메이지 시대의 지방자치는 내각총리대신이 각 지방의 지사를 임명하고 주민(당시는 신민)이 선거를 통해 뽑은 지방의회를 중앙정부의 내무대신이 해산시킬 수 있는 시스템이었습니다. 지방자치의 지사는 내각의 통제 아래에 있었고, 그 아래 작은 지방자치단체의 장은 지사의 감독 아래에 있었죠. 한마디로 제대로 된 지방자치가 아닌 중앙집권국가였습니다.

이렇게 천황과 내각에 집중되어 있던 중앙집권적 정치제도는 1947년 제정된 지방자치법에 의해 지방분권으로 바뀌게 됩니다. 그리고 지방공공단체가 중앙정부로부터 독립하여 행정과 입법을 행하는 **단체자치**의 역할을 하게 되죠. 가끔 우리도 보면 중앙정부가 서울시 또는 그 외의 지방자치와 대립각을 세울 때가 있잖아요? 이렇게 지방자치가 중앙정부를 견제하는 역할을 이때부터 하게 된 것입니다.

정치·경제

﹒ 홋카이도는 왜 '도'일까? ﹒

일본의 지방자치에 대해 이야기할 때 가장 많이 받는 질문이라, 어려움을 무릅쓰고 언급해볼까 합니다.

먼저 일본의 지방자치는 도도부현都道府県으로 구성되어 있습니다. 일본어 발음으로는 '토도후켄'이라고 하죠. 도都는 도쿄도, 도道는 홋카이도, 부府는 오사카부와 교토부가 있고 나머지 43개는 현県입니다. 이렇게 총 47개의 도도부현으로 지방자치가 나뉩니다.

원래 과거 메이지 시대에는 부와 현만 있었습니다. 부는 메이지 초기에 하코다테부, 나가사키부 등 아홉 개가 있었는데, 이후에는 현보다 조금 더 특별하고 중요한 곳이라는 의미가 되어 대도시였던 도쿄, 오사카, 교토를 부로 하게 되었습니다. 그리고 그중 도쿄는 도쿄시와 도쿄부를 합쳐서 도쿄도가 되었죠.

그렇다면 홋카이도는 왜 도道일까요? 이것은 일본 사람들도 대단히 궁금해하는 내용인데요. 북단에 있는 홋카이도는 원래 미개척지였으며 과거에는 에조치蝦夷地라고 불리었던 곳입니다. '에조'는 원주민인 아이누족을 가리키는 말로, 아이누가 사는 지역이라는 의미였죠.

오기칠도五畿七道라는 말을 들어보셨나요? 일본에는 과거에 구니国라는 율령국이 있었는데요. 수도였던 나라와 교토 근처 다섯 개 구니를 '오기'라고 하였고, 그 외의 나머지 지역을 일곱 개의 도로 나누어 '칠도'라고 하였습니다. 그리고 뒤늦게 1869년 에조

■ 홋카이도	■ 주부 지방	■ 시코쿠
■ 도호쿠 지방	■ 간사이 지방	■ 규슈/오키나와
■ 간토 지방	■ 주고쿠 지방	

1. 홋카이도
2. 아오모리현
3. 이와테현
4. 미야기현
5. 아키타현
6. 야마가타현
7. 후쿠시마현
8. 이바라키현
9. 도치기현
10. 군마현
11. 사이타마현
12. 지바현
13. 도쿄도
14. 가나가와현
15. 니가타현
16. 도야마현
17. 이시카와현
18. 후쿠이현
19. 야마나시현

20. 나가노현
21. 기후현
22. 시즈오카현
23. 아이치현
24. 미에현
25. 시가현
26. 교토부
27. 오사카부
28. 효고현
29. 나라현
30. 와카야마현
31. 돗토리현
32. 시마네현
33. 오카야마현
34. 히로시마현
35. 야마구치현
36. 도쿠시마현
37. 가가와현
38. 에히메현

39. 고치현
40. 후쿠오카현
41. 사가현
42. 나가사키현
43. 구마모토현
44. 오이타현
45. 미야자키현
46. 가고시마현
47. 오키나와현

일본의 도도부현 지도.

치였던 홋카이도가 편입이 되어 오기팔도五畿八道가 되었지요.

생소한 내용이지만, 일본을 방문하시게 된다면 신칸센 노선을 유심히 봐보세요. 신칸센 노선이 옛날 오기칠도의 이름을 따서 산요 신칸센, 호쿠리쿠 신칸센, 산인 신칸센 등으로 불리고 있거든요.

오기팔도 중에서 홋카이도만 그대로 이름이 남아 지금까지 내려오고 있고, 다른 도들은 이후 현으로 재편되었는데요. 홋카이도는 뒤늦게 도가 된 탓에 작은 단위의 행정구역들의 독립성이 약해서 그대로 남게 되었습니다. 쉽게 말해 다른 지역들은 도 아래에 독립된 행정구역이 있어서 그러한 지역이 현으로 재편된 반면, 뒤늦게 들어간 홋카이도는 상대적으로 행정구역들이 독립적이지 못하고 홋카이도가 하나의 행정구역으로 운영되는 경우가 많았기 때문에 하나로 묶어 홋카이도가 된 것이죠.

한편 일본에도 우리나라처럼 시市가 있습니다. 일본에서 시는 우리나라에서만큼 큰 지방공공단체는 아니고, 도쿄도에만 26개가 존재하고 있습니다. 그중에서 정령지정도시라고 하는 특별한 시가 있습니다. 이것은 인구 50만 이상의 시로 구區를 설치하는 등 특례가 인정되고 있으며 나고야, 요코하마, 센다이와 같은 도시가 여기에 해당됩니다.

◦ 현민성, 지역마다 사람들의 기질이 다르다? ◦

현민성県民性이란 무엇일까요? 일본은 메이지 시대부터 2차 세계대전 시기까지 강력한 중앙집권국가였지만, 역사적으로 볼 때 지방은 지역마다 존재했던 번(31쪽 참고)이 지배해왔습니다. 그렇기 때문에 지역마다 문화와 기질 등이 다른데요. 이것을 '현민성'이라고 합니다. 국민의 기질을 '국민성'이라고 한다면, '현민성'은 현 사람들의 기질을 말하는 것이겠죠. 이렇게 지역마다 다른 사람들의 특성은 오락이나 예능 프로그램에서도 많이 다루며, 사람을 만날 때에도 출신을 가장 먼저 묻고 공감대나 화제로 삼는 경우가 많습니다. 또한 이런 배경 때문인지 일본은 각 지역을 분석하고 비교하는 여러 데이터가 발달해 있습니다.

여기에서 몇 가지 데이터를 소개할까 합니다. 일본에서 1인당 소득이 가장 높은 지역, 즉 경제적으로 가장 윤택한 지역은 어디일까요? 아마 쉽게 예상하시겠지만 도쿄입니다. 그렇다면 2등은 어디일까요? 2등은 바로 나고야가 있는 아이치현입니다. 오사카를 예상하셨다면 보기 좋게 틀리셨습니다. 그렇다면 소득이 가장 낮은 지역은 어디일까요? 바로 휴양지로 잘 알려진 오키나와입니다. 오키나와는 1인당 소득이 가장 낮지만, 출산율이 가장 높은 지역이기도 하죠. 출산율을 높이기 위한 방법이 돈이 전부는 아니라는 것을 보여주고 있는 것 같기도 합니다.

흥미로운 것은 행복도에 관한 데이터도 있다는 것입니다. 재단법인 일본총합연구소의 〈전48도도부현 행복도 랭킹〉에 따르면, 2014, 2016, 2018년에 이어 2020년에도 1위를 차지한 지역이 있습니다. 바로 후쿠이현입니다. 유명한 관광지가 있는 곳은 아니어서 우리에게는 좀 생소한 곳일지도 모르겠습니다. 후쿠이현은 혼슈 북쪽에 위치하며 동해와 접하고 있는 지역인데요. 일, 교육, 건강, 문화를 포함한 75개 항목을 분석한 결과, 특히 일과 교육 분야에서 5년 연속 1위를 기록했습니다. 대학생의 진로가 정해지지 않은 비율 전국 최하위, 여성 노동 인구 비율 1위, 완전 실업률은 2020년 데이터 기준으로 4위였죠. 높은 행복도의 배경에는 후쿠이현 사람들의 근면 성실함도 있다고 합니다. 행복의 배경을 완벽하게 분석할 수는 없겠지만, 후쿠이현의 행복도가 현민성과 관계가 깊다고 여기는 사람들이 많습니다. 참고로 2등은 도야마, 3등은 도쿄입니다.

◦ 3할 자치, 가난한 지방자치를 이르는 말 ◦

도쿄, 아이치처럼 1인당 소득이 높은 곳도 있지만, 그렇지 않은 곳도 꽤 많습니다. 평균적으로 일본 지방자치의 재정상태를 이야기할 때 **3할 자치**라는 상징적인 표현을 많이 사용합니다. 이 말은 지방자치가 스스로 조달하는 자금이 전체 사용 자금의 30퍼센트 정도밖에 안 된다는 뜻입니다. 도쿄와 같은 대도시를 제외한 대부분의 지방자치는 가난합니다.

일본에서 지방재정의 문제점을 거론할 때 자주 등장하는 지역 중 하나가 유바리시입니다. 유바리 국제판타스틱영화제로 유명한 지역인데요. 홋카이도의 작은 도시인 이곳에서는 두 가지가 매우 유명합니다. 첫 번째는 멜론이고, 두 번째는 파산입니다. '아 ~ 거기 파산한 동네?' 유바리를 들으면 일본인이 처음 하는 생각이죠.

원래 유바리는 탄광도시였습니다. 하지만 여느 탄광도시와 같이 80년대부터 탄광이 문을 닫기 시작하면서 지역경제가 급속도로 나빠지게 되었죠. 경제를 부흥하기 위해 유바리시가 선택한 방법은 무엇이었을까요? 바로 관광이었습니다.

'탄광에서 관광으로'라는 슬로건을 내걸고 영화제, 박물관, 스키장, 호텔 등에 투자하며 관광도시로서의 변신을 꾀하였습니다. 국제판타스틱영화제도 이때부터 시작되었죠. 하지만 결과는 그리 좋지 않았습니다. 실패에 실패가 이어져 결국 빚더미가 되었고, 재정 파탄에까지 이르렀습니다. 일자리는 나날이 감소해 젊은이들은 외지로 나갔고 그로 인해 인구 감소와 고령화가 심각해졌습니다. 지방재정을 재건하기 위해 높은 지방세를 거둬들이는 한편, 돈이 없으니 복지는 줄어들게 되었죠. 누가 이런 동네에 살고 싶을까요? 결국 1960년 11만 6천 명에 달했던 인구는 현재 8천여 명 정도로 감소했습니다.

극단적인 예로 유바리시를 들긴 했지만, 지방자치의 재정이 허

약한 것은 사실입니다. 지방재정은 자주재원과 의존재원으로 나뉘는데요. **자주재원**은 지방공공단체가 스스로 조달하는 자금을 말하며, 그중 대표적인 것이 지방세입니다. 기본적으로 일본의 지방세는 주민세, 고정자산세, 자동차세 등으로 자산에 부과하는 형태가 많기 때문에 대도시와 같이 자산가치가 높은 동네와 지방소도시, 농어촌과 같이 자산가치가 낮은 동네 사이에는 재정력 차이가 클 수밖에 없습니다. 쉽게 말해 땅값 높고 비싼 차가 많은 지역은 자주재원이 많고 재정력이 좋은데, 그렇지 않은 지역은 상대적으로 재정력이 약하다는 것이죠. 지방세 합계를 인구 1인당 세수액 지표로 본다면 도쿄가 오키나와에 비해 2.4배 많습니다.

자주재원이 스스로 조달하는 자금이라면 그 반대는 의존재원인데요. **의존재원**에는 중앙정부가 지원해주는 국고지출금, 지방교부세 등이 있습니다. 일본도 지방의 과소화, 고령화로 인해 지방공공단체 전체의 의존재원이 늘어나고 있죠. 이렇게 의존재원이 늘어난다는 것은 또 다른 문제를 내포하고 있습니다.

지방자치는 지방분권의 관점에서 볼 때 중앙정부를 견제하는 역할을 해야 합니다. 그런데 3할 자치가 상징하듯 지방자치는 자금이 부족하여 중앙정부로부터 보조금을 받아옵니다. 견제해야 할 대상으로부터 자금을 받는 묘한 상황인 것입니다. 그러니 3할 자치라는 것은 단지 금전적인 것뿐만 아니라 총체적으로 중앙정부와의 관계에서 지방자치의 힘이 약한 것을 빗대어 보여주는 말이기도 합니다. 사실 우리나라도 크게 다르지는 않습니다. 중앙정부를 견제할 수 있는 지방자치라면 자금력이 튼튼한 수도권 도시나 대도시 정도 아닐까요?

◦ 기부하면 아마존 기프트권을 드립니다 ◦

그래서 시작된 것이 **고향세**입니다. 자신의 고향이나 인연이 있는 지방자치단체에 기부를 하고 그 대신 세금 등의 혜택을 받는 것인데요. 중앙정부에 납부하는 세금을 지방으로 이전시키는 것을 목적으로 하고 있습니다. 자신의 고향뿐만 아니라 타 지역에 기부하는 것도 가능하며 교육, 의료, 환경, 관광 등 기부금의 사용 용도를 선택할 수도 있습니다. 게다가 기부한 지역에서 답례품을 보내주니 기부자이자 납세자 입장에서는 상당히 매력적이죠. 예를 들어 나가사키시에 기부를 하면 특산물인 나가사키 카스텔라를 받을 수 있고 기부한 금액의 일부만큼 세금을 공제받을 수 있습니다. 일본의 지방은 재정상태도 열악하고 고령화로 인구도 줄고 있으니 이러한 제도는 지방자치단체 입장에서 큰 도움이 될 수 있죠.

　하지만 문제점도 있습니다. 지방자치단체들이 기부를 많이 받기 위해서 치열한 답례품 경쟁을 하고 있다는 것입니다. "우리 동네에 기부하시고 세금 감면도 받으세요! 선물도 푸짐하게 드립니다!"라고 홍보하고 있는 것이죠. 답례품은 각 지역의 특산품인 고

기부터 전구, 시계, 휴지, 밥통 등 없는 것이 없을 정도로 다양합니다. 답례품 경쟁이 치열하다 보니 어떤 지역에서는 공무원들이 조직적으로 답례품을 소개하는 홈페이지에 들어가서 지역 답례품의 순위를 끌어올리기도 합니다. 또 어떤 지역에서는 현지 특산물이 아닌 다른 지역의 생산품이나 심지어는 아마존 기프트권, 저가 항공사 포인트 등으로 기부금을 모으기도 합니다. 2017년 기부액 1위를 달성했던 오사카의 이즈미사노시가 대표적이죠.

그런데 이러한 무분별한 답례품 경쟁에 중앙정부가 제재를 가하기 시작했습니다. 이 장의 처음에 나왔던 이즈미사노시와 중앙정부의 대립이 발생하게 된 이유도 여기에 있습니다. 답례품 중에서도 육류, 쌀, 게는 가장 인기가 많은데요. 이즈미사노시는 이러한 특산물이 없는 지방자치는 기부금을 모으기 힘들다고 주장하며 아마존 기프트권 등을 제공하였고, 중앙정부인 총무성은 이즈미사노시를 고향세 제도에서 제외시켜버렸습니다. 결국 중앙정부와 지방자치가 재판소로 가는 사달이 일어났죠.

고향세나 지방세 등과는 별도로 일본의 지방자치는 지역마다 독자적으로 과세를 하기도 합니다. 특이한 예로, 오카야마의 다자이후시는 '역사와 문화의 환경세'라는 것을 걷기도 하고, 시즈오카의 아타미시에는 '별장 등 소유세'라는 것도 있지요.

◦ 지방을 살리기 위한 노력들 ◦

일본 지방자치의 문제는 앞에서 언급한 것처럼 중앙정부를 제대로 견제할 수 없고 오히려 중앙정부와 주종 관계가 된다는 것입니다. 그래서 2000년 **지방분권일괄법**이라는 것이 시행되었는데요. 중앙정부와 지방자치가 주종 관계가 아닌 대등·협력 관계가 되어야 한다는 것이 골자였습니다. 그전까지 문제가 되었던 부분은 중앙정부의 업무와 지방자치의 업무가 명확하게 나누어지지 않았다는 것이었습니다. 여권 교부나 국정선거와 같은 건 중앙정부가 하지만, 국민들의 편의를 위한 그 밖의 업무들은 담당이 명확하지 않았던 탓에 중앙정부의 업무가 지방자치에게 계속 넘어와서 지방자치의 부담이 커지고 있었습니다. 이러한 갑을 관계를 해결하기 위해 지방공공단체가 분담해야 하는 역할을 명확하게 하자는 것이 지방분권일괄법이었죠.

　일본 지방자치의 또 다른 문제점은 고령화입니다. 일본창생회의는 2014년 지방자치 1,800개 중 896개가 2040년 전에 소멸한다고 발표하였는데요. 심지어 도쿄의 도시마구도 포함되어 있어 충격을 주었습니다. 고령화가 진행되면 지방의 재정은 더 악화되고 복지 수준은 더 낮아집니다. 이에 따라 인구는 더 줄고 지역 인지도는 더 낮아지는 악순환이 반복되지요. 이러한 문제를 해결하기 위해서 일본에서는 **대합병**을 진행하고 있는데요. 말 그대로 지역과 지역을 합병하는 것으로, 읍, 면, 동에 해당하는 작은 지방자치 단위인 시정촌市町村을 합치고 있습니다. 합병을 통해 중복되는 시설이나 서비스를 합쳐 재정지출을 삭감하고 조금 더 큰 틀에서 주민들을 위한 여러 서비스를 하자는 것입니다. 대합병에 따라 1999년 3,232개였던 시정촌은 2018년 1,718개로 감소하였습니다.

일본에는 **마치즈쿠리**まちづくり라는 단어가 있습니다. 직역하자면 '마을 만들기'인데요. 일본 어딜 가도 자주 볼 수 있을 만큼 매우 폭넓게 쓰이는 단어이지만, 그래도 본래의 의미에 가장 가깝게 해석하자면 '마을 공동체', '마을 커뮤니티' 정도가 될 것 같습니다. 인구가 감소하고 지방이 소멸하는 현재 상황에서 어떻게 조금 더 살기 좋은 동네를 만들 것인가를 주민들이 고민하고 활동하는 것이 포함된 용어이죠.

마치즈쿠리 활동은 어떤 것일까요? 대형마트나 랜드마크를 유치하는 것일까요? 아닙니다. 1980년대, 1990년대 마치즈쿠리는 오히려 개발에 반대했습니다 "우리 동네랑 어울리지 않는 개발은 필요 없어!"라고 외쳤죠. 마치즈쿠리에 관한 이런 생각은 어쩐지 좀 부러운 구석도 있네요.

고양이가 미친 춤을 추는 듯한 병?

_ 고도 경제성장기와 환경문제

1901년, 메이지 천황이 탄 마차를 향해 갑자기 한 남자가 다가갔습니다. 남자는 끈으로 묶은 종이 여섯 장을 내밀었고 그 순간 옆에 있던 경호원에게 진압되었습니다. 절차를 무시한 채 천황에게 직소直訴하려 한 것이었습니다. 이 사건의 주인공은 다나카 쇼조田中正造, 당대 의원을 지낸 사람입니다. 직소하려던 내용은 바로 일본 공해 문제의 출발점인 아시오 광독 사건이었죠. 구리를 제련하는 과정에서 만들어진 유해물질이 도치기현과 군마현 지역에 심각한 공해를 입힌 사건인데요. 당시 의회에서 제대로 된 해결책이 나오지 않자 다나카는 목숨을 걸고 천황에게 직접 호소하려 한 것이었습니다. 하지만 아무 일 없었던 것처럼 태연히 마차는 지나갔습니다. 대신 이 사건이 언론에 대서특필되면서 사람들의 관심은 높아지게 되었죠.

"굴뚝으로부터 배출되는 매연은 번영의 상징." 지금은 말도 안 되지만 당시는 이러한 풍조가 있었습니다. 그리고 아시오 광독 사건의 후유증이 아직 가시지 않은 전후 고도 경제성장기, 번영만을 바라보고 달린 일본 사회에 다시 한번 공해의 역습이 일어났습니다.

∘ 이제는 전후가 아니다 ∘

일본의 고도성장은 한국전쟁으로 인한 특수로 시작되었습니다. 태평양전쟁의 패배로 혼란스러웠던 일본 경제는 전쟁특수로 인해 1953년 이미 2차 세계대전 이전의 수준을 넘어서 회복하였고, 1956년 정부가 발행하는 경제백서에는 **"이제는 전후戰後가 아니다"** 라는 표현이 실리기도 했습니다.

그런데 이 '전후가 아니다'라는 표현은 과연 어떤 의미일까요? 전후라는 것은 말 그대로 전쟁 직후를 말하는데요. 일본인들도 이 문장의 의미를 잘못 알고 있는 경우가 많습니다. '전후가 아니다'라는 것은 이제 전쟁 직후로부터 회복하고 고도 경제성장으로 날아오른다는 희망에 가득 찬 의미일까요? 많은 일본인들도 그렇게 알고 있는데, 글의 문맥을 살펴보면 패전의 깊은 수렁에서 회복하면서 생긴 수요와 한국전쟁 등의 특수로 덕을 본 시대는 지났다는 의미입니다. 지금까지는 회복에 따른 수요와 전쟁특수로 인해 빠른 경제성장이 가능했지만, 지금부터는 엄중한 상황이 기다리고 있다는 의미였죠. 그러니 원래 의미는 사람들이 알고 있는 것과는 달랐습니다.

하지만 그 이후에 일본은 고도 경제성장기에 접어들면서 유례없는 발전을 이루게 됩니다. 경제백서에서 "이제는 전후가 아니다"라고 우려한 것과는 다르게 화려한 발전이 시작되었죠. 경제백서를 발행한 사람들도 생각보다 잘나가는 일본 경제에 당황했음에 틀림없습니다.

◦ 54년 전의 올림픽 ◦

일본의 고도 경제성장기는 일반적으로 1955년부터 1973년 사이의 18년간을 가리킵니다. 이 기간 동안 일본의 실질경제성장률은 최고 12.4퍼센트, 평균 10퍼센트에 육박하였습니다. 1950년대 초에 국민총생산GNP은 영국이나 프랑스의 3분의 1 정도였는데요. 1968년에는 GNP 자본주의 2위 국가가 됩니다. 이러한 놀라운 경제성장의 배경에는 자유무역으로 향하고 있었던 국제적인 분위기와 수출에 유리한 1달러 360엔의 엔저, 그리고 베트남전쟁 등과 같은 전쟁특수와 평화주의 노선에 따른 경제 집중 등이 있었습니다.

고도 경제성장기에 접어들면서 1964년 일본은 도쿄올림픽을 유치하게 됩니다. 그런데 이것이 일본의 첫 올림픽 개최 결정은 아니었습니다. 정확히는 2차 세계대전이 일어나기 전, 1936년 올림픽위원회에서 1940년 올림픽을 도쿄에서 개최하기로 결정하였죠. 그렇지만 일본은 1938년 노구교 사건(일본군의 자작극으로 벌어진 발포 사건)을 계기로 중일전쟁을 일으켰고, 전쟁 중의 자재 부족 등을 이유로 군부의 반대에 부딪히며 올림픽 개최를 포기합니다. 일본의 철회로 개최지가 핀란드 헬싱키 개최로 변경되지만 이 또한

2차 세계대전 발발로 무산되었죠.

1964년 올림픽을 전후로 하여 인프라 설비 등의 수요로 일본은 또 한 번 경제 호황을 누리게 됩니다. 1962년부터 1964년까지의 이 시기를 '올림픽 경기'라고 부르는데요. 케이팝 스타들이 종종 공연하는 일본 무도관뿐만 아니라 도쿄에서 오사카를 연결하는 신칸센도 이때 개통됩니다. 하지만 올림픽이 달콤함만을 주지는 않았습니다. 올림픽이 끝난 직후에는 수요 축소 등으로 인해 불황이 닥쳤고, 전후 처음으로 적자국채를 발행하기도 하였거든요. 고도 경제성장의 이면에는 또 다른 문제점도 있었습니다. 바로 공해병이었습니다.

◦ 고양이 춤 병 ◦

고도 경제성장기에 접어들면서 일본의 한 지역에서는 **고양이 춤 병**이 유행하기 시작했습니다. 언뜻 듣기에는 고양이를 흉내 내며 춤을 추는 사람을 말하는 것 같지만, 그것과는 전혀 달랐습니다. 고양이들이 마치 미친 것처럼 춤을 추는 이상 행동을 보인 것이었죠. 의문의 행동은 고양이에게만 나타나지 않았습니다. 발작을 일으키는 닭과 돼지도 있었고 추락하는 까마귀도 있었습니다. 이러한 기이한 일이 어디에서 일어났느냐고요? 바로 규슈의 구마모토현, 미나마타라는 동네였습니다.

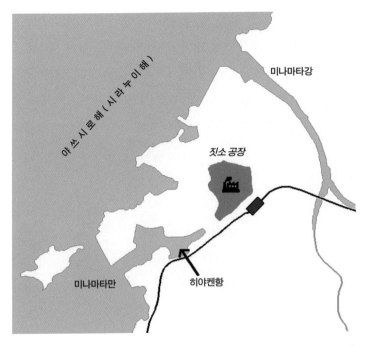

미나마타만 인근에 위치한 짓소 화학공장. 흘려보낸 폐수는 그대로 바다에 방출되었고, 물을 이용하는 모든 생물에게 돌이킬 수 없는 피해를 입혔다. © Bobo12345(wikimedia)

어느 날, 이 동네의 질소부속병원에 원인을 알 수 없는 증세를 보이는 여섯 살짜리 어린이가 실려왔습니다. 손과 입이 말을 듣지 않고 중추신경계에 문제가 있는 기이한 병이었죠. 병원은 이 증상을 보건소에 보고하였습니다. 이렇게 공해병인 미나마타병이 세상에 드러났습니다. 이때가 1956년, 정부가 "이제는 전후가 아니다"라고 발표한 해입니다.

원인은 짓소 화학공장(구, 일본질소비료)에서 비닐 등의 원료인

아세트알데하이드를 만들 때 발생하는 메틸수은에 있었습니다. 공장에서 바다로 방류한 메틸수은 폐수가 어패류에 축적되었고, 미나마타병은 주민들이 그것을 먹으면서 발생한 병이었습니다. 짓소라는 회사는 2차 세계대전 이전 식민지였던 조선에서도 생산 활동을 한 적이 있는데요. 현재 북한인 흥남에 공장이 있었습니다.

◦ 인정할 것은 하자 ◦

1956년 확인된 미나마타병은 1968년이 되어서야 국가가 메틸수은을 원인으로 인정합니다. 12년이라는 긴 시간이 걸린 것이죠. 그 말은 1968년까지 메틸수은이 바다로 흘러들어갔다는 얘기입니다. 1932년부터 1968년까지 36년간 바다로 방출된 것입니다.

왜 조금 더 빨리 메틸수은의 방출을 막지 못했을까요. 짓소 화학공장에서 나오는 폐수가 미나마타병의 원인이라는 것을 분명 더 빨리 알 수 있지 않았을까요?

1956년, 구마모토대학교와 미나마타보건소에서 고양이에게 미나마타 지역의 생선을 먹이는 실험을 했습니다. 또 1959년 질소부속병원에서는 공장 폐수를 이용하여 고양이를 대상으로 실험을 진행하였죠. 그 결과 고양이에게 미나마타병의 증상이 나타났습니다. 하지만 짓소 화학공장은 고양이에게 나타난 이 증상이 폐수로 인한 것이기는 하지만 원인 물질이 불분명하다는 이유 등으로 배출을 멈추지 않았습니다.

짓소에 지역경제가 상당히 의존하고 있었던 것도 영향이 있었습니다. 당시 미나마타의 경제는 세수와 일자리 등으로 짓소와 밀접하게 연관되어 있습니다. '짓소가 있었기 때문에 미나마타시가 발전했다'는 생각이 자리 잡고 있었죠. 이러한 여론을 바탕으로 1959년 짓소는 미나마타병 환자들에게 '원인은 모르겠지만 위로금 30만 엔을 베푼다'는 지금 생각해보면 어이없는 계약을 체결했고, 짓소에게 새로운 보상을 요구하지 않는다는 조건과 함께, 수은 정화 기능이 없는 정화시설을 보여주기식으로 짓기도 하였습니다. 그리고 그 후에도 여전히 폐수를 바다로 방출했습니다.

고도 경제성장 속에서 경제적 이익을 우선시하는 사회적 분위기도 희생자를 더욱 늘렸습니다. 1965년 니가타에서 쇼와전공 기업에 의해 수은 중독자가 발생하여 제2의 미나마타병 소송이 일어났을 때에도 정부는 공해에 대한 사회적 분위기가 고조된 1968년까지 이를 인정하지 않았습니다. 인정한 뒤에도 1959년 위로금 지불 등으로 이미 해결된 문제라는 인식을 보여주기도 하였습니다.

◦ 미나마타병은 현재 진행형 ◦

미나마타병이 확인된 지 60년이 지난 지금, 아직도 이 병으로 고통받고 있는 사람들이 많습니다. 미나마타병의 또 하나의 특징은 임신 중일 때 태아도 수은 중독으로 미나마타병에 걸린다는 것입니다.

하지만 정부는 아직도 미나마타병을 완전히 인정하고 있지는 않습니다. 미나마타병으로 인정받을 수 있는 기준을 규정해놓았는데, 그것이 불합리하다고 주장하는 주민들이 많습니다. 지역이 한정되어 있으며 심지어는 50여 년 전에 어패류를 섭취한 것을

미나마타병 시립박물관에 있는 미나마타병 기념관. 미나마타병은 현재 진행형이다.

스스로가 증명해야 하는 경우도 있기 때문입니다. 지금도 미나마타병의 인정을 둘러싸고 재판과 교섭, 합의가 반복되고 있습니다. 아직도 미나마타병은 진행 중인 것이죠.

"인간은 무엇을 위해 태어났는가. 나는 결혼도 못해, 사랑도 못해. 미나마타병이 이렇게 만들었어!"

짓소가 패소한 이후, 짓소 사장 앞에서 한 여성이 외쳤던 울부짖음입니다. 더 높은 성장만 보며 달려갔던 일본의 당시 사회는 소박한 사람의 삶을 빼앗아갔습니다. 책임 소재를 회피하며 바다로 방류한 폐수는 지역사회를 파괴하였죠. 고도 경제성장은 많은 사람에게 부를 제공하였지만, 그로 인한 행복은 모든 사람에게 돌아가지 않았습니다. 아직 마르지 않은 희생자들의 눈물은 여전히 존재하고 있습니다.

모두가 부동산에 뛰어들며 버블이 시작되었다

_ 고도 경제성장기의 부동산

"계절은 도시에서는 느낄 수 없을 것이라며 보내주신 어머니의 조그마한 소포."

1970년대 최고의 히트곡인 센 마사오千昌夫의 <북국의 봄北国の春>의 가사입니다. 센 마사오는 도쿄에서 떨어진 이와테현 출신으로, 당대 대표 가수들이 출연하는 NHK 홍백가합전에 16번이나 나갔던 유명 가수입니다. 내로라하는 가수들 사이에서 <북국의 봄>은 여섯 번이나 불렸습니다. 이 곡은 특히 1970년대 지방에서 도쿄로 상경한 샐러리맨들의 마음을 후벼 파며 큰 인기를 얻었습니다.

"계절은 도시에서는 느낄 수 없을 것"이라는 가사는 도시의 콘크리트 건물과 바쁜 일상 등을 비유적으로 나타낸 것이겠지만, 일본에서 이 가사가 더욱 강렬하게 느껴졌던 시기가 있었습니다. 바로 1980년대 후반의 버블 경제기입니다. 그리고 그 시기의 센 마사오는 자신이 부른 이 노래와는 너무 어울리지 않은 모습을 하고 있었습니다.

◦ 노래하는 부동산 왕 ◦

센 마사오는 작은 농가의 차남으로 태어났습니다. 초등학교 4학년
때 아버지를 여의고 유복하지 않았던 환경으로 학창시절 때도 아
르바이트를 했습니다. 그러던 중 수학여행을 간다고 거짓말을 하
고 도쿄에 간 그는 당대 최고의 작곡가 엔도 미노루遠藤実를 찾아
가 가수의 길을 걷게 됩니다. 1965년 데뷔한 이후 〈별빛의 왈츠
星影のワルツ〉 등이 히트하면서 스타로 발돋움하게 되지요.

　가수 활동과 더불어 1970년, 센 마사오는 센다이시 교외의 산
림 9만 3천 평방미터의 땅을 구입하였습니다. 이후 그 토지가 도
시계획사업 구역으로 지정되면서 차익을 얻게 되었고, 그는 이것
으로 부동산업을 시작합니다. 사들인 토지를 담보로 은행에서 융
자를 받아 또 다른 토지를 구입하는 방식이었죠. 그의 자산은 경
제버블기를 거치면서 크게 상승하였습니다. '노래하는 부동산 왕'
이라고 불리기도 하였으나, 노래는 하지 않고 부동산업에 전념하
며 세계 각지에 있는 맨션과 빌딩을 매입하였습니다. 고향을 그리
워하는 노래 따위는 더 이상 부르고 있을 여유도 없었겠지요. 영
국의 더 랜드마크 런던 호텔, 하와이의 웨스틴 마우이 리조트도
한때 그의 소유였다고 알려져 있습니다. 그 때문에 하와이 호놀롤
루에 있는 호텔 대부분이 센 마사오 것이라는 조롱 섞인 소문도
있었고요. 경제버블기에 그의 자산은 2천억 엔에서 3천억 엔 정도
였다고 합니다.

하지만 버블이 붕괴하면서 빚으로 쌓아 올린 그의 자산은 무너지기 시작했습니다. 부동산 가격이 하락하면서 그가 경영했던 투자회사는 결국 파산하였고 천억 엔에 가까운 빚을 지게 되며 그의 인생도 추락하게 됩니다.

◦ 토지신화는 에도 시대부터? ◦

센 마사오는 무엇을 잘못했을까요? 과도한 욕심을 부린 것? 그렇지만 자본주의의 바탕이 인간의 욕심이라는 것을 생각하면 그의 욕심을 무작정 비난하기에는 무리가 있을 것 같기도 합니다. 잘못이라고 한다면, 토지 가격은 떨어지지 않는다는 **토지신화**를 절대적으로 믿었다는 것, 그리고 그것을 부채질하는 사람들과 가까이 지냈다는 것 정도일까요?

토지신화란 '부동산은 반드시 오른다, 부동산의 가치는 점점 높아진다'라는 믿음입니다. 신화는 의미 그대로 신비스러운 이야기죠. 하지만 그 신화를 당시에는 많은 사람이 믿고 있었습니다.

이러한 토지신화는 어디에서 비롯된 것일까요? 토지신화는 현대에 와서 굳어진 믿음이기도 하지만, 그 시작을 에도 시대, 더 나아가서는 가마쿠라 시대로 보는 시각도 있습니다. 특히 에도 시대에 상인 계층의 토지 애착이 토지신화로 이어졌다는 시각이 있지요. 무사와 농민, 장인은 노동의 대가가 안정적인 편이었지만, 상인은 경제적인 불확실성이 더 강한 계층이었기 때문에 여유가 있을 때 토지를 구입하여 소작료를 받는 등 안정적인 생활을 유지하려고 했던 것입니다.

또 다른 배경은 에도 시대의 상인, **조닌**町人과 관련이 있습니다. 일반적으로 조닌은 단순한 상인이 아닌 집과 대지를 소유한 상인들이었습니다. 물론 조닌 중에서도 대로변에 큰 가게를 소유하는 상류층이 있는가 하면 뒷골목의 하류층도 있었죠. 하지만 분명한 것은 집과 대지는 조닌의 필수 조건이었고 그 소유의 정도가 개인의 자부심 또는 자존심과 관계되었다는 것입니다. 신뢰도를 높이는 효과도 있었죠. 이러한 사회적 배경은 토지에 대한 믿음의 바탕이 되었고 현대의 토지신화에 영향을 주었습니다.

재밌는 것은, 따지고 보면 이런 것들은 우리 사회에서도 흔히 볼 수 있는 현상이라는 것입니다. 특히 노동에 대한 불신과 자존심을 앞세운 과시욕이 팽배한 사회에서 이런 현상이 두드러지게 나타나는 것은 당연한 일일지도 모르겠습니다. 물론 안전자산을 선호하는 일본이기에 토지신화가 더 굳건했던 것도 있겠지요.

◦ 땅값은 절대 떨어지지 않아 ◦

그렇다고 에도 시대 때부터 토지신화라는 단어가 있었던 것은 아닙니다. 이 표현은 1970년대에 이르러 자연스럽게 사용되기 시작했습니다. 2차 세계대전 이후, 1950년대 중반부터 일본은 고도 경제성장기에 들어갑니다. 특히 1960년대까지 공업지역의 토지 가격 상승이 두드러졌는데요. 공업이 크게 발전하면서 기업들이 공업용지 매입에 적극적으로 나섰기 때문이었습니다. 이 시기에 지가가 매년 평균적으로 10~20퍼센트씩 상승하면서 현대의 토지신화가 싹트기 시작했습니다. 1970년대에 들어가면서부터는 토지에 대한 믿음이 더욱 강해졌는데요. 특히 1972년 다나카 가쿠에이 수상이 제창한 **일본열도개조론**은 토지 가격 상승에 큰 기폭제 역할을 하였습니다. 철두철미한 실행력으로 '컴퓨터 달린 불도저'라고 불린 그는 지방균형발전과 고도성장을 내걸며 대대적인 공공투자와 토목공사를 진행하였습니다. 그 결과 토지 가격은 다시 큰 폭으로 상승했습니다.

그런데 토지신화가 형성되는 과정에서 토지 가격이 꽤나 떨어졌던 시기도 있었는데요. 1973년에 발생한 제1차 오일쇼크가 원인이었습니다. 다음 해인 1974년부터 토지 가격은 하락하여 시가지 가격 지수가 2차 세계대전 이후 처음으로 마이너스를 기록하였죠. 이걸로 토지신화는 사라졌을까요? 그럴 리가요. 이후 가격이 빠르게 회복되었고 오히려 사람들에게 '어라, 토지 가격은 내려가도 금방 회복하네?'라는 단단한 믿음까지 심어주게 됩니다.

。 버블의 시작, 플라자 합의 。

영화 〈나 홀로 집에 2〉에 등장하는 뉴욕 플라자 호텔은 일본과 인연이 깊습니다. 1985년 일본의 경제를 뒤흔든 합의가 이루어진 역사적인 곳이기 때문이죠.

당시 미국은 일본에게 무역적자를 보고 있었습니다. 그리고 그 문제를 해결하기 위해 미국, 영국, 프랑스, 서독, 일본의 재무장관과 중앙은행 총재들이 만나 엔화의 가치를 올리는 **플라자 합의**를 맺게 됩니다. 쉽게 말해 일본 상품이 미국에 너무 싸게 들어오니 엔화 가치를 올려서 수출을 불리하게 만들자는 것이었습니다. 당연히 일본의 수출 기업들은 상황이 어려워졌고 일본 정부는 자국의 내수시장을 확대하는 정책을 취하였습니다. 물론 여기에는 미국의 물건을 많이 살 수 있도록 내수시장을 더 키워야 한다는 압박도 작용했습니다. 어쨌든 이런 흐름 속에서 일본 정부와 중앙은행은 금리를 인하하고 자국 통화량을 늘리는 정책을 펼쳤고, 은행들은 낮은 금리로 많은 대출을 해주면서 시중에 더 많은 통화량을 공급했습니다. 사실 이러한 정책을 펼친 이유는 기업들이 돈을 더 빌려가서 설비투자를 늘리도록 하기 위함이었는데요. 문제는 그런 기대와는 다르게 이 자금들이 부동산과 주식에 흘러들어가며 버블경제를 만들었다는 것입니다. 특히 부동산에 자금이 몰렸던 것은 앞서 언급한 토지신화가 한몫하였습니다. 심지어 기업들도 토지신화에 편승했지요. 건실한 제조업 회사가 부동산업에 뛰어들기도 했습니다. 큰 손실을 기록한 기업이 부동산 가격 상승으로 살아남은 사례들도 있었으니까요.

1986년부터 1990년 사이에 일본 6대 도시인 도쿄, 오사카, 요코하마, 나고야, 교토, 고베의 토지 가격은 약 세 배 상승했고, 1987년 한 해 도쿄의 지가 상승률은 68.8퍼센트에 달하였습니다. 주식에도 투자가 몰리며 일본의 대표적인 주가지수인 닛케이 평균주가는 1989년 3만 9천 엔에 가까운 수치를 기록했습니다. 약 30년 전의 주가지수라고 하기에는 엄청난 수치이죠.

◦ 미국보고 일본을 배우라고? ◦

《1등 국가 일본: 미국을 위한 교훈Japan as Number One: Lessons for America》. 이것은 하버드대학교 명예교수인 에즈라 보걸Ezra Vogel이 1979년에 쓴 책입니다. 제목 그대로 일본의 눈부신 발전을 높게 평가하고 있는 책이죠. 미국에서보다는 한껏 고무된 일본 사회에서 더 많이 팔리며 큰 인기를 얻었습니다.

이 책에서는 일본인의 근면함, 의무교육 수준, 스마트한 관료와 기업가들의 경영 자세, 장수하는 사회 등을 미국이 배워야 한다고 이야기하고 있습니다. 특히 능력주의와 성과주의가 중심인 미국의 기업문화와 달리 한번 입사하면 은퇴할 때까지 몸담는 종신고용제와 연공서열 등 끈끈한 유대감을 바탕으로 하는 일본식 경영을

《1등 국가 일본》 표지.

높게 평가하고 있습니다.

　이러한 평가는 이 책이 출간된 지 40여 년이 지난 지금 시점에서 보면 매우 흥미롭습니다. 버블경제가 붕괴하고 경기침체기에 들어서면서 일본식 경영은 쇠퇴했고 능력주의와 성과주의를 앞세운 미국식 경영으로 많이 바뀌었기 때문입니다. 어쨌든 이 책은(적어도 제목은) 당시 일본을 매우 들뜨게 했습니다. 많은 일본인들이 우쭐했지요. 버블경기 시기 뉴욕의 상징과 같은 록펠러 센터를 일본 기업이 매수했을 때나 소니가 콜롬비아 영화사를 매수했을 때 일본인들은 '역시 일본이 최고야'라고 생각했을지도 모르겠네요. 하지만 1980년대 후반에 들어가면서 사람들이 일본 경제가 거품임에도 불구하고 이를 인식하지 못한 배경을 냉정하게 생각해보면, 그간 여러 경제지표가 좋았던 것도 있지만 그 이전에 사람들의 생각 속에서 거품이 만들어진 탓도 있을 것입니다. '이건 버블이 아니고 우리가 잘나가는 거야'라고요.

◦ 버블경제, 이상한데요? ◦

1억 중산층 사회라는 표현이 있습니다. 1970년대 전후의 일본 사회를 표현할 때 자주 나오는 표현입니다. 개인적으로는 이 표현이 참 좋으면서 의아하기도 합니다.

1억 중산층 사회라는 표현이 등장한 배경으로는 고도 경제성장을 하면서 소득이 증가한 것, 대량생산으로 인해 부자들의 전유물이었던 가전제품의 보급이 증가한 것, 종신고용과 사회보험 등으로 생활이 안정된 점 등을 들 수 있습니다. 이러한 사회적 안정감과 만족감이 주는 느낌은 참 포근합니다. 단지 '중산층의 기준이 뭐지?'라는 의아함은 들지만요.

1억 중산층 사회라는 안정감은 이후 버블경제에 의해 산산조각이 납니다. 버블경제에 따른 부동산과 주식 상승의 이익은 모두에게 공평하게 돌아가지 않았습니다. 특히 평범한 노동자들은 월급 상승보다 훨씬 가파른 토지 가격 상승으로 내 집 마련이 더욱 어려워졌지요. 도쿄의 집은 원래 크지 않아 토끼장에 비유되는데, 그 토끼장조차도 사기가 어려워질 만큼 집값이 상승한 것입니다. 울며 겨자 먹기로 도쿄 밖으로 내몰리는 사람이 늘어났고, 그로 인해 도심으로 출근하는 샐러리맨들은 전철 안에서 파김치가 되었습니다. 부가 골고루 분배되지 않고 자본이 자본을, 즉, 돈이 돈을 벌어주는 구조가 만들어진 것입니다.

그 결과 불만이 커진 서민들은 정부에 강력한 조치를 요구하게 됩니다. 그제서야 정부도 부동산을 규제하고 금리를 인상시켰고 버블이 무너지기 시작합니다. 사실 버블이 발생하고 무너진 가장 큰 원인은 일본 정부와 중앙은행에 있습니다. 적절한 시기에 적절한 조치를 하지 못한 채 버블경제가 발생하는 것을 방관(물론 당시엔 몰랐다고 할 수 있지만)하였으며, 이후의 조치도 유연하지 못했기 때문입니다. 당시 이러한 실정失政은 일본뿐 아니라 많은 나라에게 교훈을 주었습니다.

그렇다면 토지신화는 지금도 존재할까요? 버블경제기에 일본인들은 개인 자산의 60퍼센트 정도를 토지로 소유하고 있었습니다. 현재는 어떨까요? 2017년도 자료에 따르면 토지 소유 비율은 개인 자산의 27퍼센트 정도에 지나지 않습니다. 심지어 고령화로 인해 지방은 빈 땅이 늘어나고 있다는 뉴스가 등장하기도 합니다. 오히려 버블경제기 때의 상황이 젊은이들에게는 신화처럼 들릴지도 모르겠습니다. 현금으로 지급된 보너스 봉투가 세울 수 있을 정도로 도톰했다는 등 이동은 무조건 택시였다는 등 지금과는 다른 세상이 펼쳐졌을 때니까요.

그 시대를 풍미했던 일본인들은 지금 어떤 생각을 하고 있을까요? 《1등 국가 일본》이 유행했던 그때 그 시절을 그리워하고 있지 않을까요? 물론 센 마사오를 포함해서요. 센 마사오는 최근까지 가수 활동을 했습니다. 롤러코스터 같은 인생 때문인지, 같은 서민이라는 마음 때문인지 최근에 그가 부르는 노래가 깊이 있게 느껴지는 건 저뿐일까요?

나라에 빚이 많은데
괜찮을까?

_ 재정상태

일본의 1만 엔짜리 지폐에는 탈아론을 주장한 후쿠자와 유키치福沢諭吉가 있습니다. 이 1만 엔짜리 지폐를 바닥에서부터 일렬로 쌓아 올린다고 상상해봅시다. 이것을 후지산보다 더 높게, 대기권보다 더 높게, 달까지 쌓으면 대략 얼마가 될까요? 어림짐작으로 그 액수가 약 8백조 엔에 이른다고 합니다. 얼마나 큰 금액인지 감이 오시나요? 단순히 100엔을 1,000원이라고 계산해보면 8천조 원에 달하는 액수입니다. 이것이 일본의 빚, 즉 국채 잔액입니다. 무려 1경에 가까운 액수입니다. 덧붙여 말하자면 2015년 무렵 이미 일본의 국채 잔액은 8백조 엔을 넘었고 현재는 그 액수가 천조 엔이 넘습니다. 상상을 초월한 일본 정부의 빚, 어쩌다 이렇게 되었을까요? 아니, 이대로 괜찮은 걸까요?

。일본 어르신들이 재정을 걱정하는 이유。

국채를 발행한다는 것은 정부가 다수로부터 빚을 낸다는 것이죠. 일본 정부의 채무 잔액은 빚의 액수로 봐도 세계 1등이지만, 국내총생산GDP 대비로 봐도 세계 1위로 그 비율이 250퍼센트를 훌쩍 넘습니다. 이 금액은 일본 국민들이 1년 동안 만들어낸 부가가치의 2.5배 이상인데 세입하고만 비교하여 따져보면 더 심각합니다. 일본 정부가 2021년 공채 등 빚을 내서 조달한 자금을 제외하고 조세 등으로 들어오는 세입은 57.4조 엔인데요. 20배 이상의 빚을 안고 있는 셈이니, 일본의 재정상태를 가계에 빗댄다면 얼마 가지 못해 곧 파산할 지경입니다.

일본이 이렇게 많은 빚을 안게 된 것이 처음은 아닙니다. 과거에 GDP 대비 채무 잔액이 260퍼센트를 기록한 적도 있었죠. 그것은 1944년, 바로 전쟁 중의 일입니다. 특수한 상황이었지만 전쟁이 끝난 후 일본은 빚을 갚지 못하여 파산할 뻔했죠. 당시 일본 정부는 어떻게 이 상황에 대처했을까요?

일본 정부는 새로운 세금을 만들었습니다. 1946년 **재산세**라는 것을 도입하였죠. 지금의 관점에서 보면 상상을 초월하는 누진과세였습니다. 재산에 따라 25퍼센트의 세율부터 시작하여 높은 구간에 대해서는 무려 90퍼센트까지 재산세를 부과하였습니다. 심지어 가지고 있는 현금에도 세금을 부과했는데요. 현금 소유를 파악하기 위해 기존의 엔화 사용을 금지하고 은행에 예금하게 한 뒤 새로운 지폐를 사용하도록 하여 재산을 파악하기도 하였습니다. 그렇게 부과한 세금으로 정부는 빚을 갚아나갔던 것이죠. '강제로 몰수한 거네'라는 생각이 들 수도 있지만, 당시에는 물가가 계속 오르는 인플레이션이 심했기 때문에 그걸 억제한다는 나름의 명분이 있었습니다. 물론 정부의 일방적인 증세에 대해 반발도 많았고 불만을 가진 사람도 많았죠. 일본에서 지금도 정부의 재정상태와 채무를 걱정의 목소리가 높은 것은 그때를 기억하는 사람들이 많기 때문입니다.

하지만 역으로 생각해보면 당시 일본 정부는 빚을 그대로 두면 안 된다고 생각했던 것입니다. 빚을 갚는 행위, 즉 국채를 상환하는 것에 매우 적극적이었죠. 뿐만 아니라 국채를 발행하지 않도록 정부의 재정을 관리하여 세입과 세출을 맞추기 위해 노력했습니다. 그런 분위기 속에서 1947년에 균형재정의 원칙과 국채 발행을 금지하는 재정법이 등장하였습니다.

◦ 빚이 늘어난 이유 ◦

일본 정부는 나름대로 그 원칙을 한동안 잘 지켰습니다. 보통 경기가 좋지 않을 때 정부의 지출이 많아져서 국채 발행이 늘어나는 것을 생각한다면, 고도 경제성장기 때는 크게 국채를 발행할 일도 없었겠지요. 그렇다면 일본이 다시 국채를 발행한 것은 언제일까요?

보통 고도 경제성장기라고 하면 1955년에서 1973년까지를 이야기합니다. 고도 경제성장기에는 평균적으로 10퍼센트에 육박하는 경제성장률을 기록하였습니다. 그리고 국채를 다시 발행한 것은 그 시기의 중간, 정확히는 1965년이었습니다. 고도 경제성장기라고 하면 쉼 없이 경제가 성장했을 것 같지만, 1965년 일본은 꽤나 불황이었습니다. 1964년 도쿄올림픽이 개최되면서 건설 수요 등을 포함한 경기가 잠시 활성화되었지만, 올림픽이 끝나면서 수요가 감소하였고 그로 인해 경기가 후퇴하였던 것입니다. 이때 일본은 다시 국채 발행 카드를 꺼내게 됩니다.

국채에는 건설국채와 적자국채가 있습니다. 단어의 어감에서도 느껴지듯 뭔가 더 불순하게 느껴지는 쪽은 적자국채입니다. 적자국채는 재정적자를 메우기 위해 발행하는 국채로 그만큼 정부가 재정을 많이 지출했을 때 발행하는 것인데요. 재정법에서도 엄격하게 규제하는 것이 바로 이 적자국채입니다. 규제가 엄격한 이유는 또 있습니다. 2차 세계대전 중에 적자국채를 발행하여 군사비용으로 충당한 역사가 있기 때문이지요. 한편 건설국채는 사회 인프라 등을 만들 때 발행하는 국채로, 인프라를 만들면 후손들도 쓸 수 있기 때문에 조금은 더 자유롭게 발행할 수 있습니다.

1964년 올림픽 이후 불황이 찾아왔을 때 일본이 발행한 것은 적자국채였습니다. 하지만 그 이후부터는 건설국채를 발행하다가 1973년 오일쇼크의 여파로 1975년부터 다시 적자국채를 발행하기 시작했습니다. 그렇지만 이때부터 일본의 국채 잔액이 지금처럼 늘었던 것은 아닙니다.

'빚은 내면 안 된다.' 당시엔 이런 생각이 강했습니다. 1980년에 일본 정부는 재정재건원년을 선언하고 빚을 내지 않기 위해 세출도 줄였습니다. 1990년에는 다시 국채 발행을 멈출 수 있었죠. 버블경기 덕분에 세입이 늘었던 것도 있었지만요.

결론적으로 일본의 빚은 90년대 이후부터 문제가 됐습니다. 그전까지는 국채 발행에 대해서 '경기가 좋지 않을 때 빌려 썼다가 좋을 때 갚으면 된다'라는 인식이 있었습니다. 하지만 90년대부터는 상황이 달라졌습니다. 특히 90년대 중후반부터 버블 붕괴로 인해 불량채권이 문제가 되었고 금융기관들이 도산하면서 경기에 타격을 주었습니다. 정부는 경기를 살리기 위한 부양책으로 재정지출을 늘렸고, 그로 인해 국채 잔액이 늘어나기 시작하였습니다. 쉽게 말해 정부가 경기를 살리기 위해 재정을 풀었던 것인데, 불경기라 세금을 더 걷을 수는 없는 노릇이었던 것이죠. 이는 고스란히 재정적자로 이어졌고 국채 발행이 자연히 증가하였습니다.

국채 발행이 증가한 또 다른 중요한 이유는 바로 인구 구조의 변화였습니다. 일본은 1990년대 후반부터 급속도로 고령화가 진행되었습니다. 고령층의 증가는 사회보장비의 증가를 가져왔고, 그로 인한 재정지출은 국채 발행으로 이어졌습니다. 설상가상으로 고령층의 증가는 노동 인구의 감소로 이어졌고, 일하는 사람이 줄어드니 소득세의 세수 감소가 예상되었죠. 쓰는 돈은 많아지는

데 들어오는 돈은 감소하는 구조였습니다. 1990년대 초만 하더라도 GDP 대비 40퍼센트 정도였던 채무 잔액이 지금의 250퍼센트에 육박한 데에는 바로 이러한 인구 구조의 변화가 컸습니다.

◦ 소비세 트라우마 ◦

일하는 사람이 줄어 소득세가 감소하는 상황. 이럴 때는 어떻게 해야 할까요? 이 문제를 해결하기 위해 등장한 것이 바로 **소비세**입니다. 우리나라의 부가가치세에 해당하는 소비세는 일하는 사람이 아닌 소비하는 사람에게 걷는 세금이기 때문에 인구 구조의 변화에도 안정적으로 걷을 수 있었죠.

그렇다면 지금 일본의 세금 제도는 어떻게 자리 잡았을까요? 이 이야기를 할 때 빼놓을 수 없는 인물이 칼 섬너 샤우프Carl Sumner Shoup입니다. 샤우프는 컬럼비아대학교 출신의 미국인 학자로 1949년 사절단으로 일본에 와서 전면적인 세금 개혁을 실시한 사람입니다. 그렇기 때문에 우리한테는 익숙하지 않지만 일본에서는 매우 유명한 인물이지요. 그는 소득세를 중심으로 하는 세금 제도를 구축하였는데요. 이것이 지금까지 일본 세금 제도의 뼈대가 되고 있습니다. 하지만 1980년대에 들어서는 소비세를 도입해야 한다는 주장이 점점 더 힘을 얻었습니다. 국민들이 폭넓게 세금을 부담해야 한다는 생각과 더불어 근로자에게만 세금이 집중되는 구조로는 고령화 사회에 대비할 수 없었기 때문입니다.

처음으로 소비세를 도입한 것은 1989년 4월 1일이었습니다. 소비세 관련 법안은 1988년 크리스마스이브에 먼저 통과되었고요. 사실 소비세가 도입될 때까지의 여정은 쉽지 않았습니다. 생각해 보면 소비세는 부자보다는 서민들에게 훨씬 부담이 가중되는 세금이잖아요? 서민들의 부담이 상대적으로 커지는 만큼 반발도 만만치 않았던 것입니다. 어쩌면 증세는 생존과 관계되는 것이니 저항은 당연한 것이었죠.

처음 소비세 도입을 시도한 년도는 1978년으로 소비세는 실제 도입된 시기보다 10여 년이나 전부터 시동을 걸고 있었습니다. 당시 겁 없이 내각회의에서 소비세 도입을 정한 것은 오히라 마사요시大平正芳 수상이었습니다. 결과는 어땠을까요? 상상을 뛰어넘는 반발을 받고 철회하게 됩니다. 그리고 선거에서도 대패하였죠. '이거 반발이 생각보다 너무 큰데'라고 놀라며 당황하는 모습이 역력했습니다.

그다음으로 시도한 사람은 나카소네 야스히로中曾根康弘 수상이었습니다. 오히라 내각의 학습 효과였는지, 선거를 앞두고 소비세와 같은 간접세는 늘리지 않겠다고 약속하였죠. 하지만 선거가 끝난 이후 매상세라는 이름으로 소비세와 별 차이가 없는 간접세를 늘리는 시도를 하였습니다. 결과는 어땠을까요? 지방선거에서 대패를 하고 결국 매상세를 철회하였습니다. '아니 이것들이 말장난을 해?' 이런 느낌을 국민들이 받았던 것이겠죠. 실제 소비세를 도

1989년 일본의 국세청 포스터.
"4월 1일부터, 3%"라고 쓰여 있다.

입한 것은 그다음에 등장한 다케시타 노보루竹下登 수상이었습니다. 앞서 수상들이 5퍼센트 도입을 주장했던 반면, 다케시타 내각은 3퍼센트를 주장하였고, 특히 중소기업에 대해서는 우대정책까지 내세우면서 소비세 법안을 통과시켰습니다. 5퍼센트에 비해 3퍼센트는 왠지 괜찮아 보였던 것일까요? 하지만 소비세는 엄청난 반발 속에서 시작했습니다. 정부는 부정적인 여론을 돌리기 위해 다른 나라에서도 실행하고 있는 세금 정책이라고 대대적으로 홍보하였으나 결국 다케시타 내각도 지지율을 잃고 말았죠. 당시 내각 지지율이 고작 4퍼센트였다고 하니 얼마나 분노가 컸는지 알 수 있을 것 같습니다. 물론 여기에는 유명한 정치 스캔들인 리쿠르트 뇌물 사건도 한몫했습니다.

3퍼센트로 시작한 소비세는 이후 1997년에 5퍼센트로 인상되었는데요. 이때는 비교적 반발은 덜했지만 경제 상황은 버블 붕괴 이후 심각한 불황의 터널을 지나고 있었습니다. 그 시기에 소비세를 인상한 것이 일본 경제에 매우 부정적이었다는 평가가 많습니다. 경기를 살려야 할 판에 세금을 올려서 사람들의 소비에 악영향을 끼쳤다는 것이죠. 이후 2014년에 8퍼센트로, 2019년에는 10퍼센트로 소비세는 교묘한 정치적 술수와 함께 계속 상승했습니다.

일본은 **세계 제일의 빚쟁이**입니다. 이 표현은 1999년 당시 수상이었던 오부치 게이조小渕恵三의 입에서 나왔던 말입니다. 빚이 이렇게 많은데 과연 경제는 안전할까요? 이 질문에 대해서는 여기에서 간단하게 논의하기가 쉽지 않습니다. 하지만 '그래도 아직 괜찮다'라는 시각을 가진 사람들의 의견을 정리해보자면, 그리스와는 달리 국채의 45퍼센트 정도는 일본의 중앙은행이 보유하고 있고 90퍼센트 이상은 국내에서 보유하고 있으니 일본의 자산 규모를 고려한다면 심각한 상태에 빠질 위험은 적다는 것입니다. 쉽게 말해 가계에 비유한다면 '돈을 집안에서 빌려왔고, 빚은 많지만 자산이 많아서 괜찮다'라는 의미입니다. 그러나 많은 학자들이 이대로 건전하지 못하게 빚을 내는 것에 대해 우려를 하고 있는 것도 사실입니다.

본격적으로 고령화 비율이 늘기 전인 1990년대 초, 일본의 채무 잔액은 그리 많지 않았습니다. 대략 20여 년 만에 급속도로 증가한 것인데요. 우리나라가 일본보다 더 급속도로 고령화가 진행될 것이라고 예상되는 만큼, 먼저 겪고 있는 일본 사회가 어떤 식으로 이에 대처하는지 조금 더 자세히 관찰할 필요가 있을 것 같습니다. 일본을 알아야 하는 이유, 바로 이런 부분이 아닐까요?

득도한 젊은이들
그리고 장기불황

_ 격차사회의 사토리 세대, 유토리 교육

우리에게 잘 알려진 세계적 소설가 무라카미 하루키는 매일 국경을 넘습니다. 육체적으로 이동하지 않아도 그의 작품과 말, 생각은 국경을 넘어 이동하고 있죠. '소박하지만 확실한 행복', 이른바 '소확행'도 아주 오래전 무라카미 하루키의 에세이 《랑겔한스섬의 오후》에서부터 국경을 넘어온 것입니다.

정작 일본인들은 잘 모르는 이 용어는 2015년 대만에서 크게 유행하였고 이후 한국에서도 널리 알려지게 되었죠. 하지만 아기자기한 느낌의 이 단어가 유행하는 이유를 생각해보면, 소확행이란 어쩌면 큰 욕심을 부릴 엄두가 나지 않는 이 엄한 사회의 또 다른 모습이 아닐까 싶습니다. 취업도, 결혼도, 내 집 마련도, 육아도 어느 것 하나 녹록지 않은 세상에 필요한 위안 같은 것으로요. 어쩌면 우리가 득도한 것일지도요.

◦ 욕심부리지 않는 득도한 젊은이들 ◦

득도한 것은 우리나라 청년들뿐만이 아니에요. 소확행이라는 단어만 없었지 일본에도 득도한 세대가 있습니다. 이른바 **사토리 세대**입니다. 여기서 사토리さとり는 '득도, 깨닫다'라는 뜻이거든요. 학자마다 의견은 다양하지만 일반적으로 사토리 세대는 1980년대 중후반에서 1990년대 중후반에 출생한 사람들을 말하며, 2009년 야마오카 다쿠山岡拓의《욕심부리지 않는 젊은이들欲しがらない若者たち》이라는 책이 출판되면서 특히 주목받게 되었습니다. 많은 언론과 서적 등에서 사토리 세대에 대해 그다지 물건을 가지고 싶어 하지 않으며, 자동차는 필요 없고 술도 즐기지 않고 익숙한 동네에서만 있으려 하며, 집에 틀어박혀 있는 성향이 있다고 이야기합니다. 야마오카는 대략 2005년부터 젊은이들에게 그런 경향이 나타났다고 하였지요. 득도라는 표현은 젊은이들과 참 어울리지 않는데요. 그렇기 때문에 사토리 세대는 인터넷상에서 더욱 반응이 컸고, 2013년 한 언론사에서 사토리 세대에 대해 연재하면서부터 본격적으로 알려지게 되었습니다.

그러면 사토리 세대는 어떤 배경을 가지고 등장했을까요. 한 세대의 배경을 단순하게 볼 수는 없지만, 그들이 무엇을 보고 성장했는지 당시의 일본 경제 상황을 보면 조금은 이해할 수 있지 않을까요?

∘ 1995년 그해 ∘

1991년은 일본에서 부동산 버블이 붕괴한 해입니다. 많은 사람들이 그해부터 일본 경제가 폭격을 받은 것처럼 한순간에 무너졌다고 생각하지만 사실 그렇지는 않습니다. 버블 붕괴와 더불어 그 이후 여러 복합적인 요인이 겹쳐지면서 장기적인 불황이 온 것인데요. 버블이 붕괴된 1991년부터 중간중간 큰 문제들이 발생한 10여 년을 **잃어버린 10년**이라고 합니다.

버블 붕괴의 여파는 1990년대 중반부터 본격적으로 표면화되었습니다. 그중에서도 1995년과 1997년의 기억은 조금 특별합니다. 아마 이 두 해를 유쾌하게 기억하는 일본인은 별로 없을 듯합니다.

1995년에는 평소 지진이 많지 않았던 고베에서 충격적인 대지진이 일어나고, 도쿄 지하철역에서는 **옴진리교 테러 사건**이 일어납니다. 또 이 시기에는 거액의 불량채권으로 인해 금융기관들이 줄지어 파산합니다. 버블경제기 때 은행들이 돈을 빌려줬다가 돌려받지 못한 문제가 이쯤에서 크게 대두됩니다. 1997년 일본 경제사에는 더 충격적인 사건들이 이어집니다. 100년의 역사를 가진 4대 증권사인 야마이치 증권이 도산을 하는가 하면, 시중은행인 홋카이도척식은행이 파산합니다. 특히 야마이치 증권이 도산할 때 당시 환갑이 다 된 사장이 "사원들은 잘못한 것이 없습니다", "사원들이 재취업할 수 있도록 도와주십시오"라고 고개를 떨구며

울부짖는 모습을 많은 사람들이 기억하고 있을 것 같습니다. 한마디로 최악의 경제 상황이었죠.

일본에서는 취업 활동을 할 때 검은색 정장에 흰색 블라우스를 입는 것이 관례인데요. 1995년, 도쿄 신바시에서 취업난을 해결하기 위해 데모를 하던 취업 준비생들의 모습이 아직 기억 속에 생생합니다. 검은색 정장에 흰색 블라우스를 입은 수많은 청년들의 모습을요.

불안한 경제와 흔들리는 사회. 이러한 모습을 보면서 자란 세대가 바로 사토리 세대입니다.

◦ 격차사회와 사토리 세대 ◦

학업을 마치고 사회로 나온 사토리 세대. 그들을 기다리고 있는 현실은 어땠을까요? 버블 붕괴와 장기불황은 일본 사회를 많이 바꿔놓았습니다. 일본은 일본식 경영이라고 하여, 종신고용제와 연공서열을 바탕으로 한 안정적인 고용과 노동을 자랑으로 여겨 왔는데요. 버블경제가 붕괴되자 불황과 함께 파견사원이나 계약사원 등 비정규직이 증가하였습니다. 어느 사회에서나 젊은 층이 여기에 포함되는 경우가 많지요. 일본에서는 당시 사토리 세대가 그 세대였습니다.

정규직과 비정규직의 차이는 우리 사회의 문제이기도 하기 때문에 자세히 설명할 필요도 없을 것 같습니다. 비정규직은 경력을 쌓아서 이직하기가 힘들고 승진할 기회도 거의 없습니다. 쉽게 말해 일본 사회는 격차가 심해진 '격차사회'가 되었습니다. **격차사회**라는 용어는 2006년 일본의 신조어·유행어 대상 후보에도 올랐습니다. 원래 일본은 1억 중산층 사회라는 자부심이 있었는데 말이죠.

언제 그만둘지 모르는 비정규직, 또는 운이 좋아 정규직이 되었다고 할지라도 예전처럼 고용이 안정적이지 않은 상황에서 사람이 안정 지향으로 나아가는 것은 어쩌면 당연한 일일지도 모르겠습니다. 크게 욕심내지 말고 현실에 안주하며 소소한 행복을 누리는 방향으로요. 장기불황 속에서 힘내서 일해도 더 나은 풍요를 누리지는 못한다고 생각한 것일까요?

일본 사회에서 사토리 세대에 관심이 높았던 이유도 이러한 성향이 경제와 소비패턴에 많은 영향을 주었기 때문입니다. 자동차나 명품과 같이 비싼 물건 또는 비싼 소비재는 수요가 감소하였고, 사치나 허세를 부리기 위한 소비도 감소하였습니다. 사토리 세대가 스스로 물욕을 내려놓은 것도 있지만, 버블 붕괴 이후의 장기불황 속에서 일본 전체의 소비패턴이 바뀐 영향도 있었습니다. 불황이니 비싼 물건은 팔리지 않았고, 흔히 말하는 가성비 물건이 대세로 자리 잡았죠. 사토리 세대가 등장하면서 '코스파'라는 용어도 나왔습니다. 코스트퍼포먼스cost performance의 줄임말로, 가성비를 뜻합니다.

。유토리 교육과 사토리 세대 。

그렇다면 사토리 세대의 학창시절은 어땠을까요?

"주입식 교육은 이제 그만하자."

우리나라에서 들을법한 말이지만, 일본도 과거 주입식 교육의 병폐가 심했습니다. 이러한 문제를 해결하기 위해 등장한 것이 **유토리 교육**이었습니다. 유토리ゆとり는 일본어로 '여유'를 뜻하는데요. 2002년부터 2007년 정도까지 이러한 교육이 실시되었습니다.

사실 유토리 교육이 처음 시작된 것은 1977년이었습니다. 2002년 정식으로 시행되기 전에 세 번에 걸쳐 '유토리'라는 이름에 걸맞게 수업 시간을 줄였지요. 이후 주 5일제가 실시되면서 큰 폭으로 수업 시간이 줄어들었습니다. 유토리 교육은 일률적인 지식을 집어넣는 대신, 자율과 창의성을 앞세워 암기력보다는 사고력, 인성 교육, 특성화 교육에 중점을 두는 교육이었습니다. 그 과정에서 학습 내용은 30퍼센트, 수업 시간은 10퍼센트가량 줄었죠. 또한 절대평가를 통해 치열한 경쟁을 피하는 등 말 그대로 여유롭고 느슨한 교육이 실시되었습니다. 일반적으로 유토리 교육을 받은 세대를 '유토리 세대'라고 하며 1987~1996년 사이에 출생한 (사토리 세대와 거의 같은 시기) 사람이 여기에 해당합니다.

하지만 일본 정부는 유토리 교육을 실패한 정책으로 인식하고 있습니다. 국제학업성취도평가PISA의 충격이 컸죠. PISA는 경제협력개발기구OECD 국가들의 학업 성취도를 비교 평가하는 시험인데

요. 2000년부터 시작하여 3년 주기로 실시하는 이 평가에서 일본
은 2000년, 2003년, 2006년 전 분야의 등수가 하락하는 성적표
를 받았습니다. 정부는 이 결과를 "유토리 교육 때문이야!"라고 판
단하였고, 2007년 다시 수업 시간을 늘리며 학력을 강화하는 방
향으로 선회하였습니다.

사토리 세대와 유토리 세대를 완전히 같은 세대라고는 볼 수
없지만 이들은 많은 부분을 공유하고 있습니다. 유토리 교육은 경
쟁이 아닌 개성을 중시하였고 최고를 지향하지 않았기 때문에 이
들은 사회에 나와서도 출세를 위한 노력 등에 집착하지 않는 성
향이 나타났죠.

◦ 미움받을 용기 ◦

2014년 일본에서 《미움받을 용기》가 베스트셀러에 오르며 인기를
끌게 된 것은 분명 사토리 세대와 관계가 있다고 생각합니다.

사토리 세대는 인터넷과 SNS 등에 익숙한 세대이기도 합니다.
그래서 인터넷에서의 인간관계에 민감한 편인데요. 특히 분위기를
읽는 것을 매우 중요하게 생각하고 이를 통해서 원만한 인간관계
를 유지하려고 합니다. 분위기를 일본에서는 '쿠우키空気' 즉, 공기
라고 하는데요. 분위기를 읽지 못하는 사람을 **쿠우키 요메나이**空気
読めない, 줄여서 KY라고 부릅니다. 원래 일본 사회가 이런 공기(분

위기)를 중시하는 사회입니다만, SNS 등이 보급되면서 한층 더 이런 부담과 공포가 커졌고, 이러한 강박관념 아래에서 스스로 자유를 구속하던 사람들이 이 책에서 인생의 힌트를 얻으려고 했습니다.

《미움받을 용기》가 인기를 얻은 데에는 인간관계의 어려움 이외에 또 다른 이유도 있습니다. 이 책에서 말하는 메시지는 사토리 세대의 모습과 결이 같았습니다. 현재 자신을 받아들이는 자세, 타인과의 경쟁을 부정하는 초연함, 그리고 인정 욕구를 버리고 타인의 기대에 끌려가지 않는 태도 등이 사토리 세대의 높은 공감대를 산 것이죠.

단카이 세대, 신인류 세대, 버블 세대, 단카이 주니어 세대, 유토리 세대, 사토리 세대……. 세대를 구분하는 것 자체에 큰 의미가 없다는 사람도 있지만, 그래도 각기 달랐던 교육 방침과 사회 환경으로 세대마다 성향 차이가 드러나는 것도 사실입니다. 우리나라의 X세대, Y세대, MZ세대가 성향이 각각 다른 것처럼요. 흥미로운 것은 《미움받을 용기》가 우리나라에서도 베스트셀러가 되었다는 점입니다. 저는 그 이유를 이렇게 보고 있습니다. 이미 특별한 삶을 살고 있지 않은 사토리 세대가 이 책의 내용에 공감했다면, 치열한 경쟁 속에서 살고 있는 한국 사람들은 이 책에서 특별하게 살지 않아도 괜찮다는 위안을 받은 것은 아닐까 하고요.

회사가
곧 가족이라니요?

_ 직장인들의 소속감과 애사심

"사훈, 회사는 가족이다."

한국이든 일본이든 지금의 젊은이들이 고개를 가로저을만한 이 사훈은 일본 드라마 <리갈 하이 2>에서 경영난에 빠진 작은 문구회사를 다룬 에피소드에서 등장한 것입니다. 하지만 불과 20-30년 전까지만 해도 일본에는 이러한 분위기를 가진 기업이 많았죠. 이 드라마에서는 기업 내에서 개개인이 권리를 주장하지 않고 서로 배려하며 이해하는 경영 방식을 보여줍니다. 서로 경쟁해서 빼앗는 사회가 아닌 함께 나누는 사회를 미덕으로 여겼던 과거의 분위기를 그리워하는 내용을 소중히 담고 있는데요. 사실 이런 스토리는 지금도 일본 영화, 드라마 등 곳곳에서 등장하고 있습니다. 시대의 흐름에 따라 이런 분위기가 사라지는 것을 안타까워하고 있는 경우도 많습니다.

◦ 소속감과 기업 ◦

원래 기업의 경영 방식은 국가마다 다르고 심지어 기업마다도 전부 제각각입니다. 그중에서도 일본의 기업은 미국 등 서양 국가와는 꽤나 다른 경영 방식을 택했는데요. 예를 들어 우리에게도 익숙한 **연공서열**과 **종신고용제**와 같은 것들입니다. 지금은 많이 바뀌었다고는 하지만 아직도 기업과 경영 형태 곳곳에 이러한 **일본식 경영법**이 남아 있습니다. 참고로 종신고용제는 한번 입사하면 정년을 맞이할 때까지 고용이 보장되는 것을 의미하며, 연공서열은 근속연수에 따라 임금이 상승하는 제도를 말합니다.

'아직도 일반 기업에서 종신고용제가?' 하고 생각할 수 있지만, 2018년 정부기관의 데이터에 따르면 기업에 입사하여 20년 이상 일하는 비율이 일본은 22.1퍼센트, 미국은 10.3퍼센트였습니다. 평균 근속연수는 일본은 11.9년, 미국은 4.2년이었고요.

이러한 일본식 경영의 바탕에는 소속감이 자리 잡고 있습니다. 소속감은 경영뿐 아니라 일본 사회 전반을 이해하는 데 꽤나 중요한 부분인데요. 자신이 소속된 집단 또는 소속되었던 집단에 대한 자부심과 그걸 바탕으로 하는 공감대 형성은 일본의 인간관계에서 상당히 중요한 부분입니다. 예를 들어 출신 지역에 대한 소속감, 출신 학교에 대한 소속감 등이 여기에 해당됩니다. 이러한 소속감이 경영 방식에도 많은 영향을 줍니다. 그래서 계약을 바탕으로 경영이 이루어지는 서양과는 달리, 회사를 하나의 공동체로 인식하며 그 안에서 소속감을 바탕으로 움직이는 일본식 경영이 자리 잡아온 것입니다.

채용 시 직무나 능력을 중시하여 신입 사원을 바로 업무에 투입시키는 미국 등과는 달리 일본의 기업에서 신입 사원은 보통 수행자의 입장으로 일을 시작합니다. 일본 만화에 자주 등장하는 초밥집 수행과 비슷하다고 할까요? 20~30년 후를 생각하며 회사에서 경력을 키워가는 것입니다. 현재를 참으며 미래를 기대하는 것이죠. 처음 입사하고 몇 년간은 월급이 많지 않다가 일정 기간이 지나고 숙련자가 되면 임금 상승폭이 커지는 것도 이러한 배경 때문입니다.

◦ 우리 경영자를 돌려주세요! ◦

일본에는 우리에게도 잘 알려진 3대 기업가가 있습니다. 바로 '경영의 신' 마쓰시타 고노스케松下幸之助, 혼다 자동차 창업자인 '기술의 천재' 혼다 소이치로本田宗一郎, 'CEO가 존경하는 리더'로 불리는 교세라 창업자 이나모리 가즈오稲盛和夫입니다. 기업과 기업가에 대해 반우호적인 분위기가 짙은 우리나라와는 달리, 일본에서 이들은 국민들의 존경을 받고 있습니다.

그중에서도 마쓰시타 고노스케는 파나소닉(구, 마쓰시타 전기)의 창업자입니다. 그가 70억 엔을 투자해서 만든 정치학교인 마쓰시타 정경숙은 정치인을 포함하여 사회 지도층 인사를 많이 배출하고 있습니다.

마쓰시타 고노스케가 일본에서 경영의 신으로 추대되는 것은 사람을 중심으로 하는 경영 때문입니다. 그런 그의 경영 방식에서 지금의 일본식 경영을 엿볼 수 있습니다. 일례로 1929년 세계대공황이 닥쳐서 기업이 어려운 상황에 놓였을 때, 넘치는 재고와 자금 부족으로 직원의 절반을 해고해야 한다는 주장이 있었음에도 불구하고 그는 단 한 명의 직원도 해고하지 않았습니다. 대신 생산을 줄이고 합심하여 재고품을 판매하는 것으로 위기를 극복했지요. 이 일화는 매우 유명합니다. 2차 세계대전이 끝난 뒤 1만 5천여 명으로 구성된 노동조합 결성 대회에서 마쓰시타가 자발적으로 참석하여 축사를 한 것도, 보통의 경영자와 노동조합의 관계를 생각한다면 매우 특이한 사례이지요. 그중에서도 가장 흥미로운 일화는 마쓰시타가 추방당했을 때의 이야기입니다. 2차 세계대전 이후 마쓰시타는 연합군총사령부에 의해 군수물자를 제공했다는 이유로 공직추방을 당한 적이 있습니다. 당시 군수물자를 제작했던 회사 임원들에게 일률적으로 적용된 것이었지만, 얼마 가지 않아 마쓰시타는 경영에 복귀하게 됩니다. 당시 노동조합과 대리점주들이 연합군총사령부에 탄원서를 넣었기 때문입니다. 쉽게 말해 "우리 경영자 돌려달라"고 외친 것입니다. 일본에서는 기본적으로 사측과 대립이 많은 노동조합이라고 해도 종신고용과 연공서열을 바탕으로 높은 충성심과 고용 안정감을 가지고 있습니다. 게다가 기업의 경영 상황을 잘 알고 있는 경우가 많기 때문에 노사가 항상 대립하는 대신 협조하는 형태도 많이 나타나는데요. 이 에피소드가 그 대표적인 예라고 볼 수 있습니다. 이러한 마쓰시타의 경영 방식은 일본식 경영이 형성되는 데 많은 영향을 주었습니다.

◦ 일본식 경영의 단점 ◦

일본식 경영이라는 개념이 자리 잡은 것은 1958년 미국의 학자인 제임스 아베글렌James Abegglen이 쓴 《일본의 경영The Japanese Factory》이라는 책 때문이었습니다. 실제로 종신고용과 같은 용어도 이 책에서 등장하였죠. 일본의 경영 방식은 고도 경제성장과 함께 서양 사람들에게 연구대상이 되었으며 높은 평가를 받기도 했습니다.

하지만 일본식 경영은 고용 안정이라는 장점과 함께 단점도 많았습니다. 일본식 경영은 기본적으로 직무와 능력보다는 교육을 통해 성장한 직원이 기업 발전에 공헌하는 형태입니다. 사장 입장에서는 업무를 한정시키지 않고 다양한 직무에 직원을 배치할 수 있고, 노동자 입장에서는 해고되지 않는다는 장점이 있는데요. 하지만 연공서열식 임금체계는 임금이 상승하는 만큼 성과를 내거나 공헌해야 한다는 압박감을 주기도 합니다. 뿐만 아니라, 서양 기업들은 단순히 능력, 업적을 중심으로 인사평가를 하지만, 일본 기업들은 성실성, 노력, 자세 등도 평가에 포함합니다. 기업에 오랫동안 같이 있으려면 능력 이외에도 인성, 조화로움 등을 갖춰야 하는 것이죠. 또한 직원을 늘리면 쉽게 내보낼 수 없는 문화이기 때문에 고용이 경직됩니다. 호경기에도 사원을 늘리지 않고 야근으로 업무량을 충당하는 기업이 많고, 소속감과 애사심은 야근을 정당화하는 사상적 배경이 되지요. 과거에는 기업에 충성을 다하는 이러한 사람들을 **기업전사**企業戰士라고 하였습니다. 이 단어에는 적지 않은 자부심도 포함되어 있지만, 한편으로 이러한 문화는 과로사로 이어져 사회적 문제가 되기도 하였습니다.

하지만 1990년대 일본식 경영은 변화를 맞이합니다. 버블경제가 무너지고 불경기에 접어들면서 경쟁이 치열해졌고, 특히 글로벌 기업들과의 경쟁에서 살아남기 위해 더 이상 일본식 경영을 고집할 수 없게 된 것이죠. 종신고용과 연공서열은 점점 희미해졌으며 미국식 능력주의로 바뀌는 기업들이 늘어나기 시작했습니다. 일본을 대표하는 대기업들도 직원의 능력과 평가에 따라 임금을 지급하는 형태로 점점 변화했죠.

◦ 블랙기업이 뭡니까? ◦

Karochi(카로시). 국제적으로 사용되는 이 단어의 뜻은 무엇일까요? 바로 '과로사'를 뜻하는 일본어입니다.

2015년 크리스마스, 일본의 광고 대기업인 덴쓰에서 도쿄대학교 출신의 한 신입 사원이 월 100시간이 넘는 초과근무에 시달리다가 목숨을 끊는 사건이 일어났습니다. 과로로 인한 자살이었죠. 일본 사회에 충격을 던진 이 사건은 우리나라에서도 크게 보도되었습니다. 덴쓰에서 과로로 인한 자살은 처음이 아니었습니다. 1991년, 24살의 신입 2년 차 직원이 월 147시간의 잔업으로 우울증을 얻어 자살한 사건도 있었습니다. 2000년 유족이 일으킨 재판에서 1억 6,800만 엔의 배상금을 지불하라는 판결이 내려지기도 했죠.

이러한 사건이 우리나라 신문이나 뉴스에 등장하면, "일을 그만두면 안 되나?"라는 의견이나 댓글이 많이 보입니다. 일이 힘들때 그만두는 것은 어찌 보면 당연한 일 같지만, 당사자가 어떤 생각을 가지고 있었는지를 주제넘게 예측할 수 없을(해서도 안 될)뿐더러, 한 기업에서 오랫동안 일하는 것을 미덕으로 삼는 일본 사회의 인식과 문화도 충분히 고려해야 합니다.

2016년 덴쓰는 결국 블랙기업 리스트에 올랐습니다. 블랙기업이란 가혹한 노동이나 노동착취, 비합리적인 노동을 강요하는 기업을 말합니다. 보통 정부기관인 후생노동성에서 '노동기준관계법령 위반에 관련된 공표사안'이라는 이름으로 발표됩니다.

장시간 근무와 과도한 업무량, 그리고 경쟁과 실적 등의 압박이 블랙기업의 배경인데요. 잘 생각해보면 여기에는 일본식 경영과 미국식 경영이 섞여 있는 것을 알 수 있습니다. 일본식 경영은 원래도 장시간 노동이라는 단점을 가지고 있는데요. 1990년대 불황으로 인한 비정규직 증가, 정리해고 증가 등으로 고용시장이 불안해지면서 더 가혹한 노동과 경쟁을 요구하게 된 것입니다. 쉽게 말해 능력주의를 중심으로 하는 미국식 고용과 장시간 근면하게 일하는 일본식 문화를 회사가 이용하기 좋게 적당히 섞어놓은 것입니다.

과로사는 장시간 근무나 압박 등에 의해 심근경색, 급성신부전증, 뇌졸중 등 심혈관 질병으로 사망하거나, 폭넓게는 우울증, 정신질환 등으로 사망하는 자살까지 포함합니다. 과로사가 끊임없이 발생하자 일본 정부는 2014년 과로사방지대책법을 만들고 과로사를 뿌리 뽑기 위한 정책들을 시행하고 있습니다.

최근에는 노동 인력의 감소와 워라밸을 중시하는 젊은 세대를 중심으로 기업문화가 끊임없이 변화하고 있습니다. 기업전사라는 말은 이제 꼰대 용어가 되었고, 오히려 '회사'와 '가축'의 합성어인 **사축**이라는 단어가 등장하기도 하였죠. 과거에 있었던 자부심 대신에 회사에 충성하는 것을 조롱하는 표현까지 나온 것입니다.

2019년 OECD 통계에 따르면 일본의 연간 노동시간은 1,644시간으로 집계되었습니다. 그렇다면 우리는 어떨까요? 놀랍게도 한국은 1,967시간으로 멕시코와 코스타리카에 이어 OECD 국가 3위에 올랐습니다. 일본의 과로사를 분석하고 이야기하기 전에 한국을 먼저 걱정해야 하는 상황이네요. 우리나라의 노동시간은 괜찮은 걸까요? 풍요로움을 위한 맹목적 노동이 아닌, 풍요로움과 함

께하는 노동이 되어야 한다는 숙제는 우리나라나 일본이나 해결
해야 할 과제로 보입니다.

PART 3
사회

나리타공항 활주로에는 농가가 있다?

_ 산리즈카 투쟁

"사죄합니다."

1995년 전후 50주년 기념식전에서 일본이 태평양전쟁 이전에 행한 침략이나 식민지 지배에 대해서 무라야마 도미이치村山富市 수상이 공식적으로 사과하였습니다. 이른바 무라야마 담화입니다. 이후 일본 정부가 이 무라야마 담화를 계승하는가는 한일관계에 적잖은 영향을 끼치고 있습니다.

무라야마 전 수상은 여러모로 사죄를 많이 한 사람입니다. 1995년 나리타 지역 주민에게 사죄한 일도 있었지요. 나리타 지역 주민에게는 도대체 무슨 일로 사죄를 했을까요?

。기묘한 공항의 실체。

일본에 갈 때 가장 많이 이용하는 곳이자 도쿄의 입구인 나리타 공항은 매우 기묘한 모습을 하고 있습니다. 바로 활주로 가운데 농가가 있다는 것이죠. 농가 바로 위로 비행기가 이착륙을 반복하고 있습니다. 농가는 활주로 가운데 고립된 상태로 그 주변에는 높은 펜스가 쳐져 있는데요. 어떻게 이런 일이 일어났을까요?

원래 도쿄에는 지금도 운영되고 있는 하네다공항이 있었습니다. 하지만 고도 경제성장기를 거치며 하네다공항을 대체할 새로운 국제공항의 필요성이 생겼고, 1962년부터 새로운 국제공항을 짓기 위한 계획이 진행되었습니다. 그리고 1966년 도쿄 근처 지바현 나리타시의 작은 마을인 산리즈카에 지금의 나리타공항인 국제공항을 건설하겠다고 발표하였습니다.

하지만 이 발표는 대단히 일방적인 것이었습니다. 정작 산리즈카 주민들은 TV 방송과 신문을 통해 소식을 듣기 전까지 이 사실을 전혀 모르고 있었습니다. 주민 설명회는 그다음에야 열렸고, 주민들에게 의견을 묻기는커녕 일언반구조차 없었던 공항 건설 계획은 평화로운 농촌마을을 완전히 뒤집어놓았습니다. 뒤늦게 열린 주민 설명회에서 시장은 "일본의 근대화와 국제화를 위해 여러분의 이해와 협력을 부탁한다"라고 말하며 충분한 보상을 약속했고 주민들을 회유하려 했습니다.

정부가 산리즈카를 신공항 예정지로 결정한 것은 필요한 부지의 절반 가까이가 **어료목장**御料牧場이기 때문이었습니다. 어료목장이란 메이지 시대에 유럽 국가를 모방하여 만든 황실 목장을 말합니다. 따라서 정부는 이곳의 토지 취득이 수월하다고 판단하였고, 그 밖의 필요한 지역도 큰 부담 없이 취득할 수 있을 것이라고 생각하였습니다.

◦ 우리 마을 이야기 ◦

평화로운 농촌마을이 투쟁의 중심이 된 산리즈카 마을의 이야기를 보여주는 작품이 있습니다. 만화가 오제 아키라尾瀬あきら의 《우리 마을 이야기》입니다. 이 만화는 단순히 "농지를 빼앗지 마! 강압적인 정부가 싫어!"라고 외치는 투쟁이 아니라 산리즈카 사람들 안에서의 다양한 생각과 투쟁, 갈등을 보여줍니다. 예를 들어 메이지 시대에 이 지역에서 태어난 노인들은 정부가 마음대로 천황의 어료목장을 없애는 것에 반발하며 들고 일어납니다. 투쟁의 중심인 중년층은 농지개혁(255~256쪽 참고)으로 겨우 자작농이 되어 어렵게 자신만의 농지를 개간한 세대로 등장하죠. 힘들게 땅을 개간한 만큼 당연히 정부가 그 농지를 매입하는 것에 반감을 가지고 있습니다. 이렇게 세대마다 투쟁의 이유가 다른 것까지 이 만화에서 보여주고 있습니다.

처음에는 모든 주민이 반대하였으나 시간이 지나면서 산리즈

국내에도 번역 출간된 《우리 마을 이야기》.

카는 처절하게 나뉘기 시작합니다. 정부의 압력과 회유로 공항 설립 계획이 발표된 지 2년 만에 90퍼센트에 가까운 농가가 땅을 내놓게 되고, 이 과정에서 산리즈카 주민들은 조건이 맞으면 매각하겠다는 '조건파'와 절대 안 된다고 주장하는 '반대파'로 나뉘어 대립하게 됩니다. 이 과정은 만화에서도 가장 슬프게 나오는 부분입니다. 같은 학급에서도 '조건파'의 아이와 '반대파'의 아이는 대화를 하지 않습니다. 선생님은 어느 편도 들지 못하고 어른들이 해결할 문제라고만 이야기합니다.

◦ 나리타처럼 되지 말자 ◦

농민과 학생은 언뜻 성격이 조금 다른 것처럼 보입니다. 보통 농민은 보수적인 이미지, 학생은 진보적인 이미지가 있지요. 하지만 산리즈카 투쟁의 경우에는 달랐습니다. 농민들이 먼저 지역사회

1기 지구 완공 이후 개항한 나리타공항의 항공 사진(1989년). © National Land Image Information (Color Aerial Photographs), Ministry of Land, Infrastructure, Transport and Tourism

를 지키기 위해 자본주의 체재와 억압적인 정부에 대해 반발했고, 이 운동을 신좌익 그룹과 학생 활동가들이 지원하면서 운동은 저항으로 그리고 투쟁으로 변모하게 됩니다. 1971년에는 경찰 병력과 저항 세력 사이의 충돌로 경찰 세 명이 사망하고, 청년행동대 한 명이 스스로 목숨을 끊는 사건이 일어납니다. 결국 이러한 투쟁은 당초 목표였던 1971년 개항을 1975년으로 지연시켰고 또 한 번 1978년으로 늦추게 됩니다. 하지만 1978년 개항도 순탄치 않았습니다. 개항 예정 4일 전인 3월 26일에는 전 세계에 충격을 준 또 다른 사건이 일어납니다. 100여 명의 활동가가 공항에 진입하여 관제탑을 점거하고 파괴한 것입니다. 이 사건은 미디어로 중계되어 산리즈카의 가장 상징적인 장면이 되었습니다. 결국 개항은 또다시 1978년 5월로 연기되었으며, 원래 계획했던 활주로 세 개 중에 한 개밖에 열지 못하였습니다.

1990년대가 되어서야 대화 노선으로 국면이 전환되었고, 주민들과 소통하고 사회적 합의를 이끌어내기 위한 노력이 4년간 이어졌습니다. 무라야마 수상의 사죄도 이 과정에서 등장했지요. 그리고 2002년 두 번째 활주로가 계획보다는 짧은 거리지만 지어졌습니다. 그리고 2018년 세 번째 활주로 건설이 합의됐습니다.

산리즈카 투쟁은 일본의 현대 민중 운동사에서 매우 처절했던 기록입니다. 하지만 저항의 과격함만이 부각되어 원래의 성격이 퇴색된 부분도 있습니다. 때문에 농민들의 투쟁이 과격한 학생 투쟁으로 비춰졌죠. 하지만 이 사건은 많은 교훈을 남겼습니다. 정부가 공공사업을 진행할 때 또는 다수가 정책을 밀어붙일 때 지역주민들과 어떻게 합의해야 하는지, 소수자들의 인권을 어떻게 바라봐야 할 것인지 등 많은 숙제를 남긴 것입니다. 그래서 일본에서는 "나리타처럼 되지 말자"라는 말이 있습니다. 그런데 사실 이 말이 일본에만 국한되는 것은 아닙니다. 어디에든 응당 적용되는 말이라고 생각합니다.

◦ 일본 사람들은 왜 투쟁하지 않나요? ◦

산리즈카 투쟁에 이어서 조금 철 지난 역사이기는 하지만 **안보투쟁**에 대해서도 이야기해보겠습니다. 일본인 중에는 한국 사회를 보며 '맨날 투쟁하는 나라'라고 생각하는 사람들이 많습니다. 반면 한국인에게 일본은 '불의를 보면서도 투쟁하지 않는 나라'라는 인식이 있는 것 같습니다. 어느 정도는 공감되고 또 그렇게 보이기도 합니다.

　일본에도 시민항쟁의 역사는 물론 존재합니다. 1960년 안보투쟁이 바로 그것입니다. 여러 차례 언급했듯, 2차 세계대전 이후 일본은 미국을 중심으로 하는 연합군총사령부의 간접통치를 받게됩니다. 그리고 군국주의 해체와 민주주의 사회로의 탈바꿈을 골자로 하는 대대적인 개혁이 추진되었죠. A급 전범은 처형되거나 체포되었으며 군국주의자들은 공직에서 대규모로 추방당했습니다. 하지만 이러한 점령정책은 미국과 소련의 대립이 심해지면서 이른바 역코스(23쪽 참고)로 전환되었습니다. 미국이 일본을 자립시켜 자신의 노선에 넣기 위해 정책을 수정한 것이었죠. 쉽게 말해 미국 편이면 과거 군국주의자라고 해도 정계에 복귀시켰으며, 일본을 소련과 공산주의를 막기 위한 전진기지로 활용하려 했습니다. 그에 따라 1951년 샌프란시스코 강화 회의에서 일본이 연합군총사령부로부터 독립한 후에도, 미군은 철수하지 않고 미일안전보장조약을 통해 일본에 주둔할 수 있게 됩니다.

하지만 이 조약을 반기는 사람은 많지 않았습니다. 반미주의 진보주의자들은 말할 필요도 없이 반대하였고 미국과 가까운 보수주의자들도 미일안전보장조약이 단순히 미군이 일본에 주둔하는 정도의 내용에 불과하기 때문에 미국만 이득을 보는 대등하지 못한 조약이라는 생각을 가지고 있었습니다.

대등하지 못한 조약을 바꾸고 싶어 한 대표적인 보수정치인은 1957년 총리가 된 기시 노부스케였습니다. 아베 신조의 외조부로도 유명한 그는 A급 전범 용의자로 3년간 수감되었다가 역코스의 혜택으로 정계에 복귀한 사람이었습니다. 기시는 불평등한 미일안전보장조약 개정에 착수하였고 3여 년에 걸친 교섭의 결과 새로운 조약을 체결하게 됩니다. 새로운 조약은 일본이 단순히 기지를 제공하는 것이 아닌, 미군이 일본을 방위할 의무를 규정하는 등 양국의 협력을 한층 더 공고히 하는 내용으로 체결되었습니다.

하지만 이러한 대등한 조약을 맺기 위한 노력은 오히려 더 많은 사람들이 시위에 참여하는 결과를 가져왔습니다. 태평양전쟁이 끝난 지 얼마 되지도 않았는데 미국과 더 가까워지면 냉전에 휘말릴 가능성이 더 커진다는 우려의 목소리가 거세졌지요. 특히 당시 기시 내각이 이 새로운 조약을 비준하기 위해서 한밤중에 경찰대를 동원하여 국회를 통과시킨 행위는 많은 국민들에게 민주주의에 대한 도전으로 인식되어 데모와 저항이 한층 더 고조되었습니다.

◦ 기시 내각은 물러가라! ◦

기시 내각은 미국과 일본의 공고한 관계와 조약의 발효 등을 기념하여 아이젠하워 대통령의 방일을 추진하고 있었습니다. 그리고 1960년 6월 10일 미국 대통령의 보도관 제임스 해거티James Hagerty가 예비조사를 위해 일본을 방문합니다. 그런데 해거티가 하네다공항에서 미국대사관으로 이동하던 중 데모대에 둘러싸여 가까스로 헬기로 탈출하는 사건이 일어납니다. 며칠 뒤에는 국회에 진입한 데모대와 경찰의 충돌로, 도쿄대학교 학생 간바 미치코樺美智子가 사망하는 사건이 일어납니다. 이 사건 이후 시위의 규모가 커지고 격렬해져 결국 기시는 아이젠하워 대통령의 방문 요청을 철회하였고, 신뢰가 떨어진 기시 내각은 결국 퇴진하게 됩니다.

안보투쟁은 일본 현대사에 유례없는 대규모 투쟁이었습니다. 30만 명이 넘는 군중이 국회의사당 앞을 메웠으며, 정권 퇴진을 소리쳤습니다. 이런 투쟁의 배경에는 반미주의도 있었지만 기시 수상이 과거 A급 전범인 도조 히데키東条英機 내각의 각료였던 것에 대한 국민적 반감도 있었습니다. 하지만 투쟁이 새로운 조약을 막지는 못한 것은 한계로 남습니다. 또한 이런 기시 노부스케를 존경한다고 공공연히 말하는 그의 손자 아베 신조를 보면 이러한 반감이 시간이 지나 사그러진 것 같은 느낌도 듭니다.

1960년은 한국과 일본 양국 모두에게 저항과 투쟁의 격랑기였습니다. 한국에서는 대통령 부정선거에 저항한 4.19혁명이, 일본에서는 안보투쟁이 있었죠. 대통령의 하야와 정권의 퇴진이라는 점에서 1960년 양국의 투쟁은 그 의미가 깊습니다. 이런 관점에서 보면 일본 사회에도 투쟁의 역사가 분명히 있었습니다. 하지만 투쟁이 완전히 성공했다고 하기에는 아쉬운 부분이 있었기 때문에 당시 저항과 투쟁에 앞장섰던 세력들은 한국의 저항과 투쟁의 역사에 큰 관심을 가지기도 합니다. 특히 민주화 운동에 관심이 높은데요. 〈택시운전사〉와 〈1987〉과 같은 영화가 일본에서 인기를 얻을 수 있었던 것도 이러한 이유 때문입니다.

오키나와에 핵무기가 있을지 모른다고요?

2차 세계대전의 전장이 된 오키나와

에메랄드빛이 인상적인 오키나와의 바다 풍경.

빨간 스포츠카를 몰고 다리를 건너 에메랄드빛 바다를 지나가는 장면. 드라마와 영화 등에서 나오는 아름다운 오키나와의 모습이죠. 대다수 사람들이 오키나와의 이미지를 그렇게 떠올립니다.

"에메랄드빛 바다와 동양의 하와이!"

하지만 영화 <핵소고지>가 담은 오키나와의 모습은 다릅니다. 치열했던 2차 세계대전의 한가운데에서 양심적인 이유로 총을 들지 못하는 도스 이병이 75명의 목숨을 구했던 실화를 바탕으로 한 이 영화는 가히 명작이죠. 다만, 배경이 된 오키나와는 매우 슬픈 모습입니다.

◦ 오키나와에서 일어난 비극 ◦

2차 세계대전의 광기를 기록해둔 곳이 있습니다. 오키나와 남쪽 바다 근처에 자리 잡은 오키나와 평화기념공원입니다. 그곳에 가면 전쟁에 의해, 일본군의 광기에 의해 희생당한 수많은 오키나와 주민들의 비극을 눈으로 확인할 수 있습니다. 미군뿐만 아니라 일본군에 의해 오키나와 주민이 죽은 사례도 남아 있습니다.

"일본군 때문에 오키나와 주민들이 큰 희생을 당했다지요?"

오키나와가 일본군에게 당한 비극을 보니 조선인이 일본군에게 당했던 모습이 겹쳐져 오키나와 출신의 현지 가이드 분에게 비슷한 뉘앙스의 질문을 여러 차례 던졌습니다. 아마도 "맞아요. 일본군은 나빴죠"라는 답이 듣고 싶었던 것 같습니다.

그런데 가이드는 망망대해를 보며 말했습니다. "제 아버지는 저 남쪽 바다에서 돌아오지 못하셨어요." 가이드의 아버지는 일본군으로 싸우다가 희생당한 분이었죠.

2차 세계대전 당시 미군 입장에서 오키나와는 일본 본토로 향하는 길목이었습니다. 1945년 3월 오키나와섬 주변에 약 1,500척의 미군 함대가 집결했습니다. 태평양전쟁의 유일한 지상전인 오키나와 전쟁의 시작이었지요. 미군 지상전투부대 18만 명과 후방부대까지 총 54만 명 정도가 되는 대규모 부대가 모였습니다. 이 치열했던 전쟁으로 미군과 일본군은 물론이고 오키나와 주민 약 9만 4천 명이 희생되었습니다. 일본은 오키나와를 본토 진격의 방어선으로 이용하였고, 그로 인해 군인보다 더 많은 민간인이 희생되었죠. 너무나 참혹하고 비참한 전쟁이었습니다.

미군에게 죽임당한 사람, 일본군에게 죽임당한 사람, 일본군으로 싸우다 죽은 사람……. 다양한 형태로 오키나와 주민들은 2차 세계대전의 희생양이 되었고, 그로 인해 지금까지도 각자 다른 역사와 감정을 가진 채로 살고 있습니다.

◦ 류큐왕국에서 오키나와로 ◦

오키나와는 악기 샤미센이나 고구마 재배법을 전파하는 등 일본과 관계가 가까웠지만, 원래 류큐왕국이라는 독자적인 지역이었습니다. 1609년 현재 가고시마 지역의 사쓰마번의 침입으로 속령이 되었지요. 침입 당시 류큐왕국은 속수무책으로 당했습니다. 군비가 거의 없었기 때문인데요. **'예의를 지키는 나라'**라는 슬로건으로 나라를 다스리면서 무기를 모두 몰수하는 정책을 펼치고 있었기 때문입니다. 하지만 그 이후에도 중국으로부터 책봉을 받는 등 독립된 국가를 유지하였습니다. 이후 메이지 시대에 이르러 일본이 근대화와 중앙집권체제를 구축하면서 1879년 경찰 160명과 군인 400여 명을 이끌고 류큐왕국에 가 류큐번을 폐지하고 오키나와현을 설치하였습니다. 이것을 **류큐처분**이라고 합니다. 이렇게 오키나와는 일본의 일부가 되었고, 그 이후 민족의식과 애국심 등을 고쳐시키는 국민 교육이 실시되었습니다. 하지만 아무래도 오키나와 사람들은 일본 본토 사람들에 비해 일본에 대한 귀속의식과 애국심이 약할 수밖에 없었겠지요.

더욱이 1차 세계대전 이후 불황기에는 오키나와를 떠나 돈을 벌기 위해 본토의 수도권이나 대도시로 나가는 사람도 많았는데요. 본토 사람들 눈에는 이민족의 모습으로 비치기도 하여 차별을 당하기도 하였습니다. 그리고 2차 세계대전 발발로 오키나와 역사상 최악의 비극이 일어났습니다. 오키나와 전투로 주민의 3분의 1이 희생되었고, 류큐왕국의 중심이었던 슈리성 부근은 전투의 격전지가 되어버렸습니다.

∘ 오키나와 전투와 자연동굴, 가마 ∘

오키나와 전투에서 잊을 수 없는 이야기가 있습니다. 바로 **가마** 이야기입니다. 가마는 자연동굴을 가리키는 오키나와 언어입니다. 1년 동안 비슷한 온도를 유지하는 주민들의 쉼터였지요.

오키나와 전투 당시 많은 주민들이 가마에 몸을 숨기고 있었는데요. 그중 요미탄촌의 **치비치리 가마**에는 31세대, 정확히는 139명이 몸을 숨기고 있었습니다. 미군이 상륙한 이튿날 치비치리 가마는 미군에 의해 완전히 포위되었고 미군은 주민들이 가마에서 나오도록 유도하였지만 누구도 나가지 않았습니다. '미국과 영국은 악귀와 같다'는 귀축미영의 구호 아래, 미군의 포로가 되면 여자는 능욕을 당하고 남자는 사지가 찢겨 죽는다는 세뇌를 받은 탓이었습니다. 그리고 그 결과 가족과 주민들은 서로 죽이고 죽임을 당하는 집단자결을 택했죠. 주민 82명이 그렇게 희생되었습니다.

처참했던 치비치리 가마에서 600미터 떨어진 곳에는 **시무쿠 가마**가 있었습니다. 여기에서는 전혀 다른 이야기가 전개됩니다. 시무쿠 가마도 미군에게 포위되어 투항 권고를 받았습니다. 그런데 시무쿠 가마의 주민들은 투항을 하였고 목숨을 구할 수 있었습니다. 그곳에는 하와이에서 일을 하다 온 노인이 두 명 있었는데요. 귀축미영이라는 구호에 의문을 가지고 있었던 그들이 미군과의 대화를 통해 주민을 설득한 덕분에 고귀한 생명을 구할 수 있었습니다.

치비치리 가마는 지금도 유족의 동의 없이는 들어갈 수 없습니다. 비극적인 장소이기도 하지만 가마 자체가 희생자들의 묘지이기 때문이죠. 슬픈 역사이지만 교육과 세뇌가 얼마나 큰 위험이 되는지를 보여주는 사례라고 생각합니다.

◦ 일본국 헌법도 미합중국 헌법도 적용되지 않는 곳 ◦

"미국이 오키나와를 25년이나 50년, 또는 그 이상에 걸쳐 지배하는 것은 미국에게 이익이 될 뿐만 아니라 일본에게도 이익이 된다."(아라사키 모리테루新崎盛暉,《오키나와 이야기》, 82쪽.)

2차 세계대전에서 일본은 패전하였고 오키나와도 새로운 운명을 맞이하게 됩니다. 위의 전언처럼 미군의 통치를 받게 되죠. 그런데 이 말은 누가 한 것일까요? 오키나와를 통치하고 싶은 미국의 마음처럼 보이지만, 놀랍게도 일본의 쇼와 천황이 한 말입니다.

미군의 통치를 받게 된 오키나와의 운명은 어떻게 되었을까요? 결론부터 이야기하자면 그리 좋은 미래가 기다리고 있지 않았습니다. 냉전 시대를 배경으로 미군은 오키나와의 군사기지화에 더욱 박차를 가합니다. 미군이 군사기지를 만들 때 특별한 법률이나 절차는 필요하지 않았습니다. 미군의 명령과 포고에 따라 손쉽게 군사기지를 세울 수 있었죠. 오키나와는 새롭게 제정된 일본국 헌법도, 미합중국 헌법도 적용되지 않는 인권의 사각지대에 놓여 있었습니다. 오키나와 도심 한가운데에 있는 **가데나 기지**는 학교 세 곳과 마을 15개를 밀어서 확장한 기지였죠.

도심 한가운데 존재하는 것만으로 큰 위험이었던 가데나 기지는 과거에 대형 사고를 일으킨 적도 있습니다. 1959년 6월 30일, 가데나 기지를 이륙한 전투기가 추락한 사건이었죠. 정비 불량으로 수리를 하고 시험 비행을 하는 중에 엔진에 이상이 생긴 것입니다. 조종사는 전투기를 민가가 없는 구릉으로 향하게 한 후 재빠르게 낙하산으로 탈출하였지만, 전투기가 오른쪽으로 회전하는 바람에 민가와 충돌하고 말았습니다. 그런데 더욱 안타깝고 슬픈 것은 충돌 직후 화염에 휩싸인 전투기가 멈추지 못하고 초등학교를 덮쳤다는 사실입니다. 그 사고로 실내에 있었던 아이들이 희생되었습니다. 아이들 11명과 주민 여섯 명이 사망하고, 210여 명이 중경상을 입는 대참사였습니다. 지금도 이 학교에는 위령비가 세워져 있으며 매년 6월 30일 추도식이 열립니다.

이렇듯 미군이 행정, 입법, 사법의 모든 권한을 쥐고 일본 본토와는 다르게 자유롭게 사용할 수 있는 지역이 바로 오키나와였습니다. 가령 핵무기를 들여온다고 해도 제약이 크지 않았죠.

◦ 오키나와, 일본으로 돌아가다 ◦

기지 건설, 토지 몰수 등 권리를 보장받지 못한 오키나와에서는 민중 투쟁이 이어졌습니다. 1950년대 후반, '섬 전체 투쟁'이라는 의미의 **시마구루미 투쟁**이 일어났고, 1960년대가 되면서 오키나와의 대중 운동은 한층 활발해졌습니다. 특히 베트남전쟁에 오키나와가 이용되면서 "우리도 베트남전쟁의 가해자가 되는 것 아니냐"는 비판이 일어났고, 일본으로 복귀하자는 목소리가 한층 커졌습니다. 당시 일본은 1960년대 고도성장기를 지나 경제대국의 길로 들어가고 있었고, 미군은 대중 운동 등으로 오키나와를 지배할 명분이 줄어들고 있었습니다.

그 결과 1969년 11월, 워싱턴DC에서 닉슨 대통령과 사토 에이 사쿠佐藤栄作 수상이 만나 오키나와를 일본에 반환하기로 합의합니다. 반환에 있어서 가장 큰 관심사는 핵무기였습니다. "오키나와에 미군이 핵무기를 들여온 것 아냐?"라는 시선이 있었기 때문이죠. 당시 닉슨 대통령과 일본 정부는 "핵은 없습니다"라고 이야기했지만, 사람들의 의심을 불식시키기에는 부족했습니다. 그때 나온 것이 사토 에이사쿠 수상의 **비핵 3원칙**입니다. "핵무기는 만들지 않고, 가지지 않으며, 반입하지 않는다"라는 발표였죠. 이걸로 그는 노벨평화상까지 수상하였습니다.

훗날 2009년에 밝혀진 것이지만 오키나와 반환 협정에는 밀약이 있었습니다. "일본 주변에서 긴급 사태가 발생할 경우 사전 협의만으로 미군이 핵무기를 반입할 수 있다", "가데나 기지 등을 핵무기 저장소로 한다" 등의 내용이 폭로되었죠. 또한 사토 수상의 사저에서 핵 밀약에 관한 각서가 발견되기도 하였습니다. 오키나와를 방문했을 때, 가이드가 저에게 "오키나와에 지금 핵무기가 있을지도 몰라요"라고 말한 적이 있습니다. "설마요" 하고 대수롭지 않게 넘겼지만, 적어도 이러한 불신이 왜 생겼는지는 알 수 있을 것 같습니다.

오키나와 전투에서 가까스로 살아남은 것이 있습니다. **만국진량의 종**입니다. 만국진량万国津梁이란 모든 국가의 가교를 잇는다는 의미로, 무역으로 번성했던 류큐왕국의 전성기를 상징합니다. 지금도 오키나와는 동아시아 해상교통의 중심지이며 전략적 요충지입니다. 그래서 오키나와 주민들의 의견과는 달리, 요충지로서의

슈리성에 있는 만국진량의 종 복제품.
진품은 오키나와 현립박물관에 소장되
어 있다. ⓒ LordAmeth(wikimedia)

정치적 판단과 정책이 이루어지기도 합니다. 예컨대 미군기지와 같은 것이죠. 지금도 일본 전체의 0.7퍼센트밖에 되지 않는 오키나와 땅에 미군기지의 75퍼센트가 집중되어 있습니다.

오키나와의 슬픔은 아직 현재 진행형인 것일까요? 2019년 류큐왕국을 대표하는 건축물인 슈리성이 화재로 소실이 되었다는 소식에 또 한 번 가슴이 먹먹해집니다.

730 캠페인

1972년 일본으로 돌아온 오키나와는 미군정 기간을 거치며 그전의 일본과는 많이 달라져 있었습니다. 그중 한 예가 1945년 미군정의 지령에 의해 실시된 우측통행입니다. 일본 본토가 좌측통행이니, 한 국가에 두 개의 교통제도가 존재하게 된 것이죠. 그래서 어떻게 했을까요?

오키나와 교통 시스템을 본토식인 좌측통행으로 변경하기로 합니다. 그날이 1978년 7월 30일이었기 때문에 날짜를 따서 730 캠페인이라고 명명하였습니다. 아무리 사전에 캠페인을 했더라도 우측통행을 좌측통행으로 바꾸기는 쉽지 않았겠죠?

그래서 먼저 좌측통행용 신호등과 표지판을 설치하고 그 위에 커버를 씌웠습니다. 마찬가지로 좌측통행용 도로 표시를 먼저 그려두고 검은색 테이프로 보이지 않게 붙여뒀지요. 시행에 맞춰 커버를 벗기고, 기존에 사용하던 우측통행용 신호등, 표지판, 도로 표시에 커버를 씌우기로 했습니다. 730 캠페인 현장 책임자의 아이디어였죠. 7월 29일 저녁 10시부터 긴급 차량을 제외한 모든 차량의 통행을 금지하고 30일 오전 6시까지 여덟 시간 동안 이 작업이 진행되었습니다. 30일 오전 4시 18분에 작업이 완료되었고, 6시 사이렌 소리와 함께 좌측통행이 시작되었지요. 접촉사고와 심한 교통정체가 있었지만 큰 사고는 없었다고 합니다.

최소한의 인간다운
생활을 하고 싶습니다

_ 생활보호제도

한 달에 얼마 정도의 돈이 있어야 생활할 수 있을까요? 가족구성원에 따라서, 사는 지역에 따라서 다르겠지만 일본에서는 보통은 15만~25만 엔 전후인 것 같습니다. 물론 이것은 정부가 정한 액수로, 말 그대로 최저생활비를 말합니다. 예를 들어 오사카에 거주하며 초등학생이 있는 4인 가족의 최저생활비는 대략 228,220엔으로 책정됩니다. 하지만 모든 사람이 최저생활비 이상의 수입을 가지고 생활하는 것은 아니지요. 일본에서도 질병 등으로 일을 하지 못하거나 여러 사정이 있어서 최저생활비에도 미치지 못하는 수입으로 생활을 하는 사람들이 많습니다. 그런 경우에는 정부가 생활보호비라는 기초생활수급비를 지급하는데요. 지금이야 당연한 권리이지만, 원래 당연한 권리는 아니었습니다.

。마을 이름이 '이웃을 사랑하라'? 。

아이린 지구는 오사카에 위치한 지역 이름입니다. 정식 명칭은 아닌데요. '아이愛'는 '사랑'을, '린隣'은 '이웃'을 뜻하니 '이웃을 사랑하라'라고 풀이할 수 있겠네요. 오사카의 대표적인 관광지 쓰텐카쿠에서 도보로 15분 정도 떨어진 곳으로 JR신이마미야역 남쪽에 위치하고 있습니다. 정식 지역명은 카마가사키입니다.

이곳은 일본 최대의 슬럼가입니다. 1960년대부터 2008년까지 폭동이 28번 일어나는 등 치안이 좋지 않은 곳이죠. 일용직 노동자들이 많이 거주하며 그 인구는 대략 2만 명 가까이 된다고 합니다. 소득이 낮은 지역이라 물가가 상대적으로 낮아서 50엔짜리 자판기를 볼 수 있는가 하면 숙박비도 매우 저렴한 편입니다. 한때 이곳은 일본의 고도 경제성장을 이끈 노동력의 원천이었고, 때로는 일용직 노동자들이 뭉쳐서 불량 기업을 몰아세울 만큼 힘도 가졌던 곳이지만 지금은 그런 활기가 많이 사라졌습니다. 지금은 불황으로 인해 일자리가 대거 줄고 고령화가 심각해지면서 많은 사회적 문제를 안고 있지요. 그럼에도 불구하고 전국 각지에서 일자리를 찾기 위해 이곳으로 유입되는 사람이 지금도 적지 않습니다. 그래서 생활보호제도에 따라 지원을 받는 생활보호자의 수가 가장 많은 곳도 오사카입니다.

˚"600엔으로 어떻게 인간답게 살 수 있는가"˚

《**인간재판**人間裁判》. 일견 무서운 단어처럼 들리지만 이것은 병마로 죽음과 싸우던 한 사람이 집필한 책의 제목입니다. 저자인 아사히 시게루朝日茂는 일본의 사회보장제도에 큰 영향을 준 인물입니다. 그는 정치인이었을까요? 아니면 어떤 분야의 거물이었을까요?

그는 결핵환자였습니다. 중일전쟁 중에 중노동 등으로 결핵에 걸려 고향인 오카야마의 요양소에서 장기 입원을 하고 있었죠. 당연히 일을 할 수 없었던 그는 정부의 생활보장제도에 따라 생활비 지원과 의료 지원을 받고 있었습니다. 그런데 그 액수가 고작 600엔으로 1950년대인 당시 물가를 감안해도 턱없이 부족했습니다. 참고로 당시 커피 한 잔이 60엔 정도였거든요. 정부 지원금은 부족했지만 그는 친형으로부터 감사하게도 월 1,500엔을 지원받게 됩니다. 친형은 35년 동안 연락이 두절된 상태였는데요. 전쟁이 끝나고 만주에서 귀국하여 4인 가족을 힘들게 부양하고 있으면서도 동생에게 월 1,500엔을 송금해주었습니다. 그리고 그것은 국가의 명령이기도 했습니다.

그런데 형으로부터 1,500엔을 받자 복지사무소에서 그 금액을 수입에 포함시켜버렸습니다. 그 결과 일용품비 지급은 정지되었고 의료비 일부도 스스로 부담해야 하는 상황이 되었죠. 즉, 형으로부터 1,500엔을 받기 전과 다름없는 상황이 되었습니다.

그는 분노하였고 행정불복심사를 청구하였습니다. "600엔으로

《인간재판》표지.

어떻게 인간답게 살 수 있는가"라고 물으며 항의한 것이었습니다. 물론 정부는 그의 의견을 받아들이지 않았고 재판이라는 긴 싸움이 시작되었습니다.

"모든 국민의 건강하고 문화적인 최저한도의 생활수준을 보장한다." 일본 헌법에 명시되어 있는 문장입니다. 하지만 아사히 씨는 600엔으로는 건강하고 문화적인 생활이 불가능하다고 주장하며 이 제도의 불합리성을 제기하였습니다.

∘ 헌법에 있는 생존권이 국가 방침에 불과하다고? ∘

건강하고 문화적으로 최소한의 생활을 영위하는 것. 인간답게 생활하는 것. 이것은 일본국 헌법에서 보장하는 생존권입니다. 국민들이 국가에 요구할 수 있는 권리인 것입니다. 그리고 아사히 씨의 재판은 권리가 가만히 있는다고 생기는 것이 아니라 투쟁해서 쟁취하는 것임을 보여줬습니다. 600엔의 생활비 지원이 생존권을 보장하기에 충분하지 않다는 주장에서 시작된 이 재판은 종심 재판인 최고재판소까지 갔습니다. 그러나 안타깝게도 1964년 아사히 씨가 사망하면서 재판은 끝나버렸고 결국 패소했습니다.

하지만 소송이 진행되는 동안, 일본에서 사회보장과 복지, 특히 빈곤 문제에 대한 관심이 높아졌습니다. '인간다운 삶이란 무엇인가', '인간의 존엄이란 무엇인가' 하는 주제가 사회적으로 대두되었죠. 이러한 관심 속에 1961년에는 일용품비 지원이 47퍼센트 인상되었으며, 1967년에는 2,700엔으로 크게 높아졌습니다. 그러니 아사히 씨의 투쟁은 대단히 값진 것이었습니다. 재판이 진행되는 동안 아사히 씨를 응원하는 운동도 전국적으로 일어났습니다. 특히 당시 최저임금 상승을 요구했던 노동자들이 이 사건에 공감하며 아사히 씨를 적극 지지했습니다.

그런데 아주 흥미로운 것은, 비록 재판은 아사히 씨가 세상을 떠나면서 종료되었지만 최고재판소가 의견을 남겼다는 사실입니다. 특히 생활비 지원 기준을 언급하였는데요. 국가는 모든 국민이 건강하고 문화적으로 최저한도의 생활을 영위하기 위해 국정을 운영해야 하지만 이것은 선언에 지나지 않으며, 건강하고 문화적으로 최저한도의 생활이 어느 정도인지는 후생노동대신(복지부 장관)의 재량에 위임된다는 의견이었습니다. 쉽게 말해 600엔이 적은 액수이지만, 국가가 생존권을 보장해야 한다는 헌법을 위반한 것은 아니라는 뜻이었죠.

조금 어려운 표현으로 이를 **프로그램 규정설**이라고 합니다. 헌법에 있는 생존권은 국민 한 사람 한 사람에게 주어진 구체적 권리라기보다는 국가의 방침 정도라는 설입니다. 아사히 씨의 재판도 이 프로그램 규정설을 확인한 재판이었습니다.

∘ 생활보호대상자는 저축을 해도 될까요? ∘

정부에서 생활지원금을 받는 사람은 저축을 해도 될까요? 실제로 이 물음과 관련한 사건이 1991년에 있었습니다. 나카시마 도요지仲嶋豊治 씨는 세 명의 자녀를 둔 생활보호대상자였습니다. 나카시마 씨는 어떻게 해서든 자녀들을 고등학교에 진학시키고 싶어 했죠. 그래서 여유롭지 않은 상황에서도 1976년부터 정부로부터 받은 생활지원금의 일부를 매월 우체국의 학자보험 상품에 가입해 납입했습니다. 학비를 위한 적금과 비슷한 상품이었죠. 그리고 1990년 만기가 되어 44만 엔을 받게 되었는데요. 기쁨도 잠시, 복지센터에서 이 44만 엔을 수입으로 간주하여 매월 지급하던 생활지원금을 대폭 삭감해버렸습니다.

원리원칙을 너무나 따진 복지센터의 업무 방식은 일본 사회에서 큰 이슈가 되었고 생활보호대상자는 사실상 저금을 할 수 없는 이 상황이 과연 맞는 것인지에 대해 많은 사람들이 의문을 가졌습니다. 하지만 다행히도 당시 변호인단은 지급받은 돈은 자유롭게 사용할 수 있는 것이라고 주장하였고, 결국 나카시마 씨는 승소했습니다.

그런가 하면 일본의 사회보장제도 발전에 영향을 미친 사건 중 에어컨이 발단이 된 사건도 있었습니다. 일본의 여름은 매우 무덥습니다. 에어컨 없는 여름은 상상하기조차 싫죠. 그런데 불과 20여 년 전만 해도 에어컨과 같은 사치품(?)이 있으면 생활보호대상자로서 지원을 받지 못했습니다. 1994년 이 사건이 일어나기 전까지는요.

1994년 사이타마현에서 79세의 어르신이 생활보호대상자로 지정되었습니다. 그런데 어이없게도 시에서 어르신의 집에 있던 에어컨을 떼버렸습니다. 생활보호대상자의 에어컨 사용을 인정하지 않는다는 시의 방침 때문이었습니다. 결국 어르신은 탈수 증세로 쓰러졌고 40일 동안 입원했습니다.

지금은 전자기기 구입이 1회성으로 지원되고, 2018년부터는 에어컨 구입 비용이 새롭게 만들어져서 5만 3천 엔이 지원된다고 합니다. 물론 이 액수가 충분한 것은 아닙니다만, 그래도 발전해온 것은 틀림없으니까요.

근래 일본 정부는 생활지원금을 축소하고 있습니다. 부정수급과 재정지출 문제 등도 원인이지만, 아사히 씨의 형에게 동생의 부양비를 내도록 한 것처럼 개인과 가족의 부담을 늘리고 있는 것인데요. 이에 대한 비판이 높습니다. 하지만 일본은 생존권의 발전에 큰 영향을 끼친 아사히 재판을 교과 과정에서 잊지 않고 가르치고 있습니다. 그러니 후퇴하는 일은 아마 없겠죠.

세 번째, 네 번째, 다섯 번째…
방사능 누출이 두렵다

_ 핵폭탄, 그리고 원자력 발전

유일한 피폭국 일본. 이 표현을 보면 어떠한 생각이 드시나요? 사실을 있는 그대로 말하는 듯하면서도, 아시아 국가에 대한 가해는 잊어버리고 피해를 부각시키는 느낌이 들기도 합니다. 당시 조선인들 또한 많은 희생을 당했다는 것을 고려한다면, '유일한'이라는 표현도 어울리지는 않지요. 어쨌든 1945년 히로시마와 나가사키, 두 차례에 걸친 원자폭탄 투하와 피폭은 핵과 원자력에 대한 두려움과 동시에 많은 고민을 던져주었습니다.

◦ 세 번째 피폭이 있었다 ◦

히로시마와 나가사키에서 두 차례 피폭이 있었다는 것은 우리가 익히 알고 있는 사실입니다. 그런데 일본에 세 번째 피폭이 있었다는 것을 아시나요? 이 세 번째 피폭은 영화 〈고질라〉와 관계가 있습니다.

고질라는 우리에게도 익숙한 괴수입니다. 고질라가 미국에서 나왔다고 생각하는 분들이 많지만, 원래 일본에서 등장한 괴수입니다. '고질라'라는 제목으로 만들어진 작품은 영화, 애니메이션 등 여러 버전이 존재하는데요. 그중에서 최초는 1954년 영화 〈고질라〉입니다. 줄거리는 대략 이렇습니다. 태평양에서 의문의 조난 사고가 일어납니다. 그 원인을 파헤쳐보니 수소폭탄 실험에 따른 방사능으로 만들어진 괴수 고질라 때문이었습니다. 키 50미터가 넘는 이 거대 생물은 도쿄를 불바다로 만들어버리기도 하는데요. 결국 옥시전 디스트로이어라는 무기를 이용하여 그를 물리친다는 내용입니다. 단순한 괴수 영화처럼 보이지만 당시 일본 사회를 생각하면서 보면 흥미로운 요소가 많습니다. 전쟁이 끝난 지 얼마 되지 않아 핵무기에 대한 두려움이 남아 있던 시대에 그것을 소재로 영화를 만들었다는 것 자체도 흥미롭지만, 2차 세계대전 당시의 도쿄 대공습을 떠오르게 만드는 고질라의 도쿄 파괴 장면도 아찔하지요. 영화 마지막에는 "만약 수소폭탄 실험이 계속 이어진다면 고질라와 같은 것들이 언제 다시 나타날지도 모른다"라는 야마네 박사의 말이 등장하는데요. 이 말은 그해 '이 사건'과 함께 회자되었습니다. 어쨌든 영화는 당시 961만 명이 관람하며 일본 영화의 한 획을 긋습니다.

그렇다면 '이 사건'은 뭘까요? 바로 고질라가 등장했던 1954년에 일어난 **제5후쿠류마루 사건**입니다. 일본의 세 번째 피폭 사건이지요. 제5후쿠류마루는 참치잡이 어선의 이름입니다. 이 어선은 원양어업을 하는 목선이었는데요. 1954년 3월 1일, 태평양 마셜제도에 있는 비키니섬에서 미국이 행한 수소폭탄 실험에 의해 피폭되고 맙니다. 당시 미국이 예상한 위험지대의 밖에 있었는데도 수소폭탄의 위력이 예상보다 훨씬 강해 피해를 입은 것입니다. 낙진에 의해 승무원들은 피폭되었고 구토, 두통, 피부발진 등의 증상이 일어났습니다. 약 2주 뒤에 귀환하여 병원 진료를 받았는데 옷과 머리카락, 선체에서 다량의 방사능이 검출되었죠. 피폭된 선원 23명 중 당시 제5후쿠류마루의 무선장無線長이었던 구보야마 아이키치久保山愛吉 씨는 6개월 만에 눈을 감고 말았습니다. (간염으로 사망하였다고 알려졌으며, 피폭에 의한 사망이 아니라는 의견도 있습니다.)

당시 피폭된 배가 제5후쿠류마루만은 아니었습니다. 같은 해역에서 피해를 본 일본 어선이 천 척가량 된다고 알려져 있습니다. 당시 비키니 환초 부근에서 조업했던 어민들이 피폭에 의한 암, 백혈병으로 고통받았다며 2018년 국가를 대상으로 배상을 청구하기도 하였는데요. 하지만 지방재판소는 피폭과 건강 피해의 인과관계를 입증하기 어려워 사법을 통해 구제하는 것은 어렵다

제5후쿠류마루는 일본의 참치잡이 어선으로, 1954년 3월 1일 비키니 환초에서 행해진 미국의 수소폭탄 실험으로 방사능에 노출되었다. 이 사건으로 선원 23명 중 한 명이 사망했다.

고 판단을 내렸습니다.

"원수폭(원자, 수소폭탄)의 희생자는 내가 마지막이었으면 좋겠다."

이것이 6개월 만에 세상을 떠난 구보야마 아이키치 씨의 마지막 말이었습니다.

◦ 서른다섯, 한 남성의 비극 ◦

구보야마 씨의 유언은 어떻게 되었을까요? 이후 핵폭탄에 의한 희생은 없었는지 몰라도, 핵폭탄을 훌륭하게 뒤집어놓은 원자력 발전으로 인한 희생은 이어졌습니다. 우리도 충격을 받았던 2011년 **후쿠시마 원자력 발전소 사고** 이전에도 충격적인 피폭 사건이 있었습니다. 바로 **도카이무라 JCO 방사능 누출 사고**입니다. 희생자는 두 명이었지만 피폭 환자의 상태와 치료 과정이 알려지면서 방사능의 위험성이 다시 한번 세상에 드러났습니다. 충격적이었던 이 사건은 이바라키현 도카이무라에 위치한 핵연료 가공시설에서 일어났습니다. 때는 1999년 9월 30일이었습니다.

사고 당일 오우치 히사시大內久 씨는 상사 및 동료와 함께 우라늄 연료를 가공하고 있었습니다. 회사의 매뉴얼에 따라 양동이를 이용하여 우라늄을 농축하고 있었죠. 동료는 양동이로 우라늄 용액을 부었고, 오우치 씨는 그 아래에서 깔때기를 잡는 역할을 하고 있었습니다. 일곱 번째 양동이를 부었을 때, 오우치 씨는 "파직!" 하는 소리와 함께 파란빛을 보았다고 합니다.

임계 사고였습니다. 임계臨界란 핵분열이 연쇄적으로 일어나는 상태를 말합니다. 하지만 오우치 씨는 임계 사고가 일어날 가능성을 인지하고 있지 못했죠. 심지어 회사는 농도와 양을 철저히 관리해야 하는 우라늄 용액을 작업 시간 단축과 편의를 위해 '어둠의 매뉴얼'대로 작업하고 있었습니다. 이렇게 일본 최초의 임계 사고가 일어났습니다.

피폭된 오우치 씨는 어떻게 됐을까요? 예상과 다르게 너무 멀쩡했습니다. 의식도 또렷했고 겉모습도 중환자처럼 보이지 않았습니다. 간호사와 무리 없이 대화도 했죠. 하지만 오우치 씨의 피폭량은 20시버트였습니다. 시버트는 방사선의 흡수량을 세는 단위인데요. 보통 2~5시버트는 탈모, 출혈, 메스꺼움을 일으키고, 6시버트 이상은 80퍼센트 이상이 사망, 8시버트 이상은 100퍼센트 사망으로 알려져 있습니다. 그런데 오우치는 20시버트였던 것입니다.

피폭 직후, 오우치 씨는 정해진 운명처럼 조금씩 죽어가기 시작했습니다. 피부가 벗겨지고 호흡이 힘들어지고 출혈과 하혈, 심정지를 거듭하였습니다. 그리고 결국 초등학교 3학년생 아들과 부인을 두고 1999년 12월 21일 사망하였습니다.

죽어가는 과정은 너무도 슬프고 잔혹했습니다. NHK에서 취재한 《83일: 어느 방사선 피폭 환자 치료의 기록》이라는 책은 그 슬픈 과정을 보여주고 있습니다. 피폭 환자를 살리기 위한 의사들의 처절한 싸움, 하지만 죽어가는 환자. 그 가운데서 느끼는 의료기술의 한계와 방사능에 대한 두려움. 고통받는 환자와 안락사 등에 관한 생명윤리까지. 오우치 씨는 일본 사회에 수많은 고뇌와 질문을 던지고 세상을 떠났죠.

◦ 그럼에도 원자력 발전을 계속하는 이유 ◦

누구보다 핵의 위험성을 잘 아는 나라가 바로 일본 아닐까요? 하지만 일본은 후쿠시마 원자력 발전소 사고가 일어나기 전까지만 해도 발전량의 30퍼센트 가까이를 원자력에 의존했습니다. 어떻게 이토록 활발하게 원자력 발전을 이용할 수 있었을까요? 핵에 대한 트라우마가 있지 않았을까요?

쇼리키 마쓰타로正力松太郎를 빼놓고 일본의 원자력을 논할 수 없을 것 같습니다. 우리나라에서는 잘 알려지지 않았지만 일본에서는 매우 유명한 사람입니다. 어디서부터 소개해야 할지 모를 만큼 경찰관료, 기업가, 정치가 등 다양한 직업군에서 일했습니다. 그중에서도 대표적인 직함은 일본의 발행 부수 1위 신문사인 요미우리신문의 주인이자 인기 야구팀 요미우리 자이언츠의 구단주였다는 것입니다. 그런데 이 사람이 원자력 발전소와 무슨 관계가 있을까요? 그전에 원자력 발전소가 등장하게 된 경위부터 간단히 살펴보겠습니다.

원자력 발전은 2차 세계대전 이후 미국의 정책과 전략에 따라 개발되었습니다. 2차 세계대전 당시 히로시마와 나가사키에 투하한 원자폭탄은 이른바 맨해튼 계획에 의해 추진된 것인데요. 전쟁이 끝나면서 이러한 기술 개발에 앞장섰던 기업들의 유지가 어려워지자 1953년 아이젠하워 대통령이 '평화를 위한 원자력'을 내세웠던 것이죠. 즉, 원자폭탄을 만들었던 기업이 에너지를 만드는 기업으로 탈바꿈하게 된 것입니다.

끔찍한 원자폭탄의 잔상이 남아 있는 시점에, 일본 정치인들은 원자력 발전에 적극적인 자세를 보였습니다. '원자력을 이용해서 효율적인 에너지를 만들자!'라는 생각도 있었지만, '원자력으로 다시 일본의 국제적 지위를 높이자'는 생각도 있었습니다.

하지만 일본 국민들은 원자력에 대한 불신이 컸는데요. 이때 원자력의 긍정적인 부분을 부각시켜 국민들을 설득한 것이 쇼리키 마쓰타로입니다. 당시 쇼리키가 주인이었던 요미우리신문은 쇼리키의 수완 덕에 아사히신문이나 마이니치신문보다 발행 부수가 많았습니다. 지금과 다르게 신문의 영향력이 압도적인 시대였던 만큼 쇼리키에게는 사회의 여론과 분위기를 바꿀 힘이 있었죠. 물론 그렇다고 해도 쉽지는 않았습니다. 1954년 제5후쿠류마루 사건이 일어나며 반핵 운동, 반원자력 운동에 큰 영향을 줬기 때문이죠.

요미우리신문과 미국 대외선전기관은 공동으로 1955년부터 1957년까지 일본 각지에서 '원자력 평화 이용 박람회'를 개최했습니다. '원자력은 평화롭다'라는 메시지로 원자력의 장점을 부각하는 행사였는데요. 전국에서 260만 명이 넘는 사람들이 방문하였습니다. 이렇게 원자력에 대한 긍정적 이미지는 계속해서 만들어졌습니다. '원자'라는 뜻의 아톰이 만화로 등장한 것도 이 시기입니다. 쇼리키는 미국이 외쳤던 원자력 평화 이용을 외치며 1955년 중의원으로 당선되었습니다. 그리고 1956년에는 원자력추진위원회의 초대 위원장이 되었죠. 원자력의 평화 이용을 이용(?)하여 권력에 대한 야심을 실천해갔습니다.

순수한 야심이었을까요? 2006년 흥미로운 사실이 등장합니

쇼리키 마쓰타로. ⓒ 朝日新聞社

다. 바로 쇼리키가 미국 중앙정보국CIA와 협력 관계였다는 것인데
요. 쇼리키는 미국이 일본에 원자력을 수출할 수 있도록 원자력
공포 여론을 없애고, 이러한 미국의 의도를 대중에 침투시키는 스
파이 역할을 했던 것입니다.

'일본 프로야구의 아버지', '원자력 발전의 아버지' 등의 칭호를
가지고 있는 쇼리키. 그가 지닌 또 하나의 칭호는 바로 'A급 전범
용의자'입니다. 특히 관동대학살에서 조선인이 폭동을 일으킨다
는 소문을 퍼트린 인물로 알려져 있죠.

현재도 일본의 원자력 발전은 언론과 밀접한 관계가 있다고
주장하는 사람들이 많습니다. 2011년 후쿠시마 원자력 발전소 사
고 이후에도 오히려 다른 나라들은 탈원전을 주장하는 상황에서
일본은 원자력을 점점 재가동하고 있습니다. 2030년까지 전체 발

전량의 20~22퍼센트를 채운다는 목표로요.

원자력 정책만큼 국민을 고민하게 하는 것도 없는 것 같습니다. 그것은 일본도 한국도 그리고 그 밖의 나라도 비슷하겠죠. 하지만 후쿠시마 원자력 발전소 사고를 일본에서 겪은 저는 아무리 원자력 발전의 장점을 이야기한들 덜컥 겁이 납니다. 효율적인 경제 논리, 대국주의 논리, 그 어떤 것도 이 두려움을 넘지 못하고 있습니다.

철도의 나라에서 일어난 최악의 철도 탈선 사고?

_ 철도 민영화

철도는 추억입니다. 철도를 타는 순간 과거의 추억이 떠오르기도 하지만, 새로운 추억이 만들어지기도 하죠. 그것은 비단 개인에게만 해당되는 것이 아닙니다. 한 국가와 사회의 모습은 철도의 변천 과정에서 잘 나타납니다.

미국의 영화와 드라마를 보면 좀처럼 철도를 타고 이동하는 장면을 찾기 어렵습니다. 장거리 여행에는 주로 비행기를 이용하지요. 그에 비해 일본의 영화나 드라마를 보면 이동 장면에서 대부분 철도가 등장합니다. 그만큼 일본은 철도 이용이 매우 활성화되어 있습니다. 그것도 화물 수송이 아니라 여객 수송을 중심으로요. 일본 여행을 가면 웬만한 한적한 교외도 철도로 이동이 가능합니다.

그런데 매뉴얼의 나라이자 이렇게 철도를 사랑하는 나라에서 2005년, 역사상 최악의 철도 탈선 사고가 일어납니다. 어쩌다 이런 사고가 났는지 알아보기 전에, 먼저 일본이 언제부터 철도의 나라가 되었는지 그 역사부터 살펴볼까요?

철도는 돈이 된다

대한민국 최초의 철도는 1899년에 개통된 제물포(인천)와 노량진을 연결하는 경인선입니다. 1905년에는 경부선이, 1906년에는 경의선이 개통되었죠. 일제의 군사적 용도와 경제적 이득을 위해 부설된 우리나라 초기의 철도는 추억이 아니라 어두운 기억입니다.

일본 최초의 철도는 당연히 조금 더 빨리 개통되었습니다. 1872년 신바시와 요코하마 사이에서 최초로 등장하였죠. 영국에서 처음 철도가 개통된 것이 1825년이니, 그로부터 47년 뒤의 일입니다. 당시 일본은 민간에 자금이 없고 기술도 없었습니다. 그래서 이때 철도는 정부 주도의 **관영 철도**였죠. 이 시기에 산업화와 근대화 과정의 여러 산업 분야에서 '관영'이라는 말이 자주 등장합니다. 민간은 자본도 없고 성장하는 데 시간이 오래 걸릴 것 같으니, 국민의 세금으로 단기간에 산업화를 이뤄 서양 국가를 따라가자는 것이었습니다. 이른바 식산흥업殖産興業입니다. 당시 철도 기술은 영국에서 제공받았는데요. 기술자를 초빙하고 차량과 자재도 수입하였죠.

1872년 10월 14일, 이날은 일본 철도사가 시작되는 날입니다. 메이지 천황을 태운 열차가 천천히 움직이기 시작했죠. 신바시에서 요코하마까지의 거리를 한 시간 이내에 주파하는 것을 보고 사람들은 들떴습니다. 개통을 시작한 10월 14일은 지금 **철도의 날**로 지정되어 있죠.

당시의 철도 요금은 가장 낮은 등급의 좌석도 쌀 10킬로그램을 살 수 있을 만큼의 고액이었습니다. 지금의 비행기 요금과 비슷한 느낌이었을까요? 개통 다음 해 승객은 4천여 명이었는데요. 대부분이 여객 수송이었습니다. 생각해보면 당시 일본은 아직 산업화가 동트는 단계였으니 화물 수송의 수요는 별로 없었겠지요. 어쨌든 여객 수송만으로도 꽤 큰 이익을 얻었고, 그로 인해 철도는 '돈 되는 사업'이라는 인식이 생겼습니다.

이후 1881년, 화족(귀족)들의 자금으로 철도 회사가 설립되고 건설비용 대비 높은 영업이익이 보고되자 철도 사업에 대한 관심은 더 높아졌고 본격적인 철도 건설 붐이 일어났습니다. 1892년에는 사설 철도 회사가 무려 50개나 생겼고, 1900년에는 철도의 총 노선이 6,168킬로미터에 달했습니다.

하지만 경제적인 목적으로 부설된 철도는 대외 확장 및 군사 목적으로 이용되기 시작했습니다. 특히 청일전쟁, 러일전쟁 시기에 철도의 역할과 중요성은 점점 중요해졌죠. 청일전쟁 때 군사 본부가 히로시마에 있었던 것도, (물론 항구 이용에도 편리했지만) 당시 부설된 철도의 종점이 히로시마였기 때문입니다.

◦ 국영기업이었던 철도의 민영화 ◦

러일전쟁 이후, 군사적 중요도가 높아짐에 따라 1906년 철도는 국가가 운용하는 형태로 국유화됩니다. 그때부터 대략 80년간 국가 주도의 운영이 이루어집니다. 2차 세계대전 이후에도 국가가 직접 운용하던 철도가 일본국유철도라는 공기업으로 바뀌게 된 정도였습니다.

2019년, 101세의 나이로 사망한 나카소네 야스히로 수상은 야스쿠니 신사참배 등으로 주변국의 반발을 샀던 보수정치인인데요. 그가 했던 일 중 하나가 국유철도의 민영화였습니다.

당시 일본국유철도는 다양한 문제를 안고 있었습니다. 자동차 보급이 증가하면서 철도 이용이 줄어들었고, 인건비 등으로 재정 부담이 늘어나고 있었습니다. 특히 2차 세계대전 직후 혼란스러운 경제 상황에서 일자리 제공을 위해 대량으로 고용을 늘렸던 것이, 근속연수가 오래될수록 임금이 높아지는 연공서열과 함께 인건비 증가로 이어졌습니다. 그리고 1964년, 역설적이게도 신칸센이 달리기 시작한 그해부터 일본국유철도의 적자도 달리기 시작했습니다.

거기에 정치인들도 한몫하였습니다. 표를 얻기 위해 남발한 철도 공약으로 일본국유철도는 점점 부담이 커져갔는데요. 정치인들은 서민들의 부담을 줄여야 한다며 철도 비용을 올리지 못하도록 하였고, 수익성보다는 자신의 지역구에 철도를 유치하는 형태로 지지를 얻으려고 했습니다. '제 논에 물대기'라는 아전인수我田引水에서 **아전인철**이라는 용어가 생겨났을 정도였지요.

정치인들이 자신의 지역구에 교통 인프라를 유치하려는 것이 비단 일본만의 현상은 아닙니다만, 철도에 교통이 집중되어 있는 만큼 일본에서는 "우리 동네에 반드시 철도를 짓겠습니다!"라는 공약이 많이 나왔습니다. 대표적인 사례가 이와테현과 미야기현에 걸쳐 있는 오후나토선인데요. 이 노선의 별명이 '드래곤 레일'인 이유는 주민들의 주장과 정치적 이권에 따라서 철도 노선이 기존보다 크게, 일자 모양에서 굽이치는 모양으로 변경되었기 때문입니다. 노선의 모양이 마치 용이 승천하는 것 같았죠.

최종적으로 37조 엔의 부채를 안고 일본국유철도는 민영화가되어서 일곱 개의 회사로 분할되었습니다. 그 이후에는 어떻게 되었을까요? 모든 정책에는 명과 암이 있듯, 민영화는 적자 해소와 서비스 향상에 긍정적으로 작용하였지만, 수요가 많지 않은 홋카이도나 시코쿠 등에서는 여전히 경영난에 처해 있기도 합니다. 그리고 다음과 같은 문제도 있었습니다.

◦ 정시 운행 프라이드와 최악의 철도 사고 ◦

일본 철도 하면 또 생각나는 것이 정시 운행입니다. 시간에 예민한 일본 사회가 정시 운행이라는 프라이드를 만들지 않았을까 생각합니다. 물론, 일본의 철도는 복잡하고 운행이 활발하기 때문에 잘못하면 자칫 사고로 이어질 가능성이 큽니다. 그래서 더더욱 정시 운행이 중요합니다.

그렇다면 일본에서 철도 회사 간의 경쟁이 가장 치열한 곳이

어딜까요? 바로 오사카와 교토, 오사카와 효고현을 연결하는 지역입니다. 1872년 철도가 처음 만들어진 후, 그다음으로 철도가 부설된 지역도 바로 이곳이었습니다.

철도 회사 간의 치열한 경쟁은 높은 효율성과 타이트한 정시 운행을 압박합니다. 그리고 이러한 배경을 바탕으로 일본 최악의 철도 사고가 발생하였습니다.

효고현의 이타미역에서 JR서일본 소속의 5418M 전철이 플랫폼에서 제자리에 멈추지 못하고 3량 정도 지나서 정지하였습니다. 당시 11개월 경력의 스물세 살 젊은 운전수가 실수로 오버런을 해 역을 지나친 것이었죠. 이타미역에서 시간을 지체한 탓에, 운전수는 초조해지기 시작했습니다. 이 사실을 회사에 숨기기 위해 같은 열차의 맨 끝 칸에 타고 있었던 차장에게 오버런 길이를 줄여서 보고해달라고 부탁했습니다. 오버런을 하면 재교육을 받아야 하는데 그는 실수한 승무원에게 실시되는 재교육을 두려워하였습니다.

이타미역에서 오버런을 한 열차는 이제 쓰카구치역을 출발하여 아마가사키역으로 향하고 있었습니다. 마음이 급한 운전수는 시속 70킬로미터 구간에서 무려 116킬로미터의 속도로 달렸죠. 운전 미숙으로 이타미역에서 시간을 지나치게 허비한 탓이었습니다. 기준보다 빠른 속도로 커브 구간에 진입한 열차는 결국 선로를 이탈해 전방에 있던 맨션으로 돌진하였습니다. 1량은 그대로 필로티 구조의 건물 1층으로 돌진했고, 2량은 맨션 코너와 충돌하여 니은 자 모양으로 엿가락처럼 휘어졌습니다. 107명이 사망

아마가사키역−후쿠치야마선 탈선 사고 1호차 차량. © Japan Transport Safety Board(wikimedia)

하고 562명이 부상을 입었죠. 2005년 4월 25일 일본 최악의 전철 사고로 기록된 **후쿠치야마선 탈선 사고**입니다.

사고가 난 JR후쿠치야마선은 평소 지연 운행으로 승객들의 항의가 있던 노선이었습니다. 그래서 운전 미숙으로 시간이 지연되면 회사는 운전수에게 강도 높은 재교육을 받게 하였죠. 재교육이라고 해도 업무와 관련된 교육이 아니라 징벌 그 자체였는데요. 하루 종일 취업규칙이나 경영이념 등을 반복해서 쓰게 하거나, 플랫폼 끝에서 반복적인 구호와 인사를 시키는 등 정신적인 고통을 주는 것이었습니다. 이러한 재교육은 운전수의 심리에 많은 부담을 주었고, 이것이 사고의 또 하나의 원인이 되었습니다.

경쟁과 효율을 위해 초 단위로 운행되는 시간표, 실수를 용납하지 않는 정시 운행, 상명하달식 조직문화. 이러한 것들이 민영화에서 기인했다는 의견이 많습니다. 이렇듯 민영화에 대한 평가는 30여 년이 지난 지금도 엇갈립니다.

일본은 매뉴얼 사회입니다. 매뉴얼이 항상 존재하고 그에 따라 움직입니다. 더 효율적인 방법이 있어도 매뉴얼을 어기지 않습니다. 그 때문에 융통성이 없다는 비판도 있지만 큰 사고가 일어나지 않는다는 장점도 있습니다. 그렇기 때문에 우리 사회에서 대형 사고가 일어날 때, 일본의 사례를 참고하며 배워야 한다고 하죠. 분명히 효과적인 매뉴얼이 존재하는 사회는 그렇지 않은 사회에 비해 안전합니다만, 그렇다면 후쿠치야마선 탈선 사고는 어떻게 바라봐야 하는 것일까요? 너무나도 효율만을 강조한 매뉴얼이 문제였을까요, 아니면 메뉴얼을 반드시 지켜야 한다는 압박감이 문제였을까요. 결국 어느 사회든 문제는 매뉴얼이 아닌, 매뉴얼을 만들고 지키는 사람의 문제일 것 같습니다.

사회

국제 공헌

전쟁 배상금 차원에서
해외 원조가 시작되었다?

_ 정부개발원조 그리고 난민 문제

"22세 아들이 52세가 되어 돌아왔습니다."

마지막 황군皇軍, 오노다 히로小野田寬郎의 이야기입니다. 그를 마지막 황군이라고 부르는 이유는 전쟁이 종전했음에도 불구하고 전쟁이 끝났다는 것을 인정하지 않으며 무려 29년을 필리핀 루방섬 정글에 숨어서 지냈기 때문입니다. 그 긴 시간 동안 정글에서 그는 어떤 생각을 했던 걸까요? 신념이 넘치는 두 일본인과 일본의 국제 공헌에 대해 이야기해보겠습니다.

。면죄부를 받은 일본군。

오노다 히로는 태평양전쟁 당시 필리핀 루방섬에 배치된 일본군 소위였습니다. 그는 전쟁이 끝나고도 투항하지 않고 정글에서 숨어 지내며 유격전을 하였습니다. 전쟁 당시 항복과 옥쇄를 허락하지 않는다는 상관의 명령을 전쟁 후에도 따른 것이었죠. 가족이 찾아와서 전쟁이 끝났으니 돌아가자고 설득도 해보았지만 미국의 계략이라고 여긴 탓에 응하지 않았습니다. 결국 1959년 그는 사망자로 분류됩니다. 그런 그가 귀환한 것은 1974년 스즈키 노리오鈴木紀夫라는 탐험가가 그를 직접 만나 설득한 덕분이었습니다. 물론 그냥 귀환했던 것은 아닙니다. 상관의 명령 없이는 돌아가지 않겠다는 조건을 단 것이죠. 책방을 하고 있던 전직 상관이 필리핀까지 날아가서 임무 해제를 명령하는 웃지 못할 해프닝이 있고서야 그는 귀환을 결정하였습니다.

　오노다의 귀환은 당시 세계적으로도 큰 화제가 되었습니다. 일본 내에서는 군인 정신과 충직한 사무라이 정신을 떠올리게 하는 사건으로 언론의 집중을 받았고, 고도 경제성장기가 지나면서 물질주의가 만연했던 사회에 '옛 일본의 정신'을 불러일으키며 신선한 충격을 던졌습니다. 하지만 그가 일본의 영웅이 아니라 불쌍한 군국주의의 희생자라는 것은 본인을 포함한 많은 사람들이 모르고 있는 듯합니다.

　국민 영웅 대접을 받으며 귀환한 것과는 달리 그가 필리핀 루

1974년 3월 11일 항복 당일 페르디난드 E. 마르코스 필리핀 대통령에게 군용 칼을 제공하는 일본 제국군 병사 오노다 히로(오른쪽). ⓒ Malacañang Palace

방섬에서 보낸 29년은 크게 조명받지 못했습니다. 그는 정글 생활 중에 연합군과 혼자만의 전쟁을 이어갔다고 알려져 있지만, 실제로는 민간인을 포함한 30명 이상의 필리핀 사람을 죽였고, 100여 명 이상을 다치게 하였으며, 민가에서 약탈과 방화를 저지르기도 하였습니다. 그는 전쟁이 끝나지 않은 줄 알았다고 했지만, 사실 전쟁이 끝났다는 것을 알고 있었는데도 주민들의 보복이 두려워서 나오지 못했다는 이야기도 있습니다.

그런 그가 필리핀 정부에게 면죄부를 받을 수 있었던 것은 일본 정부가 필리핀 정부에게 위로금 3억 엔을 전달하였기 때문입니다. 일본과 필리핀은 1956년 전쟁에 대한 배상 협정을 체결하였으나 이 위로금은 그것과 별도로 전달되었던 것입니다. 물론 독재자였던 마르코스 대통령이 희생된 루방섬의 주민들에게 이를 제대로 배분하였는지까지는 일본이 신경 쓰지 않았겠지만 어쨌든 이러한 면죄부의 배경에는 일본 정부가 필리핀 정부에게 증여나 차관 등을 통해 개발에 협력하겠다는 정부개발원조ODA도 있었습니다.

GDP 3위국이 GDP 2위 국가에게 원조를 한다고?

일본은 원조를 많이 하는 나라입니다. ODA란 개발도상국의 발전을 위한 원조를 말하는데요. 1989년 일본의 ODA 금액은 전 세계 1위를 기록하였고, 2020년 기준 3위를 차지했습니다. 원조를 많이 한다는 것은 높은 평가를 받아야 한다고 생각합니다만, 거기에는 여러 내막이 존재하고 있기도 합니다.

일본은 우리나라에게도 ODA를 하였습니다. 1965년 한일기본조약과 함께 부수 협정으로 나온 한일청구권 및 경제협력협정에 의한 것이었고, 금액은 약 8억 달러였습니다. 배상금 차원에서 실시한 ODA로 인해 70년대와 80년대 한국과 일본의 경제는 더욱 밀접한 관계를 맺게 되었죠. 중요한 것은 일본의 ODA가 우리나라에서뿐만 아니라 전반적으로 과거 전쟁에 대한 배상금 차원에서 시작되었다는 점입니다.

1951년 일본은 2차 세계대전을 마무리하는 샌프란시스코 강화 조약을 맺었는데요. 이 조약으로 미얀마, 필리핀, 인도네시아, 베트남 이렇게 4개국에 대해서는 배상이, 라오스, 캄보디아, 말레이시아, 싱가포르 등에 대해서는 배상에 준하는 무상원조가 시작됩니다. 이것이 일본 ODA의 시작이었습니다. 보통 ODA는 경제적으로 윤택한 국가가 개발도상국에게 실시하는 것이지만 이러한 배경으로 일본의 ODA는 조금 결이 달랐습니다. 쉽게 말해 "우리가 좀 여유로우니 도와주겠다"라는 형태로 시작한 것이 아니었습니다. 그래서 일본의 ODA는 대부분 증여가 아닌 빌려주는 형태의 차관입니다. 나중에 갚으라는 것이지요. '거참 쩨쩨하네'라고 생각할지도 모르겠습니다만, 그렇다고 일본이 이자 놀이를 하는 것은 아닙니다. 이자는 사실상 거의 제로에 가깝기 때문에 ODA를 받는 개발도상국에게 도움이 된 것은 부정할 수 없습니다.

　이미지 쇄신을 목적으로 기부하는 사람이 있듯, 일본의 ODA에도 비슷한 목적이 있습니다. 과거 전쟁했던 나라들의 반일감정을 줄이고 일본에 대한 이미지를 좋게 만들려는 것이지요. ODA가 일방적인 원조 같지만 사실 그 뒤에는 이미지 쇄신으로 일본이라는 브랜드 가치의 상승을 노리는 잇속이 포함되어 있기도 합니다. 일본이 최대 규모로 ODA를 실시한 필리핀이 지금 일본에 가장 우호적인 국가가 된 것이 이를 뒷받침합니다. 1979년부터 실시되어 2022년에 종료되는 중국에 대한 ODA에도 국가 간 신뢰 관계를 쌓는 것과 더불어 유사한 목적이 있습니다. 중국의 에너지, 통신, 운송 등의 근대화를 지원하기 위해 시작된 이 ODA는 겉으로만 보면 세계 경제 규모 3위 일본이, 2위 중국에게(2020년 기준) ODA를 하고 있는(물론 아직 중국 내의 빈부격차와 환경 등 기술협력이 필요한 부분이 많이 있지만) 아이러니한 모습입니다. 이렇듯 ODA에 적극적인 일본이지만 서양 국가들은 일본의 ODA가 일본의 경제 수준에 비하면 부족하다고 지적합니다. 국제사회는 ODA 목표 금액을 국민소득의 0.7퍼센트로 정하고 있지만, 일본은 아직 0.2퍼센트대에 불과하기 때문입니다. 경제 규모에 걸맞게 더 많은 국제

공헌을 하라는 목소리가 크지요.

∘ 난민 문제에도 힘써주세요 ∘

0.2퍼센트대 수치는 국제 공헌에 관한 또 다른 테마에서도 볼 수 있습니다. 바로 난민 문제입니다. 일본은 난민 문제에 대해 어떤 자세를 가지고 있을까요. 묘하지만 결론부터 이야기하자면, 일본은 난민 문제에 대해 적극적이면서 소극적인 모습을 보여주고 있습니다. 무슨 말이냐고요? 2015년, 아베 총리는 난민 문제 해결을 위해 2016년부터 3년간 총액 28억 달러 규모의 인도적 지원을 하겠다고 표명하였습니다. 그리고 일본이 난민 문제 해결에 주도적 역할을 하겠다고 천명하였는데요. 이런 적극적인 모습은 당시 국제사회에서 뜨거운 박수를 받았습니다. 하지만 또 다른 모습도 있었지요.

난민으로 신청해서 인정된 사람의 비율을 '난민 인정률'이라고 합니다. 난민 문제 해결을 위한 국제기구인 유엔난민기구UNHCR에 따르면 2019년 일본에서 난민으로 인정받은 사람은 15,505명 중 고작 44명이었습니다. 비율로 따지자면 0.29퍼센트에 불과했지요. 0.2퍼센트대 수치는 이것을 말합니다. 같은 해 난민 인정률이 22.73퍼센트였던 미국이나, 난민 인정자가 5만 4천여 명에 달하는 독일에 비하면 일본의 난민 인정 장벽은 하염없이 높습니다. 웬만

하면 난민으로 인정하지 않고 있지요. 물론 난민 신청자들의 문화가 일본 문화와 접점이 없고, 대부분 출신지가 중동 지역이라 지리적으로 먼 것도 이유가 되겠지만, 난민을 보호 대상이 아닌 통제와 격리의 대상으로 생각하는 분위기가 사회 곳곳에 남아 있기 때문이라는 비판의 목소리도 높습니다. 일본에서 인기가 많은 애플의 창업가 스티브 잡스도 시리아 난민의 아들이었다는 것을 조금 더 홍보하면 어떨까 싶기도 하네요.

。작은 거인, 오가타 사다코。

난민 문제에서만큼은 일본 정부보다 더 열심히 활동했던 일본인이 있습니다. 1992년 2백만 명의 난민이 발생한 유고슬라비아 내전 때 방탄조끼를 입고 전쟁터가 된 마을을 휘젓고 다녔던 사람, 바로 오가타 사다코緖方貞子입니다. 150센티미터의 작은 체구로 왕성하게 움직이는 모습에 '작은 거인'이라는 별명도 붙었는데요. 대체 그녀의 직업은 무엇이었을까요?

그녀는 여성 최초의 유엔난민기구 수장이었습니다. 유엔난민기구는 2차 세계대전으로 발생한 난민을 지원하기 위해 유엔총회가 설립한 국제기구로, 지금은 세계 난민을 지원하고 보호하기 위해 활동하고 있습니다. 오가타 씨는 1991년부터 2000년까지 유고슬라비아, 쿠르드, 르완다 등 분쟁 지역을 누비며 난민이 있는 곳

베니그노 아키노 3세 필리핀 대통령은 2013년 12월 14일 도쿄도 지요다구에 있는 임페리얼 호텔에서 오가타 사다코 일본국제협력단 총재에게 다카투나 훈장을 수여했다. 사다코의 남편 오가타 시주로는 박수를 쳤다. ⓒ Gil Nartea / Malacañang Photo Bureau

이라면 철저히 현장주의 원칙을 고수하며 달려가 구호 활동을 했습니다.

위험한 전쟁터를 누비고 가진 것 없는 난민을 위해 끊임없이 노력했던 그녀는 사실 부족함 없이 자란 유복한 집안의 딸이었습니다. 증조부는 내각총리대신을 지냈던 이누카이 쓰요시犬養毅이며 조부와 아버지도 외교관이었습니다. 오가타는 1976년 유엔 일본 대표부 공사를 시작으로 유니세프 집행위원장, 국제인권위원회 일본 대표를 거쳐 유엔난민기구 수장이 되었습니다. 그녀는 2000년까지 각국 정부를 설득하여 모은 연간 10억 달러에 달하는 기금으로 난민수용소를 만들며 '난민의 어머니'라는 별칭까지 얻었습니다. 이후 우리나라의 한국국제협력단KOICA에 해당하는 일본국제협력기구JICA의 이사장을 맡으며 일본의 ODA를 진두지휘했습니다. 2000년 서울평화상을 수상하기도 하였고요. 오가타는 난민 인정률이 여전히 낮은 일본에 대해 2015년 이런 쓴소리를 남겼습니다.

"(내가 유엔난민기구 수장이었을 때와 비교해) 전혀 나아진 것이 없어. 참기가 힘들 정도."

당시 아베 총리가 난민에게 28억 달러의 지원을 밝힌 그다음 달의 일입니다.

1922년에 태어난 오노다와 1927년생인 오가타. 두 사람은 각각 2014년과 2019년에 세상을 떠났습니다. 같은 시대를 살아온 두 사람은 무엇을 보고 어떤 신념을 가졌던 것일까요? 한 사람은 국가의 명령에 대한 충성을, 다른 한 사람은 인류애와 인도人道에 대한 소신을 끝까지 지켰죠. 두 사람의 신념이 만들어진 배경을 다 알 길은 없으나, 일본 현대사회에 많은 반향을 일으킨 두 사람이 살아온 길을 조금이나마 소개하고 싶었습니다.

어째서 일본에는
유독 브라질인이 많을까 ?

_ 이주민과의 공생

1990년 우리와 지구 반대편에 있는, 남미 페루에 일본식 이름의 대통령이 등장합니다. 알베르토 후지모리Alberto Fujimori라는 인물로 아시아계 최초의 남미 대통령이었습니다. 정확히는 일본계 2세였죠. 취임 후 경제 재건과 정치적 안정이라는 공로도 있었으나 각종 부정부패와 내부 쿠데타, 인권 탄압 등으로 많은 오점을 남겼으며, 심지어 대통령 수행 중에 비리가 드러나자 일본으로 도주한 막장 드라마를 쓰기도 했습니다. 점입가경으로 일본 참의원에 입후보하기도 했는데요. 페루의 대통령이었던 그가 일본 참의원 선거 비례대표에 입후보할 수 있었던 것은 그가 일본 국적도 보유한 이중 국적자였기 때문입니다.

∘ 브라질이 일본과 가깝다고? ∘

일본은 남미와 참 가까운 나라입니다. 지구 반대편에 있는 지역과 가깝다니 납득이 되지 않을 수 있지만, 일본에 거주하는 외국인 통계를 보면 고개가 끄덕여질 것입니다. 일본에 거주하는 외국인은 거리를 고려했을 때 중국인과 한국인이 단연 많지만, 베트남, 필리핀에 이어 다섯 번째로 많은 나라는 남미의 대표적인 나라 브라질입니다. 그리고 그 인원은 무려 20만 명이 넘습니다. 심지어는 한때 31만 명이 넘었으나 감소한 수치입니다.

개인적으로 일본에서 생활하면서 브라질인을 한 번도 본 적이 없습니다. 아마 보고도 몰랐을 가능성이 큽니다. 브라질 축구선수와 같은 얼굴이었다면 알아챘을지도 모릅니다만, 일본에 살고 있는 브라질인 중 다수는 일본계 브라질인이기 때문입니다.

일본계 브라질인으로 유명한 인물은 국가대표 축구선수를 지낸 다나카 마르쿠스 툴리우田中マルクス闘莉王입니다. 툴리우는 매우 예외적으로 일본에서 유명인으로 활약하였지만, 대부분의 일본계 브라질인들은 생활이 그렇지 못합니다. 일단은 일본에 브라질인이 왜 많은지부터 이야기를 해야 할 것 같습니다.

일본에 브라질인이 증가한 시기는 1980년대 중순부터라고 볼 수 있는데요. 그 이유는 매우 복합적이지만 그중에서 가장 큰 이유는 경제적인 부분이었습니다. 1985년 일본은 엔화 가치를 절상하는 플라자 합의를 맺습니다. 환율이 올라감에 따라 외국인 근

로자들에게 일본은 경제적으로 매우 매력적인 곳이 되었죠. 엔화 가치 상승은 외국인들에게 소득이 올라가는 것과 마찬가지니까요. 또한 제조업의 발달과 건설 수요 등의 증가로 단순 노동력이 부족해지면서 특히 브라질에서 온 **데카세기**出稼ぎ가 증가하게 되었습니다. 데카세기란, 타지에서 취업하여 일하는 것 또는 그런 사람을 말하는 일본어인데 한마디로 외국인 근로자를 의미합니다.

당시 일본에 유독 브라질인이 많았던 이유가 꼭 일본 내의 일손 부족이나 엔고 때문만은 아니었습니다. 1980년대 브라질을 포함한 남미는 무리한 성장 정책 및 대외채무의 증가 등으로 심각한 경제난에 빠져 있었고, 이러한 분위기 속에서 일본으로 눈을 돌린 사람들이 증가하게 된 것입니다. 특히 그 중심에는 일본계 브라질 이민자 1세대가 있었습니다. 1세대는 일본인 중에 브라질로 이민을 갔다가 다시 일본으로 돌아온 사람을 말합니다. 그중에는 일본에서 일하면서 가족이 있는 브라질로 송금하는 기러기 아빠가 많았죠.

그러다가 1990년대부터 일본계 브라질인 데카세기가 급격하게 증가하였는데요. 1989년 일본 정부가 입국관리법을 개정한 것이 계기가 되었습니다. 일본계 2세와 3세, 그리고 그 가족의 취업을 합법화하는 내용이었죠. 이러한 법 개정에 외국인 근로자에 대한 수요 증가까지 더해져서 브라질 등의 남미에서 일본으로 들어오는 외국인 근로자가 급증하게 됩니다. 이렇게 일본으로 온 일본계 2세와 3세 그리고 그 가족은 이후 일본 사회에 지대한 영향을 끼치게 됩니다.

◦ 브라질로 일하러 갑시다 ◦

그렇다면 일본계 브라질 이민자 1세대는 언제 브라질로 이주한 사람들일까요?

일본의 대표적인 항구인 고베항에서 1908년 4월 28일 781명을 태운 이민선 카사토마루가 출항하였습니다. 목적지는 브라질 산토스항이었지요. 브라질로의 최초의 이민이 시작된 것입니다. 이들이 브라질 현지에 도착한 날인 6월 18일은 일본에서 '해외이주의 날'로 지정되어 있습니다.

이들이 브라질로 이민을 간 이유는 일본의 경제 상황 때문이었습니다. 일본은 1904~1905년 러일전쟁 때 단기간에 거액의 돈을 끌어모아 전쟁에서 승리하였으나 이후 미국의 중재로 배상금을 받지 못하면서 심각한 불황을 겪게 됩니다. 이것이 농촌의 일자리 부족으로 이어졌는데요. 한편, 브라질은 노예제도 폐지 등에 따라 노동력이 부족해지고 있었습니다. 또 일본 사람들이 이전에는 미국 등으로 이주를 많이 했는데, 당시에는 샌프란시스코와 로스앤젤레스 등 미국 각지에서 반일 운동이 일어나는 바람에 미국으로 이주하기가 여의치 않았습니다. 이러한 복합적인 상황 속에서 브라질로의 이주가 시작되었습니다. 일종의 계약 이민이었는데요. 이주민 대부분이 커피농원이나 사탕수수밭에서 일하였고 대우는 썩 좋지 못하였습니다.

이러한 이민은 정부의 적극적인 장려 아래 그 이후에도 이어졌습니다. 고베에는 국립이민수용소(현, 해외이주와 문화교류센터)가 세워져, 전국에서 이민을 희망하는 사람들을 수용하여 교육하고 지원하기도 하였습니다.

이렇게 과거 100여 년간 13만 명 정도가 브라질로 이주하였고 현재 대략 160만 명의 일본계가 브라질에 있다고 알려져 있습니다.

◦ 일본계 브라질인과의 공생 ◦

앞서 이야기했듯 1980년대 브라질의 경제 악화와 일본의 일자리 부족이 맞물려, 다시 일본으로 돈을 벌러 오는 일본계 브라질인 1세가 증가합니다. 그들 대부분은 기러기 아빠였으며, 일본어가 가능하고 일본 국적을 가지고 있는 경우가 많았기 때문에 일본에서 일을 하는 것에 대해 장벽이 그리 크지 않았습니다.

하지만 1990년 입국관리법을 개정하며 일본계 브라질인 2세와 3세 그리고 그 가족이 정주자 자격으로 일본에 정착하는 것이 가능하게 되었고, 이후 일본 사회 이곳저곳에서 불협화음이 나타나기 시작했습니다. 2세와 3세는 외모는 일본인이지만 일본어 구사 능력이 부족했고, 그로 인해 단순 노동에 취업하는 비중이 높았으며 학교생활에도 적응하지 못하는 등 어려움이 많았습니다. 차별은 사회적 문제가 되었고 (일본계가 아니더라도) 브라질인에 의한 범죄 등은 일본 사회에서의 입지를 더 좁게 만들었습니다. 일본 지역사회는 공생이라는 숙제를 안게 되었죠.

그런데 이후 더 큰 문제가 일어났습니다. 1991년 버블 붕괴로 정리해고와 비정규직이 증가하면서 단순 노동에 종사하던 일본계 브라질인들이 생활에 어려움을 겪게 된 것입니다. 2000년대에는 세계금융위기로 비정규직 사람들이 해고되었고 실업자가 속출하면서 일자리센터 등에 일본계 브라질인이 몰리기도 했죠. 이런 탓에 일본 정부는 일본계 브라질인들을 다시 브라질로 귀국시키는 사업을 진행했습니다. 두 번 다시 일본에 취업하지 않는 조건으로 보조금을 지원하여 브라질로 귀국시키는 사업이었습니다. 물론 이 사업은 큰 비난을 받았고 결국 특정 기간 내에 같은 비자로 취업하지 않는 방식으로 조건을 완화했지요. 이때 브라질 국적자 2만여 명이 정부 보조금을 이용해서 브라질로 귀국했습니다. 2007년 31만 명에 달했던 일본 거주 브라질인은 그렇게 2009년 말 26만 명까지 감소하게 됩니다.

。이민정책이라고 부르지 않는 이민정책 。

이렇게 귀국을 종용했던 일본 정부는 최근 2018년 다시 입국관리법을 개정하였습니다. 목적은 단순 노동 업종에 일하는 외국인을 늘리는 것이었습니다. 심각한 고령화와 함께 노동 인구가 감소했기 때문인데요. 2030년쯤에는 심각한 인력 부족에 직면하게 되고 그 수치는 현재의 상상을 뛰어넘을 것이라는 데이터들이 계속 발표되고 있는 상황입니다. 결국 일본 내의 치안유지와 공생 사회에 대한 피로도가 높아져 있는 상황에서 일본 정부는 외국인 근로자를 유입시켜 단순 인력을 늘리겠다고 발표했습니다. 재밌는 것은, 이렇게 일본으로 들어온 외국인 근로자들은 사실상 이민으로 이어질 가능성이 크지만 일본의 보수층이 이민정책을 싫어하기 때문에 이를 이민정책이라고 부르지 않는다는 것이죠. 하지만 기업들이 중심이 된 경제단체연합회는 인력 부족 등의 문제를 해결하기 위해 외국인 근로자를 적극적으로 받길 원하고 있습니다. "기간을 한정하여 외국인을 수용하는 것이므로 이민은 아니다"라는 것이 정부의 입장인데요. 정부는 두 지지 기반 사이에서 교묘한 말로 양다리를 걸치고 있는 셈입니다.

이미 일본 각지에서 외국인 근로자를 볼 수 있습니다. 당장 신주쿠의 편의점에 가도 많은 외국인 직원을 볼 수 있지요. 편의점에서 일하는 외국인 직원은 전국에서 5만 명이 넘으며 도쿄 도심만 해도 30퍼센트가 넘는다고 합니다. 이미 외국인이 일본 사회의 많은 부분을 지탱하고 있지만 대부분은 유학생이며 아르바이트생입니다.

이민인가 아닌가의 문제는 아닌 듯합니다. 앞으로 일본에서 외국인이 증가하는 것은 틀림없는 현실입니다. 다른 선진국과 달리 이민에 대해 보수적인 일본 정부의 고민이 앞으로도 이어질 듯합니다.

일본계 브라질인이 가장 많이 거주하는 지역으로, 군마현의 오이즈미정이 있습니다. 이곳은 스바루와 파나소닉과 같은 기업이 있어서 공업이 번성한 곳입니다. 브라질인뿐만 아니라 외국인 인구의 비율이 19퍼센트에 달합니다. 오이즈미정에는 브라질 타운이 조성되어 있으며, 마쓰리(축제)에서도 브라질 문화를 만날 수 있습니다. 차별과 불편함을 극복하기 위한 공생의 노력이 있었던 덕분입니다. 실제로 일본의 각 지역에서 이런 노력을 끊임없이 하고 있습니다. 일본계 브라질인 이야기는 앞으로 우리 사회도 고민해야 하는 공생 이야기입니다.

카치구미와 마케구미

카치구미勝ち組와 마케구미負け組는 지금도 일본에서 통용되고 있는 말입니다. '카치'는 '승리'를, '구미'는 '그룹'이나 '조직'을, '마케'는 '패배'를 뜻하는데요. 즉, 카치구미는 승자 집단을 말하고 마케구미는 패자 집단을 말합니다. 현재는 자본주의 사회에서 성공한 사람들을 카치구미라고 하고, 마케구미는 상대적으로 실패한 사람들을 말합니다.

하지만 원래 이 말은 브라질 이민자들 사이에서 나온 표현입니다. 2차 세계대전 당시 일본이 포츠담 선언을 수락하며 천황이 항복을 선언하였는데요. 당시 브라질 이민자들은 이것을 믿지 않았습니다. 일본이 졌을 리 없다는 심리적 저항과 함께 역설적으로 승리했다는 소문이 퍼졌고, 이민자의 7, 8할은 전쟁에서 일본이 이겼다고 믿었습니다. 이들을 카치구미라고 하였습니다. 한편, 포르투갈어를 알고 이민 사회의 리더였던 사람들은 패배했음을 인정한 마케구미였습니다. 카치구미와 마케구미는 단순히 생각의 대립에 그치지 않고 심각한 무력 충돌을 빚기도 하였습니다.

유골을 돌려주세요

_ 홋카이도의 선주민, 아이누 이야기

홋카이도대학에 있는 클라크 박사의 흉상. 타지마 세키로田嶋碩朗의 조각. ⓒ Yosibe(wikimedia)

"Boys, be ambitious!" 소년이여 야망을 가져라! 누구나 한 번은 들어본 문장입니다. 사실 이 말은 홋카이도와 관계가 있습니다. 영어 문장이 일본과 무슨 관련이 있냐고요?

이 문장을 남긴 사람이 바로 홋카이도 개척에 큰 공을 세운 윌리엄 스미스 클라크William Smith Clark 박사이기 때문입니다. 그래서 홋카이도대학교와 홋카이도의 대표적인 도시인 삿포로 곳곳에는 그를 기념하는 동상이 있습니다.

。홋카이도 개척자가 일본에 오게 된 경위。

일본에서 캠퍼스가 가장 넓은 대학은 어딜까요? 바로 홋카이도 대학교입니다. 홋카이도대학교는 일본의 손꼽히는 명문대학인데요. 그중에서도 농학부가 매우 유명합니다. 홋카이도대학교가 넓은 이유도 많은 농지를 보유하고 있기 때문이죠. "Boys, be ambitious!" 이 명언을 남긴 윌리엄 스미스 클라크는 홋카이도대학교의 전신인 삿포로 농학교의 초대 교장이었습니다. 원래 그는 화학과 식물학을 전공한 미국의 교육자로 매사추세츠 농과대학교(현, 매사추세츠 애머스트캠퍼스)의 학장을 지낸 사람이었죠.

그의 화학 수업을 듣던 한 일본인 유학생이 있었습니다. 바로 근대 교육자이면서 종교인으로 유명한 니지마 조新島襄였습니다. 훗날 교토에 도시샤대학교를 설립하는 인물이죠. 우리에겐 윤동주, 정지용의 시비詩碑가 있는 곳으로 유명한 대학입니다. 도시샤대학교에 가면 스승인 클라크의 이름을 딴 클라크 기념관이 있는데요. 이 건물은 두 사람의 관계가 어땠는지를 알려줍니다. 클라크가 일본에 오게 된 것도 바로 니지마 조의 소개 때문이었습니다. 니지마 조의 이야기를 조금 더 하자면, 그의 부인도 대단히 유명한 사람입니다. '일본의 나이팅게일'이라는 별명을 가지고 있는 니지마 야에新島八重라는 인물로, 2013년 NHK 드라마 〈야에의 벚꽃〉에서 그녀의 생애를 다루기도 하였습니다.

홋카이도에는 사람보다 소가 더 많다?

많은 사람들이 홋카이도는 춥고 눈이 많이 내린다고 알고 있습니다. 하지만 홋카이도는 일본 내에서 벼농사, 밭농사, 낙농업까지 농업 생산량이 상위권인 대표적인 농업 중심 지역입니다. 그러면 홋카이도는 왜 이렇게 농업이 발전하게 되었을까요? 그것은 홋카이도 개척과 관계가 있습니다.

홋카이도는 메이지 정부 때 본격적으로 개척된 지역입니다. 그 개척의 중심이 되었던 인물은 클라크 박사, 그리고 호러스 캐프론 Horace Capron이라는 초빙사였습니다. **초빙사**란 서구의 기술과 지식을 배우기 위해 메이지 정부 주도로 고용한 외국인을 말하는데요. 홋카이도 개척의 핵심 건물 중 하나인 개척사 삿포로 본청도 그의 구상으로 건축된 것이죠. 당시에는 많은 초빙사들이 일본으로 왔습니다. 아마도 '개척'이라는 단어가 그들을 설레게 했었나 봅니다. 당시 미국도 '프론티어' 등으로 대변되는 개척의 시대를 보내고 있었으니까요. 그리고 높은 연봉도 또 하나의 이유였습니다.

캐프론의 주도 하에 홋카이도는 개척되어 갔습니다. 미국식 농업이 도입됐고, 낙농업을 중심으로 자급할 수 있게 되었습니다. "홋카이도에는 사람보다 소가 더 많다"라는 이야기도 이때 나온 것이죠. 실제로 홋카이도의 베쓰카이정은 인구가 만 6천여 명인데 소는 11.3만여 마리나 됩니다. 일곱 배나 차이가 나죠. 홋카이도에 소가 사람보다 많다는 것은 아주 틀린 이야기는 아닙니다.

하지만 개척이라는 단어가 주는 느낌에서 알 수 있듯이 그 과정은 순탄치 않았습니다. 개척 전 홋카이도에는 원래 그 땅에서 살아온 선주민이 있었습니다. 바로 **아이누족**이었죠. 아이누족은 홋카이도 개척에 의해 그들만의 생활방식을 잃어갔습니다.

∘ 고유의 생활방식을 잃어간 홋카이도 선주민 ∘

홋카이도는 과거 메이지 시대 이전까지 **에조치**라고 불리었습니다. 에조치는 에조의 땅이라는 뜻인데, 에조는 '이민족'이라는 차별의 의미를 담아 부르는 말이었습니다. 이에 대해 아이누는 자신들을 '인간'이라고 불렀는데 이 단어가 '아이누'입니다.

아이누족에게는 고유의 풍습과 생활습관이 있었습니다. 전반적으로 자연과 더불어 사는 전통이었죠. 하지만 메이지 정부에 의해 홋카이도 개척이 이루어지면서 아이누의 생활방식은 점점 사라지고 말았습니다. 메이지 정부는 수렵 활동을 포함한 아이누족의 전통을 금지시키는가 하면 호적에는 **구토인**旧土人이라는 표현을 사용하게 했습니다. 1899년에는 홋카이도구토인보호법을 제정하여, 말로는 보호를 외쳤지만 실제로는 일본식 교육과 농업을 중심으로 하는 동화정책을 실시했습니다. 아이누의 언어와 문화도 점점 그렇게 사라져갔습니다.

"일본은 단일 민족 국가이다."

1889년경 출판된 《월간 통속 과학 34호
(Popular Science Monthly Volume 34)에
수록된 에조 아이누의 묘사도.

1986년 당시 수상이었던 나카소네 야스히로의 발언입니다. "2천 년에 걸쳐 하나의 민족이 이어지고 있는 좋은 나라"라고 발언한 아소 다로麻生太郎 전 총리도 있었죠. 물론 어느 정부에나 소수민족의 독립운동을 막고 다른 민족을 인정하지 않으려는 분위기가 있습니다. 일본도 이러한 인식 아래 아이누를 차별해온 것입니다. 2016년 일본 정부가 아이누족을 대상으로 조사한 보고서에 따르면, 현재도 차별이나 편견이 있다는 대답이 72.1퍼센트에 달했습니다. 그래도 1997년 구토인보호법이 폐지된 이후 아이누문화진흥법이 제정된 것은 나름의 큰 의미가 있습니다. 방송에서 아이누계系라는 단어를 금지하고 아이누족이라는 정확한 표현을 사

용하도록 한 것도 작은 진보라고 볼 수 있겠지요.

◦ 아이누족의 유골을 돌려주세요 ◦

일본인보다 눈이 깊고 코가 오똑하며 윤곽이 또렷한 아이누족의 외모에 대해 과거부터 인류학자와 해부학자들은 큰 관심을 가져 왔습니다. 고가네이 요시키요小金井良精 도쿄대학교 교수도 그중 한 명이었죠. 그는 해부학에서는 저명한 인물이지만, 사실 해서는 안 될 몹쓸 짓을 행했습니다. 아이누의 무덤에서 유골 166구를 도굴하여 연구에 활용한 것입니다. 그가 소속되어 있던 홋카이도대학교와 도쿄대학교 등 소위 명문대학들이 이 행위의 중심에 있었습니다. 말도 안 되는 이 행위는 과연 완전히 용서받았을까요?

1983년 홋카이도 아이누협회(구, 우타리협회)의 회원들이 홋카이도대학교의 의학부를 방문한 적이 있습니다. 대학교수와 직원들의 안내를 받아 들어간 곳은 동물 실험실이었죠. 수많은 동물의 해골로 채워진 그 방의 벽 한쪽에는 늑대와 올빼미의 유골이 있었는데요. 그 바로 옆에는 아이누족의 유골이 있었습니다. 이것을 본 한 아이누족 회원은 바닥에 주저앉아서 절규하였죠. 이 내용은 오가와 류키치小川隆吉의 책《어느 아이누 이야기》에 등장합니다.

홋카이도대학교에는 아이누 납골당과 천여 구가 넘는 유골이 있었는데요. 이 유골들은 2020년 아이누 문화를 연구하고 부흥,

발전시킬 목적으로 홋카이도에 새롭게 개설된 민족공생상징공간인 우포포이로 이동하였습니다. 참고로 유골의 대부분은 아이누의 의사와 상관없이 도굴된 것입니다. 과거에는 머리의 크기가 인류의 기원과 관계가 있다고 생각하여 머리뼈를 따로 보관했는데, 그 바람에 보관도 정연하게 되어 있지 않아서 더 큰 문제가 되었죠. 현재도 유골 반환 소송이 일어나고 있고 일부는 아이누족에게 반환되고 있기도 합니다.

∘ 재판에서 아이누어로 말한 사람 ∘

사루가와는 홋카이도 남쪽에 흐르는 1급 하천입니다. 홋카이도의 많은 지명이 아이누어에서 유래했는데요. 사루가와도 '갈대가 있는 들판'이라는 의미의 아이누어에서 온 것입니다. 사루가와 부근에는 아이누 사람들의 집촌이 있는데요. 1986년 이곳에 니부타니 댐이 건설되기 시작하였습니다. 댐 건설의 가장 큰 목적은 공업지대에 대량의 공업용수를 제공하는 것이었는데요. 당시는 관개시설을 짓고 전력을 생산하기 위해서 또 홍수 등에 대비하기 위해서 댐의 필요성이 대두되던 시기였습니다.

　니부타니댐 건설은 아이누인들을 선주민족으로 인정하는 역사적 사건의 배경이 되었습니다. 니부타니댐은 정부 정책 차원에서 이루어진 계획이었습니다. 하지만 댐 건설과 함께 해결해야 하는 문제들이 있었는데 바로 댐 건설 때문에 수몰되는 지역이 발생한다는 것이었습니다. 이 과정에서 정부의 토지매수에 응하지 않는 사람이 있었는데 그 대표적인 인물이 가야노 시게루萱野茂라는 아이누 연구자였습니다. 훗날 아이누인 최초로 참의원이 되기도 한 그는 토지매수 대신 오히려 연어잡이를 가능하게 해달라고 요구했습니다. 아이누인들은 원래 수렵, 채집 등을 중심으로 하는 민족이었는데, 메이지 시대 이후 연어잡이를 금지하였기 때문이었죠.

가야노가 토지매수에 응하지 않고 버텼던 또 하나의 이유가 있었습니다. 댐을 건설하려는 사루가와 지역에 아이누가 기도를 드리는 성지가 있었던 것입니다. 하지만 정부는 그 지역의 토지를 강제로 수용하였고, 이에 가야노는 부당하다며 소송을 걸었습니다. 재판에서 그는 누구도 알아듣지 못하는 아이누어로 진술했습니다.

"아이누어로 제가 이야기를 해도 여러분은 모를 것입니다. 일본이라고 하는 다른 나라에서 온 다른 민족이기 때문에 모르는 것입니다. 다른 나라에서 다른 곳에서 당신들은 왔습니다. (……) 이 큰 섬(홋카이도)의 진짜 주인은 누구입니까? 당신들은 진지하게 생각해본 적이 있습니까? 뒤늦게 들어온 사람들이, 그 숫자가 많다고 해서, 그 사람들이 말하는 대로 해야 하는 것인지 의문이 듭니다. 민주주의라니 좋은 말처럼 들리지만, 아이누에게 있어서는 숫자로 된 폭력으로 보입니다."

재판의 결과는 어떻게 되었을까요? 댐은 존속하는 걸로 되었지만, 결과적으로 가야노 시게루는 승소하였습니다. 그뿐만 아니라 판결에는 정부기관에서 처음으로 아이누를 선주민족으로 인정하는 내용이 담겼지요.

"일본에는 차별받는 소수민족이 없다고 생각합니다. 저도 눈썹이 짙고 수염도 진하니 아이누의 피가 꽤나 섞여 있을지 모릅니다."

2019년 세상을 떠난 나카소네 야스히로 전 수상이 1986년에 한 발언입니다. 차별이란, 차별을 하고 있는 다수는 모르는 것입니다. 당하고 있는 소수만이 느낄 수 있죠.

"Boys, be ambitious!"를 우리나라에서는 "소년이여, 야망을 가져라"라고 해석합니다. 그런데 일본에서는 이 문장을 "소년이여, 대지大志를 품어라"라고 번역합니다. 무엇을 크게 이뤄보겠다는 '야망'과 마음에 품은 큰 뜻을 뜻하는 '대지'는 분명 의미가 조금 다른 것처럼 느껴지는데요. 아무리 생각해도 아이누에 관한 행적을 보면 과거의 일본이 품은 것은 야망에 가까웠다는 느낌이 듭니다.

결혼하는데 커밍아웃을 해야 해?

_ 이유 없이 차별받는 사람들

도쿄에서 첼리스트로 활동했던 주인공 다이고는 갑작스런 악단 해체 통보를 받고 백수가 되어 고향으로 내려갑니다. '연령 무관, 고수익 보장'이라는 광고를 접하고 여행사인 줄 알고 입사한 회사는 인생의 마지막 여행을 떠나는 사람을 배웅하는 납관 회사였습니다. 처음에는 어색하고 거북했지만, 죽음과 납관에 대해 조금씩 감동을 느끼며 일에 익숙해져 갑니다. 하지만 납관 일을 하는 남편에게 그의 부인 미카는 "불결해"를 외치며 당장 그만두라고 합니다. 2009년 일본 아카데미 최우수 작품상을 받은 영화 <굿바이>의 이야기입니다.

◦ 불결해! 사람이 아니라고? ◦

'더러울 예穢'라는 한자는 일본에서도 한국에서도 쓰임이 많은 편은 아닙니다. 일본에서는 이 한자를 '케가레'라고 읽고 '더럽다, 불결하다'는 의미로 사용합니다. 이 한자에 '많을 다多'를 붙이면 한자 뜻 그대로 '더러움이 많다'라는 의미의 단어 **에타**穢多가 됩니다. 하지만 일본에서 이 단어는 에도 시대부터 천민 계층을 부르는 표현이었습니다.

에타와 더불어 **히닌**非人이라는 단어도 있었습니다. 한자를 자세히 보면 충격적입니다. 인간이 아니라뇨! 에타가 혈통에 의해 천민 계층으로 나뉜 사람들이라면, 히닌은 금기시되는 일에 종사하는 사람들이었습니다. 장의사, 백정, 피혁 가공과 같은 직종에서 일하는 사람들이었죠. 에도 시대에 사농공상士農工商의 신분제가 있었지만, 그것과는 또 다른 하위 계층이었습니다. 에도 시대가 망하고 메이지 시대가 되어 신분계급이 사라지면서 이들은 모두 평민에 편입되었습니다. 하지만 원래 자신보다 하위 계층이었던 천민이 자신과 같은 평민이 된 것에 위기감과 불만을 가진 민중들은 그들을 '신新평민'으로 불렀고, 평등해진 제도와는 별도로 차별은 없어지지 않고 남게 됩니다.

현대가 되어서도 혈통과 지역을 기반으로 차별이 이어졌는데요. 이들이 사는 지역을 **피차별부락**이라고 하였으며, 줄여서 부락, 일본어 발음으로 **부라쿠**라고 불렀습니다. 차별 지역 또는 차별 집

단을 부르는 용어로서 부라쿠라는 단어가 생겨난 것입니다. 어느 사회에나 차별은 제도와는 별도로 존재하지만, 부라쿠는 여타의 차별 집단과는 다른 특이한 점이 있습니다. 바로 피부색, 인종, 민족, 종교, 문화적으로 다름이 없는데도 차별을 받고 있다는 점입니다. 이른바 '이유 없는 차별いわれなき差別'인 것이죠.

차별이 이어지고 있는 데는 경제적인 이유가 큽니다. 메이지 시대에 평민이 되었다고는 하나 그들 대부분은 농지를 소유하고 있지 않아 경제적 기반이 약했고, 영세한 소작농이나 피혁 가공 등의 산업으로 생계를 유지하고 있었죠. 특히 불황 때는 더 빈곤해져 가난이 심해지는 악순환이 이어졌습니다.

◦ 당신과 결혼할 수 없습니다 ◦

"부라쿠 출신이라 당신과 결혼할 수 없습니다."

메이지 시대의 이야기일까요? 아닙니다. 그렇게 오래되지 않은 최근의 일입니다. 2017년 일본 내각부에서 인권옹호에 관한 여론 조사를 실시한 결과, 부라쿠의 인권 문제 중 가장 큰 문제가 '주위의 결혼 반대(40.1퍼센트)'인 것으로 나타났습니다. '차별적인 언동(27.9퍼센트)'과 '신상조사(27.6퍼센트)'가 그 뒤를 이었죠. 부라쿠에 대한 차별이 많이 사라졌다고는 하나, 여전히 일본 사회에 남아 있다는 것을 보여주는 자료입니다.

위 결과에서도 알 수 있듯 결혼은 부라쿠 출신에게 매우 힘든 차별이며 과정입니다. 부라쿠를 알리고 결혼하지 않아서 이혼 소송을 당한 사례도 많을 뿐 아니라, 결혼 전 부라쿠 출신임을 알려서 부모의 반대 등으로 헤어지는 경우도 있습니다. 최근에는 축복받으며 결혼하는 부라쿠 출신도 많아졌지만, 결혼을 하기 전에 사랑하는 사람에게 자신의 출신을 밝힐지 말지를 고민하는 것 자체가 아직 차별이 완전히 사라졌다고 할 수 없는 증거겠지요.

부라쿠 출신에 대한 또 다른 차별로는 취업이 있습니다. 조금 지난 이야기이지만, 1975년에 발각된 〈부락지명총감部落地名総監〉은 당시 일본의 민낯을 보여줬습니다. 이 책자에는 부라쿠 지명, 소재지, 호수, 부라쿠 출신의 직업 등이 담겨 있었는데요. 이 책은 흥신소 등에서 만들어 비밀리에 거래되었으며, 기업체에서 입사자가 부라쿠 출신인지 확인할 때나 결혼 상대가 부라쿠 출신인지를 확인하기 위해 사용되었습니다. 기업들은 지원자가 부라쿠 출신이라는 것을 알게 되면 서류 상단에 표시하여 거들떠보지도 않았습니다. 당시에도 당연히 부라쿠 차별이 있어서는 안 된다는 사회적 분위기가 있었지만, 편견과 기피 의식 등은 남아 있었습니다.

지금은 과거에 비해 상당 부분 개선되었습니다. 하지만 차별이 완전히 사라졌다고는 볼 수 없습니다. 모름지기 차별이라는 것은 대놓고 하지 않을 때가 많으니까요. 언론 등에서는 부라쿠 문제 자체를 언급하는 것을 어려워하는데요. 오히려 부라쿠의 존재를 부각시키는 역효과를 가져올 우려가 있기 때문입니다. 최근에는 인터넷 게시판 등에 차별적인 내용이 자주 등장하면서 새로운 문제가 되고 있기도 합니다.

◦ 일본의 부라쿠와 한국의 백정 ◦

"사람 사는 세상에 열정이 있나니, 무릇 사람에게 희망이 있지 아니한가." 이 문장은 일본에서 매우 유명한 최초의 인권 선언입니다. 바로 **수평사 선언**인데요. 수평사는 1922년 3월 3일에 설립된 부라쿠 차별 철폐 운동 조직입니다. 부라쿠 출신들 스스로가 인간성의 회복을 주창하며 결성한 이 조직은 일본의 인권 발전에 한 획을 그었다는 평가를 받고 있습니다. 그렇지만 이 운동이 그리 순탄하게 진행되지는 않았습니다. 수평사는 마르크스주의의 영향을 받아 노동 운동, 농민 운동에도 적극적으로 참가하면서 부라쿠 문제 해결이라는 본질에서 벗어나기도 했지요. 특히 전투적이고 거친 투쟁 방식 때문에 오히려 일반 사람들은 두려움을 느끼기도 하였습니다.

흥미로운 것은 수평사와 우리나라의 관계입니다. 우리나라 백정 출신들이 1923년부터 일으킨 신분해방운동을 **형평사 운동**이라고 하는데, 형평사는 수평사의 영향을 받아서 만들어졌습니다. 수평사와 형평사는 서로 인적 교류도 활발했으며 축전을 보내기도 하였죠. 한반도와 일본, 각각의 지역에서 차별받았던 사람들이

현해탄을 건너 협력했던 것입니다. 하지만 일본의 부라쿠와 달리 백정 출신에 대한 차별은 현재 우리나라에서 사라졌지요. 그것은 한국전쟁을 겪으며 사회가 완전히 다시 세워졌기 때문입니다. 전쟁 중 폐허가 되면서 차별 지역과 차별의 근거가 사라진 것이죠.

1960년대에 들어서 일본 정부는 부라쿠 문제를 해결하기 위해 동화 대책 사업을 시작하였습니다. 여기서 동화同和는 '동포를 융화한다'는 의미입니다. 1969년부터 특별법에 따라 부라쿠 문제를 해결하기 위해 동화지구로 설정한 부라쿠 지역의 환경을 정비했고, 사회복지시설과 어린이집 건설 및 감세, 보조금 등의 정책을 시행하였습니다. 이 사업은 2002년까지 이어졌죠.

◦ 부라쿠 차별 철폐 운동이 일어나다 ◦

부라쿠와 그 해방 운동에 관한 사건 중 가장 충격적인 사건은 1963년 사이타마현의 사야마시에서 일어난 이른바 **사야마 사건**입니다. 한 여고생이 행방불명되었다가 주검으로 발견된 사건인데요. 사건의 용의자로 체포된 사람은 이시카와 가즈오石川一雄라는 부라쿠 출신 사람이었습니다. 경찰은 혈액형이 같은 점, 자백한 점, 희생자의 언니가 들었던 목소리와 닮은 점, 유품의 위치를 알려준 점을 들어 그를 범인으로 단정하였고, 이시카와는 1심 재판에서 죄를 인정하여 사형을 언도받았습니다. 하지만 2심 재판 중 그는 돌연 "나는 죽이지 않았습니다"라고 외쳤고, 그때부터 사건은 부라쿠 투쟁 운동과 동시에 미궁 속으로 빠지게 됩니다. 변호사는 자백에 근거한 물증에서 이시카와의 지문이 발견되지 않았다는 점, 필적이 다르다는 점, 강압적인 취조를 받았다는 점 등을 주장했고, 치열한 법정 공방 끝에 무기징역이 확정되었습니다.

당시 이 사건은 부라쿠 차별과 관련되어 사회 운동으로 발전했습니다. 부라쿠 사람이라는 것만으로도 차별을 받거나 누명을 쓰는 일이 존재했기 때문에 투쟁은 급속도로 퍼졌습니다. 1974년 상고심 이후에 1977년, 1986년 재심청구도 일어났죠. 이시카와는 1994년 32년 만에 가석방으로 풀려났습니다.

부라쿠 사람들은 이 사건을 '사야마 차별 사건'이라고 부릅니다. 사법부가 부라쿠를 차별했다고 생각합니다. '사법부가 이시카와를 진짜 범인이라고 생각한다면, 일관되게 무죄를 주장하며 죄를 인정하지 않고 반성도 하지 않는 사람을 왜 가석방하는가?'라고 생각하죠. 어쨌든 현재도 끝나지 않은 사건입니다.

◦ 부라쿠 차별과 맞서 싸우다 ◦

부라쿠 문제는 아직 완전히 사라지지 않았습니다. 최근에도 관련 재판이 열렸는데요. 부라쿠가 어디인지 위치를 알려주는 책과 사이트를 금지하는 처분에 관한 재판이었습니다. 당연히 출판 금지와 더불어 인터넷상에서도 삭제하라는 명령이 내려졌습니다. 이 재판이 열린 것은 2021년 9월입니다. 부라쿠 문제가 완전히 사라졌다고 볼 수 없는 이유입니다.

그럼에도 부라쿠 문제는 과거에 비해 상당히 개선되고 있습니다. 다양한 사람들의 노력 덕분입니다.

2018년에 별세한 노나카 히로무野中広務는 우리나라 비서실장 격에 해당하는 내각관방장관까지 지냈던 인물로, 부라쿠 출신이었습니다. "차별을 없애는 것이 나의 정치생명이자 사명"이라고 하며, 약자에게는 친근했지만 정치는 억세게 했던 사람이었습니다. 자민당 소속이었지만, 아베 정권의 역사 수정주의를 크게 비판하기도 하였는데요. 부라쿠 차별에 맞서 싸운 대표적인 정치인으로 기억되고 있습니다.

죽을 때만큼은
마음대로 하게 해줘

_ 제대로 된 죽음을 위한 종활 문화

일본을 대표하는 여배우 키키 키린樹木希林은 우리나라에서도 유명한 영화 <어느 가족>, <도쿄 타워>, <태풍이 지나가고> 등에 출현한 일본의 '국민 엄마'입니다. 2018년 유작 <일일시호일>을 포함하여 많은 사람의 가슴에 남는 작품을 남겼죠. 그리고 작품뿐 아니라 그녀가 살아온 발자취, 그녀가 남긴 말 역시 일본 사회에 대단한 메시지와 감동을 남겼습니다.

"전후 풍요의 시대를 살면서 죽음을 몹시 거부하게 되었지만, 어차피 생사는 이어져 있습니다. 죽음이란 게 이렇게 당연한 건데도 남은 사람의 마음은 그걸 받아들이기 힘든 모양이에요."

2004년 암으로 14년간 투병 생활을 한 그녀가 한 말입니다. 특히 2016년 그녀가 등장한 한 광고는 "죽을 때만큼은 마음대로 하게 해줘"라는 카피와 함께 큰 반향을 일으켰습니다. 사실 키키 키린의 죽음 이전부터 일본 사회에서는 죽음에 대한 인식에 많은 변화가 있었습니다. 고령화에 따라 죽음을 생각하는 인구가 증가하였기 때문입니다.

∘ 인생을 끝내는 활동이 있다니? ∘

종활終活은 '인생을 끝내는 활동'이라는 뜻입니다. 웰다잉과 비슷한 개념인데요. 인생의 본격적인 시작이라는 취업 활동을 의미하는 **취활**就活과 일본어로 발음이 같아서 조금 더 애잔함을 자아냅니다. 종활이라는 단어가 본격적으로 알려지게 된 것은 2011년 〈엔딩노트〉라는 다큐멘터리 영화가 등장하고, 2012년에 유행어 대상에 뽑히면서부터입니다. 하지만 종활에 대한 관심은 어쩌면 일본 사회가 변화하면서 자연스럽게 나타난 현상이라고도 볼 수 있습니다. 65세 이상의 고령자 비율을 나타내는 고령화 비율이 2000년 17퍼센트에서 이제는 거의 30퍼센트에 가까워졌기 때문이죠.

종활에는 민폐를 끼치고 싶지 않아 하는 일본의 문화적 특징이 반영되어 있기도 합니다. 할머니, 할아버지의 마음 한편의 '남아 있는 가족들에게 민폐를 끼치고 싶지 않다'는 생각이 종활의 유행에 영향을 미치고 있는 것이죠. 종활은 단순히 인생을 폐점하는 서글픈 행위가 아닙니다. 구체적으로는 상속 문제 등을 위한 엔딩노트 작성, 무덤과 장례 준비, 병이나 거동이 힘들 경우의 대처, 인생 정리 등을 행하는 활동입니다. 그리고 여생을 어떻게 보낼 것인지에 대해서도 생각합니다. 결국 한번 정리하고, 다시 그 이후의 인생 방향을 결정하자는 것이죠.

그렇다면 실제로 일본에서 종활을 하고 있는 사람이 많을까요? 2017년 11월 일본의 한 신문에는 재미있는 광고가 실렸습니다. '감사의 모임'이라는 행사에 초청하는 내용이었는데요. 초청자는 안자키 사토루安崎曉라는 전 대기업 사장이었습니다. 그는 손수 이 행사를 기획하고 준비했는데요. 도대체 어떤 행사였기에 대기업 총수였던 그가 직접 나섰던 것일까요? 그것은 바로 그의 생전 장례식이었습니다. 이 행사를 열 때 그는 온몸에 암이 전이되어 수술이 불가능한 상태였습니다. 하지만 항암치료 등으로 삶을 연명하고 싶지 않았기 때문에 생전 장례식이라는 흔하지 않은 행사를 준비했던 것입니다. 이 행사에는 천여 명이 방문하였고, 그는 손수 편지를 전달하거나 휠체어를 타고 모든 테이블을 돌면서 인사를 나눴습니다. 그리고 이 행사를 하고 6개월 후에 81세의 나이로 생을 마감하였습니다.

2019년 한 앙케트 사이트에서 20~60대 천여 명을 대상으로 "종활을 예정하고 있거나 실시하였는가"라고 물었습니다. 그 결과 7.9퍼센트는 이미 실시하고 있었고, 90퍼센트 이상이 실시 예정이거나 예정은 없지만 시기가 되면 하겠다고 답하였습니다. 이미 종활은 일본 사회에서 하나의 문화로 자리 잡은 것이죠.

◦ 단카이 세대와 종활 비즈니스 ◦

앞서 이야기한 것처럼 일본 사회에서 죽음에 대한 인식이 달라진 계기는 죽음을 마주하는 일이 잦아졌기 때문입니다. 그것은 초

고령 사회와도 관계가 있습니다. 우리는 일본을 보며 고령화에 대비하기도 하며 우리의 미래를 예상해보기도 합니다. 하지만 일본이 원래부터 고령자가 많은 나라는 아니었습니다. 1990년만 하더라도 고령화 비율은 11.9퍼센트에 불과하였는데요. 당시 영국이 15.8퍼센트, 독일이 14.9퍼센트였던 것에 비교하면 훨씬 젊은 나라였죠. 물론은 지금은 일본이 압도적으로 높지만요.

일본의 고령화 비율이 이렇게 높아진 데는 **단카이 세대**의 고령화가 영향을 주었습니다. 단카이 세대는 2차 세계대전이 끝난 1947~1949년 사이에 태어난 세대를 말합니다. 이른바 전후 베이비붐 세대인 것입니다. 단카이 세대는 1975년 작가이자 평론가인 사카이야 다이치堺屋太一의 소설 《단카이의 세대団塊の世代》에 등장하여 알려졌습니다. '큰 덩어리'라는 의미의 이 세대는 약 680만 명으로 일본 전체 인구의 5퍼센트 내외를 차지하고 있고, 고도 경제 성장의 주역인 동시에 인구수의 증가로 일생을 치열한 경쟁 속에 보낸 세대이기도 합니다.

2007년 단카이 세대의 은퇴(당시는 60세에 은퇴)가 시작되었습니다. 그래서 이것을 '2007년 문제'라고 부르기도 합니다. '2025년 문제'라는 것도 있습니다. 단카이 세대가 75세 이상의 후기 고령자가 되어 사회 부담이 더 늘어나고 다양한 어려움이 발생할 것이라는 우려입니다. 이러한 단카이 세대가 은퇴를 지나 죽음을 맞이하는 시간이 가까워지면서 자연히 웰다잉에 대한 사람들의 관심이 높아졌습니다.

2015년 129만 명이었던 사망자가 2040년에는 167만 명을 넘을 것이라고 예측되고 있는데요. 이러한 시장 확대로 인해 일본에서는 다양한 종활 관련 사업이 생겨나고 있습니다. 그중 가장 손쉽고도 대표적인 것이 앞에서도 잠깐 언급했던 엔딩노트입니다. 죽기 전에 해야 할 일, 장례에 관한 것들, 가족들에게 남기는 유언 등을 써두는 노트이죠. 이미 서점에서는 다양한 엔딩노트를 팔고 있으며, 요즘은 인터넷 웹사이트, 블로그 등에서 무료로 다운로드 받을 수 있습니다.

또한 유산 상속 등에 관한 종활 전문 변호사도 등장하였습니다. 유언 작성을 돕는가 하면 장례 집행을 맡기도 합니다. 심지어는 유골을 캡슐에 넣어서 우주 공간에 보내는 우주 장례라는 것도 생겼으며, 장례식 때 불경을 읽는 로봇도 등장하였습니다. 이러한 산업을 1년에 한 번 열리는 엔딩 산업전ENDEX에서 볼 수 있습니다. 일본 최대의 박람회장인 빅사이트에서 열리는 이 행사에 2019년에는 2만 2천 명이 방문하였습니다.

◦ 화장을 바로 하지 못할 수도 있다고? ◦

그렇다면 일본의 장례 방법은 무엇일까요? 가장 일반적인 방법은 화장火葬으로 거의 100퍼센트 화장을 택하고 있습니다. 그렇다고 매장이 금지되어 있는 것은 아닙니다. 오히려 19세기에는 화장이 금지된 적이 있습니다.

일본의 화장 방식은 선사 시대인 조몬 시대부터 있었다고 알려져 있습니다. 특히 불교의 영향으로 화장이 널리 퍼졌습니다만, 또 한편으로는 유교 문화로 매장 방식이 이용되기도 하였습니다. 특히 19세기 중반 메이지 시대 초기에는 불교를 부정하는 일본 고유 민족신앙인 신도의 영향으로 화장 금지령이 내려지기도 하였습니다. 그랬던 일본이 지금은 화장 방식을 선택하게 된 이유가 무엇일까요?

그것은 매장할 토지가 부족했기 때문입니다. 특히 대도시 주변에는 묘지로 쓸 토지가 부족하였고, 그로 인해 매장 가격이 상승하면서 화장 금지령은 2년 만에 해제됩니다. 최근에는 매장보다 화장이 위생적이라는 이유로 장려되고 있습니다. 또한, 일본의 납골당은 하나의 집 또는 가문으로 인식되는 경우가 많은데요. 선조와 같은 납골당에 들어가기 위해서 화장을 하기도 합니다. 결국 현실적인 이유로 화장 문화가 정착한 것이죠. 하지만 다른 관점에서 보면 또 다른 이유가 있습니다. 실제 장례 문화는 종교의 영향을 많이 받는 것이 일반적인데요. 일본은 그러한 영향이 적다는 것을 들 수 있습니다. 일본 사람들은 매년 1월 1일 신사에 가서 참배를 하며, 결혼은 크리스트교 방식으로, 장례는 불교식으로 하는 것이 일반적입니다. 즉 종교가 일본 문화에 절대적으로 작용하고 있지 않다는 것이죠. 이러한 유연한 분위기 속에서 화장 방식의 장례 문화가 발전했다고 할 수 있습니다.

그런데 이러한 화장 방식도 나중에는 사망자 수를 따라가지 못할 것이라는 우려가 있습니다. 특히 단카이 세대가 75세가 되는 2025년부터는 화장장 부족으로 도쿄와 같은 대도시에서는 '장례 난민'이 발생할 가능성도 있습니다. 게다가 화장장은 기피 시설이기 때문에 더 많이 건설하는 것도 쉽지 않습니다. 어쩌면 시체를 보관하는 시체 보관소가 새로운 사업으로 등장할지도 모릅니다.

일본에서 종활은 점점 자리 잡고 있지만, 장례를 포함한 관련 산업의 규모는 생각보다 크게 성장하고 있지 않습니다. 그것은 노인들이 가족에게 부담을 주지 않기 위해 많은 절차를 생략한 작은 장례식을 선호하고 있기 때문입니다. 일본의 고령화와 죽음에 대한 인식의 변화는 머지않아 우리나라에서도 비슷한 흐름으로 이어지지 않을까 생각됩니다. 더 이상 일본에서 배울 것은 없다고 생각할 수도 있지만, 그래도 일본을 알아야 하는 이유 중 하나는 일본을 보며 우리가 앞으로 마주해야 할 상황을 더 현명하게 대처할 수 있기 때문입니다. 필요한 것은 취하고 때로는 반면교사로 삼아야 하는 것이죠.

PART 4
문화

쓰나미가 발생해도 가족을 찾지 말라니?

_ 방재 교육의 놀라운 효과

영화 <진짜로 일어날지도 몰라 기적>에서는 부모의 이혼으로 떨어져 살게 된 형제가 다시 같이 살기 위해서 화산 폭발을 바라는 귀여운 내용이 나옵니다. 실제 분화하고 있는 화산을 보며 아이는 "이해가 안 돼. 왜 다들 아무렇지도 않지?"라고 의아해하죠. 이 영화의 배경이 되는 곳은 규슈의 최남단 가고시마입니다.

가고시마는 인구 60만 명의 대도시입니다. 그리고 이 도시 앞에는 눈앞에 잡힐 듯이 가까운 거리에 활화산 사쿠라지마가 있습니다. 실제 10킬로미터 남짓한 곳에 위치하고 있어서 가고시마 어디에서도 잘 보입니다. 사쿠라지마는 지금도 쉴 새 없이 분화하고 있으며, 1914년에는 대분화를 한 역사도 있습니다. 저는 영화 속 아이와 똑같은 의아함을 가지고 가고시마역 앞의 포장마차 사장님께 다음과 같은 질문을 한 적이 있습니다. 그리고 돌아온 대답은 조금 당황스러웠죠.

"가고시마 사람들은 사쿠라지마의 분화를 무서워하지 않나요?"

"뭐 어쩌겠어요. 화산재가 귀찮을 뿐이죠."

◦ 지진이 언제 일어나도 이상하지 않은 나라 ◦

일본에 대한 감정이 격할 때 자주 등장하는 '일본 침몰'이라는 단어는 1973년 고마쓰 사쿄小松左京가 집필한 SF 소설의 이름입니다. 이 책은 거대 지진과 화산 폭발이 일어나고 일본 열도가 수몰되어 사라진다는 내용으로 당시 오일쇼크와 고도 경제성장기가 끝나는 시대적 배경과 맞물려 베스트셀러가 되었습니다. 제목 때문인지 우리에게는 반일 카타르시스를 느끼게 해주기도 하는 작품입니다. 이 소설이 인기를 끈 1970년대는, 지금이야 너무나 잘 알려진 이론인 판구조론이 확장되는 시기였습니다. 이를 바탕으로 한 꽤나 과학적이고 논리적이었던 줄거리는 사람들의 관심을 불러일으키기에 충분했습니다.

일본은 무려 네 개의 판의 경계에 놓여 있어 언제 지진이 일어나도 이상하지 않다는 것을 지금은 누구나 자각하고 있습니다. 그리고 2011년에 일어난 동일본대지진은 그것을 다시 한번 확인시켜주는 끔찍한 재난이었습니다. 3월 11일 오후 2시 46분에 시작된 지진은 규모 9.03으로 일본 관측 사상 가장 큰 지진이었으며, 집채만 한 쓰나미가 태평양 해안을 초토화시켰습니다. 2만여 명이 사망하거나 실종되었습니다.

일본에서는 연간 대략 1,500회 지진이 일어납니다. 특히 최근 2016년 이후에는 그 빈도가 잦아져서 불안감이 높아지고 있습니다. 그래서인지 "스스로 생명을 지키는 행동을!"이라는 표현을 근래 자주 접하게 됩니다. 재해에 대비를 잘하는 일본 사회이지만 자연재해를 완벽히 대비할 수 있는 방법 따위는 없다는 것을 알고 있는 것입니다. 2011년 동일본대지진은 국가와 정부가 재난의 위험으로부터 다 지켜주지 못한다는 것을 다시 한번 깨우치게 해준 사건이기도 했습니다.

◦ 방재 교육의 명작, 이나무라의 불 ◦

우리나라서에도 쓰나미가 발생한 적이 있습니다. 1983년 동해 삼척의 임원항에서 쓰나미가 발생하여 세 명이 사망 또는 실종되었고, 선박 81척이 피해를 보았지요. 이 쓰나미의 원인은 일본 아키타현 서쪽에서 발생한 동해 중부 지진이었는데요. 당시 이 지진으로 일본에서는 104명이 사망했습니다. 그중 초등학생 13명이 쓰나미에 휩쓸려 사망한 것이 큰 슬픔으로 남아 있는데요. "왜 지진이 일어났는데 쓰나미에 대비하지 않았는가" 하는 인솔자에 대한 비난이 높았습니다. 그리고 "이 이야기가 국어교과서에 그대로 있었더라면"이라는 목소리가 나오기도 했습니다. 쓰나미가 일어날 때면 항상 등장하는 이야기가 있는데요 바로 〈이나무라의 불稲むらの火〉입니다. 간략한 줄거리는 다음과 같습니다.

바닷가 근처 고지대에 살고 있던 고헤는 별로 특별하지 않은 지진에서 다른 느낌을 받습니다. 그리고 바다를 바라보던 중 바닷물이 점점 밀려나가는 쓰나미 전조 현상을 발견하게 되죠. 그대로 두면 풍년을 축하하며 마쓰리를 준비하고 있는 400여 명의 마을 사람이 위험하다는 생각에 횃불로 볏짚에 불을 피웠습니다. 마치 화재가 난 것처럼요. 그 광경을 본 사람들은 이내 모이게 되었고, 쓰나미가 오는 것을 알게 되어 높은 곳으로 대피해 목숨을 구하였습니다.

이 이야기는 1854년에 지진과 쓰나미가 발생했을 때, 와카야마의 히로카와에서 실제로 있었던 하마구치 고료浜口梧陵라는 사람의 미담을 배경으로 하고 있습니다. 〈이나무라의 불〉은 '살아 있는 신A Living God'이라는 제목으로 다른 나라에서 발표되기도 하였고, 일본 문화청은 이 지역을 그 역사적 의미와 특색을 내세우며 일본 유산으로 지정하여, 관광 자원 등으로 지역활성화에 이용하고 있기도 합니다.

일본의 방재 교육을 참고하는 우리나라에서도 〈이나무라의 불〉에 관심을 가지는 경우가 많습니다만, 사실 일본 교과서에는 이 이야기가 한동안 없었습니다. 이 이야기가 실렸던 기간은 고작 1937년에서 1947년까지였습니다. 그 이후에는 오히려 제대로 된 방재 교육이 진행되면서 삭제되었죠. 〈이나무라의 불〉은 비록 짧은 기간 교과서에 실려 있었지만 많은 사람들의 기억 속에 가장 인상 깊은 이야기 중 하나로 남아 있습니다.

그런데 2011년 〈이나무라의 불〉이 교과서에 다시 등장하였습니다. 정확히는 '100년 후의 고향을 지킨다'라는 이름으로 하마구치의 일대기와 〈이나무라의 불〉의 일부를 넣은 정도입니다만, 교과서에 방재 교육의 명작이라고 불리는 이야기가 다시 등장한 것만으로도 의미를 부여하는 사람들이 있었습니다. "재난에 대비하자"라고 백번 말하는 것보다, 사람의 정서와 감정을 움직이는 이야기가 훨씬 더 깊은 울림과 기억을 전달한다는 것에 사람들은 공감하고 있는 것입니다.

∘ 방재 교육이 불러온 놀라운 생존율 99.8퍼센트 ∘

이번에는 동일본대지진의 참혹한 재난 속에서도 많은 사람들의 목숨을 구한 현대판 〈이나무라의 불〉 이야기를 해볼까 합니다.

이 기적의 이야기는 이와테현의 가마이시라는 곳이 배경입니다. 가마이시는 동일본대지진 당시 쓰나미로 인해 1,200여 명의 희생자가 났던 곳인데요. 하지만 이 지역의 초등학생과 중학생 2,924명 중 희생자는 고작 다섯 명뿐이었습니다. 99.8퍼센트의 생존율이었죠. 3층 높이까지 쓰나미가 덮쳤는데 이렇게 피해가 적을 수 있었던 이유는 무엇이었을까요?

이곳은 쓰나미가 자주 일어나는 곳이기 때문에 예상 피해 지역을 나타내는 해저드맵이 있었습니다. 방재 지도와 같은 것이죠. 자연재해가 많은 일본에서 이 해저드맵은 매우 중요합니다. 집값에 영향을 줄 정도지요. 그렇다면, 이 기적을 만들어낸 것은 해저드맵이었을까요? 아닙니다. 오히려 해저드맵 때문에 희생된 사람도 있었죠. 쓰나미가 평소 해저드맵에서 예상한 것보다 훨씬 큰 규모로 왔기 때문에 '여기까지는 안 올 거야'라고 생각했던 주민들이 희생되기도 하였습니다.

우리 사회에서는 큰 사고가 터질 때마다 안전불감증이 대두되고는 합니다. 일본은 어떨까요? 자연재해나 재난에 대한 인식은 높지만, 분명 일본에도 안전불감증이 있습니다. 그것은 기적이 일어난 가마이시 주민들도 마찬가지였습니다. 가마이시는 과거 쓰나미 피해가 많았기 때문에 1978년부터 2009년까지의 장기간 공사로 쌓아 만든 해저 63미터부터 해수면 6미터 높이의 세계 최대 수심의 방파제가 있었습니다. 하지만 역설적이게도 이런 대책이 오히려 주민들을 더 느슨하게 만들었습니다. 쓰나미 경보 등이 울려도 방파제가 있기에 안전하다고 생각하여 대피하지 않는 주민들이 늘어난 것입니다.

가타다 도시타카片田敏孝 교수는 이 부분에서 위기감을 느끼고 지역 행정과 함께 방재 교육을 시작하기로 합니다. 가타다 교수는 2004년 인도양에서 있었던 쓰나미 현장에 다녀온 뒤 일본의 쓰나미 대비에 대해 상당한 우려를 가지고 있었습니다. 재해에 대비하는 높은 의식과 교육이 필요하다고 생각했지만, 학교에서는 방재 교육보다 학과 수업을 중시했고 성인을 대상으로 하는 방재 강연회 등은 사람들에게 큰 영향을 주지 못했습니다. 하지만 다행히 그는 가마이시의 초등학생과 중학생을 중심으로 방재 교육을 할 수 있게 되었고 그것이 기적으로 이어졌습니다. "(쓰나미가 와도) 어른들이 대피하지 않는 것은 자신의 책임이고 어쩔 수 없는 부분이지만, 아이들이 희생을 당한다면 누구의 책임입니까." 그의 인터뷰는 오랫동안 기억에 남아 있습니다.

가마이시의 학교에서 이루어진 방재 교육은 다양했습니다. 〈쓰나미 방재 교육을 위한 안내서〉를 바탕으로 각 학교에서는 단순히 쓰나미를 예상하고 대피하는 훈련이 아닌 쓰나미에 관해 글짓기를 하거나, 쓰나미가 자신의 집까지 도달하는 시간을 계산하거나 하면서 자연스럽게 재해에 대비할 수 있도록 하였습니다. 〈이나무라의 불〉처럼 스토리텔링식 방재 교육은 높은 효과를 가져왔습니다.

그리고 2011년 3월 11일, 교육은 실전이 되어버렸고 바다와 가까웠던 학교를 쓰나미가 집어삼켰습니다.

∘ 쓰나미가 발생하면 가족을 찾지 마! ∘

방재 교육을 하기 전에, 가타다 교수는 이 지역 아이들에게 "집에 혼자 있을 때 쓰나미가 오면 어떻게 해야 합니까?"라고 질문을 던졌습니다. 그런데 위험하게도 대부분의 아이들이 "엄마에게 전화를 해요", "엄마가 올 때까지 기다려요"라는 대답을 하였습니다. 하지만 교육을 받고 난 이후의 그날은 달랐습니다.

3월 11일, 가마이시에 쓰나미 경보가 울렸습니다.

"괜찮아. 3미터래. 우리 집 앞에는 6미터짜리 제방이 있어."

할아버지는 대수롭지 않게 말했습니다. 그러자 손자가 울며 외쳤습니다.

"아니야, 쓰나미는 어떻게 될지 모른대! 빨리 같이 도망쳐."

울며 매달리는 손자 앞에서 할아버지는 "알았어, 알았어"라며 못 이기는 척 대피를 했습니다. 당시 가마이시의 많은 가족이 이렇게 목숨을 구했습니다. 그날 가마이시의 쓰나미는 3미터가 아니라 9미터 이상이었습니다.

방재 교육에서 배운 또 하나는 "나는 알아서 도망칠 테니까 나를 찾지 마"라고 부모에게 말하는 것이었습니다. 가족을 찾기 위해 시간을 지체하다가 희생당하는 경우가 많기 때문이었죠. 그리고 이러한 교육은 쓰나미가 터진 당시에 많은 사람의 생명을 구했습니다. 원래 이 지역은 쓰나미가 자주 일어나기 때문에 "쓰나미가 일어나면 각자 대피하라"라는 말이 있었습니다. 하지만 가족이나 가까운 사람을 두고 혼자 대피한다는 것은 매우 윤리적이지 못하다는 생각 때문에 쉽게 그렇게 행동하지 못합니다. 그렇기에 평소에 이러한 믿음을 확인하면서 각자의 생명을 구해야 하는 것이죠.

쓰나미가 일어나고 아이들은 최선을 다해 높은 곳으로 달려갔습니다. 집집마다 대피한다는 메모를 남긴 채 중학생은 초등학생의 손을 잡고, 또 어린이집에 있는 아이들을 리어카에 태워가면서 더 높은 곳으로 대피했습니다. 99.8퍼센트의 생존율. 기적이라고 하지만 신념을 가진 몇몇 사람들이 만든 교육의 결과였습니다. 그럼에도 이것을 계속 기적이라고 부르는 이유는 아마 어느샌가 현실에 녹아들면서 생긴 안전불감증으로 인해 희생된 사람들과 지역이 많아서일 것입니다.

◦ 지진, 번개, 화재, 아버지 ◦

일본 사람들이 과거부터 무서워하던 것이 '지진, 번개, 화재, 아버지'입니다. 마지막에 들어간 아버지는 과거 일본의 엄격한 훈육과 가부장적인 문화에서 유래된 것이지만, 통째로 하나의 고유명사처럼 불리는 이 말에서 일본 사람들이 얼마나 재해를 민감하게 생각하고 있는지 알 수 있습니다. 뿐만 아니라 일본에는 "지진이 일어나면 대나무 숲으로 도망가라", "재해는 잊어버린 순간에 찾아온다"와 같은 말도 있습니다. 앞에서 서술한 〈이나무라의 불〉도 일본에서 일어난 수많은 재해 속에서 발전해온 방재 문화라고 볼 수 있습니다.

재해는 지진뿐만 아닙니다. 일본에서는 태풍, 집중 호우, 폭설, 화산 분화도 끊임없이 일어납니다. 1959년에 나고야를 강타한 이세만 태풍은 5천여 명의 희생자를 냈으며, 재해대책기본법을 1961년에 제정하고 정부를 중심으로 공적 분야를 총동원하여 현대 일본 사회의 방재 시스템을 만드는 계기가 되었습니다. 이러한 노력으로 자연재해 희생자는 잠시 감소하였으나, 1995년 고베에서 일어난 대지진을 계기로 다시 한번 일본의 방재 시스템을 보완해야 한다는 여론이 일었습니다. 고베 지진 당시 내진설계의 기준이 낮았던 1981년 이전의 건물들이 큰 피해를 입었는데요. 특히 시청과 소방서, 경찰서가 피해를 입으며 초기 대응이 늦어져 피해가 커졌기 때문에 내진설계를 강화해야 한다는 목소리도 커졌습니다.

이렇듯 일본은 수많은 자연재해의 반복 속에서 무너지고 다시 복구하는 일을 묵묵히 해왔습니다. 자연 앞에 겸손하지만 최대한 기술과 지혜를 짜면서 피해를 줄이는 노력을 하고 있는 것입니다. 일본의 과거 역사를 보면 유명인 중에서도 이러한 방재와 복구에 힘쓴 사람이 많다는 것을 알 수 있습니다. 전국 시대의 다케다 신겐武田信玄이 그랬고, 교키行基 승려와 구카이空海 승려도 그랬지요.

자연재해와 함께한 일본의 역사를 돌이켜보면, 사쿠라지마 분화에 대해 어쩔 수 없다고 말하는 가고시마역 포장마차 사장님도 이해가 됩니다. 하지만 가고시마현은 끊임없이 지혜를 짜내서 방재 홈페이지에 정보를 제공하고 있습니다.

언제든 일어날 수 있지만 최근까지는 일어나지 않아서 익숙하지 않았던 일들을 우리도 조금씩 경험하고 있는 것 같습니다. 2016년 경주 지진, 2017년 포항 지진과 같은 것들이죠. 가마이시와 같은 방재 교육, 강조해도 지나치지 않을 것 같습니다.

오사카가
제2의 수도를 꿈꾸는 이유?

_ 동일본과 서일본의 차이

일본의 수도는 도쿄입니다. 누구나 다 알고 있는 사실이지요. 하지만 "제2의 수도는?"이라고 묻는다면 고개를 갸우뚱거릴지도 모릅니다. 맞습니다, 없습니다. 그래도 몇 분은 "음······ 오사카?"라고 대답하실지도 모르겠네요. 일본의 두 번째 도시 오사카, 그들에게는 꿈이 있습니다. 정말로 제2의 수도가 되는 것입니다. 뜬구름 같은 이야기가 아닙니다. 오사카시 홈페이지에 가면 '부수도副首都 추진 본부'라는 것이 있습니다.

◦ 간토와 간사이의 수많은 문화 차이 ◦

일본 지역을 이야기할 때 도쿄, 요코하마를 중심으로 하는 간토 지역과 오사카, 고베, 교토를 중심으로 하는 간사이 지역을 가장 많이 비교합니다. 또는 더 범위를 넓혀 동일본과 서일본으로 나누어 비교를 하기도 합니다.

간토와 간사이의 문화적 차이는 셀 수 없을 만큼 많습니다. 언어는 물론 생활양식까지 차이가 나는데요. 예를 들어 에스컬레이터의 이용 방법조차 다릅니다. 간토 지역에서는 에스컬레이터 왼쪽에 서서 오른쪽을 바쁜 사람들에게 비워주는 한편, 간사이 지역에서는 오른쪽에 서고 왼쪽을 비워두죠. 대학생의 학년을 세는 단위도 달라서 간토 지역은 1학년을 '1년생'으로 표시하지만, 간사이 지역은 '1회생'이라고 표시합니다. 몸보신을 할 때 먹는 장어 요리의 경우에도 간토 지역은 장어의 등을 갈라 요리하는 반면, 간사이 지역은 배를 갈라 요리하지요. 이뿐만이 아닙니다. 간토에서는 맥도날드를 줄여서 '마쿠マック'라고 하지만, 간사이에서는 '마쿠도マクド'라고 합니다. 일본에서 많은 사람들이 먹는 낫토도, 간사이 사람들은 즐겨 먹지 않습니다.

이러한 특징 때문에 간토와 간사이 사람들의 성향 차이는 예능 프로그램 등에서 자주 등장하는 주제입니다. 간사이 사람들은 직설적이고 유쾌하며 흥이 많은 이미지입니다. 오사카인에게 총을 쏘는 시늉을 하면 맞은 척을 해준다는 이야기가 사실인지를 검증

하는 내용이 예능 프로그램에 등장한 적도 있습니다. 그런 성향 때문인지 예능인이나 코미디언 중에는 간사이 출신이 많습니다.

이렇듯 간사이와 간토를 비교해보면 매우 흥미로운데요. 특히 2011년에는 사람들이 잘 몰랐던 다른 부분에서 차이가 드러나기도 했습니다. 그해는 동일본대지진과 쓰나미로 인해 후쿠시마 원자력 발전 사고가 일어났던 해입니다. 이 때문에 원자력 발전소의 가동이 중지되었고 간토를 포함한 동일본 지역은 심각한 전력난을 겪었는데요. 하지만 당시 간사이를 포함한 서일본 지역은 전혀 전력난을 겪지 않았습니다. 그 이유는 동일본과 서일본이 사용하는 주파수가 달랐기 때문이었죠. 동일본은 독일에서 발전기를 수입하여 50헤르츠를 사용하고 있었으며, 서일본은 미국에서 수입한 60헤르츠를 사용하고 있었습니다. 이 일로 문화나 양식의 차이가 아닌 주파수의 차이라고 하는 또 하나의 새로운 경계가 드러나게 되었죠.

◦ 같은 간사이라도 오사카와 교토는 다르다? ◦

오사카와 교토는 전철로 한 시간 내외의 거리에 있습니다. 교토는 관광도시로 많이 알려져 있지만 교세라, 닌텐도 등등 유명 대기업의 본사가 많은 곳이기도 합니다. 그래서 아침 시간 전철은 오사카와 교토를 이동하는 사람들로 매우 붐빕니다.

거리는 가깝지만, 직설적인 오사카 사람들의 화법과는 달리 교토 사람들은 돌려 말하는 완곡한 표현을 사용한다고 알려져 있습니다. 예를 들어 "고급스러운 시계군요"라는 말은 '이제 슬슬 갈 때가 되지 않았나요?'라는 속뜻을 담고 있고 "따님이 피아노를 잘 치네요"라는 말은 '피아노 소리가 너무 큰 것 같아요'라는 본심을 담고 있다는 것입니다. 교토 방언의 특징이라고 할까요. 이러한 화법으로 일본 내에서조차 겉과 속이 다르다는 오명을 가지고 있습니다. 지나치게 과장된 부분도 있지만 타 지역에 비해서 그런 경향이 있는 것은 사실입니다.

완곡한 표현을 사용하는 배경에는 여러 가지 이야기가 있지만, 교토의 역사와 연결하는 경우가 많습니다. 교토는 과거 일본의 수도로 다양한 사람들이 몰려들었던 대도시였는데요. 그러다 보니 다양한 신분과 직업의 사람들이 많아서 상대방의 신분이나 위치 등을 겉모습만으로는 판단할 수 없었고, 또 상대방이 누구인지 잘 모르니 직설적인 표현은 피하고 완곡한 표현을 사용하게 되었다는 것입니다. 또한 전국 시대에는 교토를 지배한 사람이 자주 바뀐 탓에 누구를 지지한다거나 자신이 누구의 세력이라고 표현하기가 쉽지 않아서 본심을 드러내지 않는 화법을 구사하게 되었다고 알려져 있습니다.

하지만 최근에는 교토를 바라보는 이런 인식을 불편해하는 사람이 많습니다. 말을 조심해서 완곡하게 하는 것이 '속을 알 수 없다', '말에 가시가 있다'라는 부정적인 이미지로 받아들여져서 교토 사람에 대한 잘못된 인식을 갖게 하기 때문이죠. 과거 교토에 전국 각지에서 사람이 모여 말을 조심하는 문화가 정착하였다면, 지금은 오히려 다양한 지역의 사람들이 모이기 때문에 특히 젊은 세대를 중심으로 그러한 성향은 잘 찾아보기 힘듭니다.

∘ 도쿄에 라이벌 의식이 있는 오사카? ∘

오사카와 교토의 행정구역은 부입니다. 즉, 오사카부, 교토부인 것이지요. 그리고 그 안에 오사카시와 교토시가 있습니다. 일본의 행정구역은 한 개의 도都, 한 개의 도道, 두 개의 부, 그리고 43개의 현으로 되어 있습니다. 그중 유일한 도都는 도쿄도밖에 없습니다. 그런데 최근 오사카에서 오사카부와 오사카시를 통합하여 "우리도 도가 되자!"라는 움직임이 일어나고 있습니다. 간토 지역에 도쿄도가 있다면, 간사이 지역에는 오사카도를 만들자는 것입니다. 오사카도를 만들고, 도쿄의 수도 기능을 분산하자는 주장이지요.

일본은 과거부터 시대에 따라 정치적 중심지가 바뀌어 왔습니다. 헤이안 시대와 무로마치 시대에는 간사이 지역이 중심이었으며, 가마쿠라 시대, 에도 시대 이후에는 간토가 정치적 중심이었습니다. 이러한 역사 때문인지 오사카는 도쿄와 묘한 라이벌 의식이 있습니다.

이례적으로 오사카에는 지역 정당이 있습니다. 2010년 하시모토 도루橋下徹를 중심으로 만들어진 오사카유신회인데요. 2011년에는 오사카부와 오사카시의 의회를 장악했고, 2012년에는 일본유신회로 이름을 바꿔 중앙 정계에 진출하기도 하였습니다. 오사카를 중심으로 하는 이러한 정당이 만들어진 배경 중 하나는 오사카의 위상이 예전에 비해 하락한 것과 관계가 있습니다.

오사카는 원래 경제, 무역의 중심지로 일본 경제를 주도해온 지역입니다. 1927년 〈오사카시 통계서〉에 의하면 도시 규모가 파리에 이어 여섯 번째이며 인구가 226만이나 되었습니다. 당시 도쿄의 인구는 214만 명이었죠. 과거에는 식품, 섬유, 상사, 금융기관 등의 본사가 오사카에 많았습니다. 하지만 전후 오사카는 도쿄 중심의 경제체제에 점점 밀리기 시작했습니다. 특히 글로벌화가 진행되면서 오사카의 종합상사를 포함한 기업들이 본사를 도쿄로 이전시켰고 오사카의 위상은 떨어졌습니다. 도쿄가 올림픽을 두 번 유치할 때 오사카는 2008년 하계올림픽 개최에 실패하였죠. 오사카를 기반으로 하는 야구팀인 한신타이거즈에 대한 격렬한 응원은, 도쿄에 대항하는 오사카 사람들의 자존심이 야구로 분출된 것이라는 의견도 있습니다.

문화

동일본대지진과 오사카

오사카를 제2의 수도로 만들자는 것과 별도로 수도 기능을 일부 이전하자는 이야기는 예전부터 있었습니다. 1980년대에 대두하여 1990년대 초반에 실질적인 움직임이 있기도 했지요. 그 배경에는 버블경제기 때 상승한 도쿄 지역의 지가가 있었습니다. 거기에 더해서 1995년 도쿄 중심에서 일어난 지하철 테러 사건(266쪽 참고)은 많은 사람들에게 수도 기능을 분산시켜야 한다는 공감을 불러일으켰습니다. 그리고 1999년에 실제로 수도 기능 이전 후보 도시를 정하기도 하였죠. 하지만 결국 버블 붕괴로 인한 지가 폭락으로 논의가 멈추고 말았습니다.

그러나 2011년에 일어난 동일본대지진은 수도 기능 분산을 재점화하는 계기가 되었습니다. 단순히 땅값과 같은 문제가 아닌, 재난을 대비하자는 것이었습니다. 도쿄에 인구와 시설이 모이면서 자연재해의 피해 규모도 커졌기 때문이죠. 기존에 반대를 외쳤던 이시하라 신타로 전 도쿄도지사도 도쿄 집중을 막아야 한다고 의견을 바꿨으며, 당시 오사카부지사였던 하시모토 도루橋下徹도 수도 기능을 백업할 수 있는 거점도시를 만들어야 한다고 주장했습니다.

이러한 흐름과 맞물려 오사카를 부보다 더 큰 행정구역인 도로 하자는 의견이 추진되었던 것입니다. 단순히 도로 바꾸자는 주장이 오사카의 라이벌 의식만으로 등장한 것은 아닌 것이죠. 한편 오사카부와 오사카시의 이중 행정을 개선해야 한다는 의견도 있습니다. 쉽게 말해 행정의 운영이 중복되어 비효율적이니 효율성을 위해 재편이 필요하다는 주장이 이어져온 것이죠. 그럼 이 논의는 어느 정도의 실현 가능성이 있을까요? 2015년에는 주민투표가 행해지기도 했습니다만 0.8퍼센트 차이로 부결되었고 2020년에도 실패했습니다. 오사카 주민들은 행정구역을 재편할 때 드는 비용과 그 필요성에 대해서 특히 의문을 가지고 있습니다.

도쿄와 오사카 그리고 교토. 우리가 여행으로 가장 많이 가는 도시이지만 이처럼 일본 내에서도 다양한 문화적 차이를 보이는 지역입니다. 우리나라도 다양한 사람과 복잡한 사회로 구성되어 있어서 스스로 정의를 내릴 수 없는 것처럼 일본도 마찬가지이죠. 혹시 도쿄와 오사카에 가실 기회가 있다면 우동을 음미해보세요. 도쿄와 오사카는 그 우동 맛의 차이처럼, 상당히 다른 도시니까요. (참고로 도쿄는 진한 간장, 오사카는 연한 간장으로 맛을 냅니다.)

고시히카리는 어떤 쌀일까?

_ 쌀과 농업

김포 고시히카리.

마트에서 흔히 접할 수 있는 이런 이름, 보신 적 있으신가요? 일본 쌀인가?

하고 의심을 품었다가 김포라는 문구에서 다시 한번 혼란스러워집니다.

도대체 이 쌀의 정체는 무엇일까요? 고시히카리는 어떤 이야기를 가지고

있을까요? 일본의 식량에 대해 이야기해보겠습니다.

∘ 설국과 고시히카리 ∘

"국경의 긴 터널을 빠져나오자, 눈의 고장이었다. 밤의 밑바닥이 하얘졌다. 신호소에 기차가 멈춰 섰다."

　문학에 관심 있는 분들이라면 알고 있을법한 꽤나 유명한 문장입니다. 1968년 노벨문학상을 수상한 가와바타 야스나리川端康成의 소설《설국》의 첫 문장입니다. 일본의 식량과《설국》이 무슨 관계냐고요? 사실 꽤나 밀접한 관계가 있습니다. 이 책의 배경이 되는 니가타현이 바로 일본 농업의 중추적인 역할을 하고 있는 곳이기 때문입니다.

　《설국》의 배경이 될 만큼 니가타현은 눈이 많이 내립니다. 일본의 동해안 지역은 겨울에 북서계절풍이 쓰시마난류로 습해져 상상 이상으로 눈이 많이 내리는데요. 특히, 니가타현보다 조금 북쪽에 있는 아오모리는 연간 강설량이 60센티미터가 훌쩍 넘는 세계 최대 강설량을 기록하는 지역입니다.

　눈이 많이 내리는 니가타는 '일본 쌀 생산 1위'라는 또 다른 명함을 가지고 있습니다. 그리고 일본에서 가장 인기 있는 고시히카리가 이곳에서 생산되고 있습니다. 고시히카리는 '고시 지역에 빛이 난다'라는 의미입니다. '고시越'는 과거 니가타가 속해 있던 에치고의 '에치越'를 다른 발음으로 읽은 것입니다. '히카리光'는 '빛'을 의미합니다. 즉, 고시히카리는 니가타를 포함한 '호쿠리쿠 지역의 빛나는 품종'이라는 뜻인 것이죠.

니가타현 위치

니가타는 원래부터 벼농사가 잘되었던 곳은 아닙니다. '새도 먹지 않는 쌀'이라는 혹평을 받았을 정도로 맛도 없고 품질도 낮은 쌀을 생산했던 곳입니다. 니가타라는 지명에 '개펄 석潟' 자가 들어가는데 그것만 봐도 물 빠짐이 나쁘고 진흙이 많아 쌀을 생산하기에 적절하지 않았던 곳임을 알 수 있습니다. 그랬던 곳이 지금의 우수한 쌀 생산지가 된 것은 **농림1호**의 등장 덕분이었습니다.

메이지 시대 이후 근대화가 진행되면서 일본은 농업을 중심으로 개척했던 홋카이도를 시작으로 전국 주요 지역에 농업시험장(구, 농사시험장)을 설치했고 이를 바탕으로 농업기술의 향상과 연구가 이루어졌습니다(일제강점기 우리나라 수원에도 권업모범장이라는 시설이 있었습니다). 1930년대로 넘어가면서 전국적으로 농업기술 네트워크가 형성되었고, 품종개량으로 새롭게 등장한 쌀에 **농림 XX호**라는 호칭을 붙이기로 하였습니다. 그중에서도 나미카와 나리스케並河成資라는 사람에 의해 1930년대에 등장한 농림1호는 당시에 매우 획기적이었습니다. 그 시기의 일본 쌀은 대만 쌀에 비해 맛도 떨어지고 출하도 늦었는데요. 기존 품종보다 맛과 생산 속도가 향상된 농림1호는 일본 식량 산업의 구세주가 되었습니다. 특히 2차 세계대전 직후의 식량 위기 때 큰 공헌을 하였습니다.

생산량과 품질이 좋은 농림1호와 병해에 강한 농림22호 사이에서 태어난 것이 바로 **농림100호**입니다. 그리고 이 농림100호가 바로 고시히카리입니다. 즉 고시히카리는 일본에서 재배된 쌀을 뜻하는 것이 아니라 그냥 쌀의 품종인 것이죠. 현재 우리나라에서 재배되는 고시히카리는 품종보호권 기간인 20년이 지났기 때문에 일본에 로열티를 지불하지는 않는다고 합니다.

° 판사가 굶어 죽었다고? 쌀 배급제의 비극 °

고시히카리의 부모 격에 해당하는 농림1호는 2차 세계대전 직후 식량 위기 때 크게 공헌했습니다. 하지만 전쟁 직후 일본 사회는 참담했습니다. 무모한 전쟁은 극심한 물자 부족 등으로 이어져 국민들의 생활은 매우 피폐해졌고, 특히 식량난이 심각했습니다. 당시에는 쌀을 구할 때 **미곡통장**이 있어야 했습니다. 미곡米穀이란 쌀과 곡물을 말하는데요. 한 세대당 한 개씩 소유했던 이 통장에는 배급량 등이 적혀 있었고, 쌀의 하루 배급량은 315그램으로 정해져 있었습니다. 하지만 그조차도 늦어지거나 다른 작물로 대체되는 일이 허다하였습니다. 당연히 암시장이 활개를 쳤으며, 전쟁이 끝난 1945년 10월에는 암시장 쌀 가격이 기존 쌀 가격보다 49배까지 치솟기도 하였습니다.

당시에 배급된 쌀에만 의지하다가 굶어 죽은 유명한 실화가 있습니다. 그 사람은 바로 야마구치 요시다다山口良忠로, 그의 직업은 판사였습니다. 네? 판사가 굶어 죽었다고요?

야마구치는 도쿄지방재판소에서 근무하고 있었습니다. 그의 일은 식량관리법위반 처벌, 즉 암시장 거래를 단속하는 일이었습니다. 당시에는 암시장을 이용하지 않으면 생계를 유지하기 힘들었으나 그것은 엄연한 불법이었습니다. 야마구치는 자신이 그러한 일을 담당하고 있는 한 스스로가 법을 어겨서는 안 된다고 생각하였습니다. 하지만 당시에는 검찰, 재판관 등에 대한 대우가 그다지 좋지 않았고, 배급이 열흘 이상 지연되는 경우도 허다했기에 동료 법조인들도 어쩔 수 없이 암시장을 이용하고 있었습니다. 식량관리법은 사람들의 생계를 위협하는 악법이었던 것이었고 야마구치도 이 법의 불합리함을 알았지만 양심을 속이고 재판을 할수 없었습니다. 결국 배급제만을 고집한 그는 영양실조가 원인이되어 1947년 10월 11일 사망합니다. 그의 아내는 남편의 말을 세상에 전했습니다.

"인간으로 태어난 이상, 나는 내가 바라는 삶을 살고 싶다. 경제사범을 재판하는 판사로서 바른 재판을 하고 싶다."

야마구치는 융통성이 없는 판사였을까요, 법의 정신을 지킨 소크라테스였을까요? 어쨌든 당시 일본의 식량 상황이 얼마나 열악했는지 조금이나마 상상이 됩니다.

◦ 일본의 농가가 영세한 이유 ◦

일본 내에서 생산되는 농산물은 비싼 편입니다. 그 이유는 한 농가가 농사짓는 면적이 작아 생산성이 낮기 때문입니다. 산도 많고 평야가 적어서 농지가 적은 것도 이유 중 하나이지만, 농가가 영세한 것에는 역사적인 이유도 있습니다.

일본에는 2차 세계대전 이전까지 **기생지주**라는 것이 있었습니다. 여기에서 '기생'은 기생충의 '기생'으로, 쉽게 말하면 소작농에게 소작료를 받으며 빌붙어 사는 지주를 뜻합니다. 보통 지주는 농촌에 있으면서 소작농과 함께 농사를 짓는 경우가 많지만, 기생지주는 도시에 거주하며 소작료를 받고 그것을 이용해 금융업 등을 통해 더 많은 부를 축적했습니다. 이러한 형태가 이어지면서 소작농은 더욱 가난해졌고 농촌은 더 피폐해졌습니다. 농촌이 피폐해지니 국내 농산물 시장은 축소되었고, 이는 결국 해외 시장을 확대하고 그에 의존하는 군국주의의 원인 중 하나가 되었습니다. 즉, 기생지주는 농촌을 좀먹고 있었던 것이지요.

2차 세계대전 이후 연합군총사령부에 의해 대대적인 농지개혁이 진행되었습니다. 국가는 지주들에게서 땅을 강제로 매입하여 소작농에게 저렴한 가격으로 매도하였습니다. 당시 174만 헥타르의 토지를 매수하여 소작농 475만 명에게 판매하였는데요. 이것은 소작농을 자작농으로 만든 대개혁이었습니다. 당시 연합군 최고 사령관이었던 맥아더는 "역사상 가장 성공한 개혁"이라고 평가하였으며 실제 이 개혁에 의해 소작지는 10퍼센트 미만으로 감소하였습니다. 하지만 이 개혁은 원래 영세했던 일본의 농업을 더 영세하게 만들었습니다. 소작농들은 자작농이 되었지만, 큰 땅을 소유할만한 여력이 없었기 때문에 1인당 농가 면적은 더욱 작아졌지요.

70년이 넘은 오래된 이야기이지만 기생지주와 소작농의 관계는 오늘날 부동산 등 자본주의에서도 흔히 볼 수 있는 그런 관계가 아닐까요? 그런데 국가가 땅을 강제로 매입해서 헐값에 매각한 이 농지개혁에 대해 많은 분들이 '이거 사회주의 아니야?'라고 생각하실 수도 있겠습니다. 하지만 2차 세계대전 직후에 행해진 이 농지개혁은 오히려 사회주의를 막는 목적(?)을 가지고 있습니다. 무슨 이야기냐고요? 당시는 냉전 시대 초창기였고 사회주의 움직임을 농촌이 주도하고 있었습니다. 피폐해진 소작농들을 중심으로 해방을 주장하는 사회주의 운동이 불타오르기 시작한 것입니다. 이때 정부는 소작농에게 농지를 획득할 수 있는 농지개혁을 펼쳤고 자작농이 된 소작농들은, 이제는 사유재산을 잃고 싶지 않기 때문에 사회주의의 반대에 서게 됩니다. 이렇게 농촌이 보수화되었죠.

◦ 1994년도 암시장 ◦

1971년, 멋쟁이 번화가로 유명한 도쿄의 긴자거리에 맥도날드 1호점이 오픈하였습니다. 전쟁 직후 식량 부족으로 굶던 시기는 이미 옛날이야기가 되어 있었습니다. 주식인 쌀이 남기 시작했지요. 농지개혁과 더불어 고시히카리로 대변되는 품종개량 쌀의 생산량이 크게 늘었고, 1955년 이후에는 풍년이 이어지기도 했습니다. 1960년대 이후 식생활이 서구화됨에 따라 1967년에는 쌀 자급률이 100퍼센트를 돌파하기도 하였습니다. 그래서 오히려 쌀 생산을 줄이는 감반정책減反政策을 시행할 때도 있었습니다. 어쨌든 정부는 쌀의 수급을 조절하면서 관리하는 식량관리제도를 이후에도 유지하였고, '쌀은 한 톨이라도 수입하지 않겠다'는 방침을 지켜갔습니다.

하지만 1994년, 일본에는 다시 한번 쌀 암시장이 등장합니다. 전쟁 통도 아닌 90년대에 무슨 암시장이냐 하겠지만, 실제로 쌀을 무허가 판매하는 일이 일어났습니다. 미야지 도시오宮路年雄가 그

주인공이었는데요. 그는 일본에서 성공한 사업가로 1994년 당시 이 일로 큰 주목을 받았습니다. 그는 일본의 대표적인 쌀 생산지인 아키타현에서 대량으로 쌀을 매입하여, 도쿄의 스기나미구에서 내다 팔았습니다. 심지어 구입 가격의 반값으로 내다 팔아 큰 적자를 봤죠. '무슨 암시장이 이래?' 하고 생각하시겠지만 경위는 이렇습니다.

이 일이 일어나기 전해인 1993년, 일본은 냉해로 큰 흉작을 기록했습니다. 그로 인해 식량 공급 부족이 일어났으며 쌀 가격이 폭등하였는데요. 이 사건을 당시의 연호를 붙여 **헤이세이 쌀 소동**이라고 부릅니다. 전쟁 때도 아니고 옛날이야기도 아닌, 꽤나 최근에 이런 현상이 일어났다는 것이 놀랍습니다. 물론 이 사건으로 사람들이 굶어 죽거나 하지는 않았습니다. 대신 일본 정부는 동남아시아의 타이 등에서 적극적으로 쌀을 수입했는데요. 문제는 그 쌀이 일본인들의 입맛에 맞지 않았고 위생적으로도 만족시키지 못하였다는 것입니다. 버블경기를 통과하며 수준이 높아져 있던 소비자의 눈높이를 충족시키지 못했던 것이죠. 업자들의 매점매석과 함께 일본산 쌀은 더 부족해졌고, 편의점에서는 페트병에 쌀을 넣어 파는 상품까지 등장하였습니다. 바로 이 시기에 미야지 씨가 "일본인은 일본 쌀이 먹고 싶다고!"를 외치며 쌀을 반값으로 자신이 경영하던 가게 앞에 내놨던 것입니다. 돈 많은 사람의 퍼포먼스처럼 보이기도 해서 행정지도를 받기도 했지만, TV 방송에 출연하는 등 사회의 주목을 받았습니다.

이 쌀 소동은 일본 사회에 식량안보와 식량 안전성이 얼마나 중요한지를 깨닫게 해주었습니다. 그리고 이 비슷한 시기에 나온 우루과이 라운드 협정을 계기로 일본은 쌀 시장을 개방하게 됩니다. 이와 함께 1942년부터 이어져온 식량관리제도는 사라졌습니다.

일본의 식량에 관해 몇 개의 사건을 소개했지만, 주식이 쌀인 점과 기후가 비슷한 점, 농가가 영세한 것 등 한국과 일본은 닮은 부분이 많습니다. 비단 그뿐만이 아닙니다. 농촌 인구의 감소, 저출산 고령화, 식량자급률의 저하, 식량안보에 관한 우려 등 생각해보면 식량에 관한 고민까지도 비슷한 것 같습니다.

인구보다 신자가 더 많다고?

_ 종교와 정교 분리의 원칙

일본의 인구는 2005년부터 감소하기 시작하여 현재 약 1억 2,600만 명입니다. 하지만 일본 각 종교의 신자 수를 합하면 약 1억 8,200만 명입니다. 일본 문화청이 실시한 종교 통계 조사에 따르면 2016년 불교 신자는 약 8,770만 명, 신도 신자는 약 8,474만 명, 그리고 거기에 크리스트교와 기타 종교 신자 수를 합하면 약 1억 8,200만 명이 됩니다. 도대체 어떻게 된 것일까요?

∘ 뭐? 사람이 신이라고? ∘

헤이안 시대에 천재 문인으로 불렸던 스가와라 미치자네菅原道真라는 인물이 있었습니다. 신분을 뛰어넘어 재상 격에 해당하는 우대신까지 오른 인물이지요. 미치자네를 모시는 신사가 교토에 있습니다. 바로 교토 서북쪽의 **기타노텐만구**라는 곳인데요. 이곳은 미치자네를 '학문의 신'으로 모시고 있어 매년 수학여행 등으로 수험생들이 성지순례처럼 방문하는 곳입니다. 사실 미치자네를 모시는 신사는 전국에 1만 2천 곳 정도가 있다고 알려져 있습니다만, 그중 기타노텐만구가 총 본사입니다. 매년 1월 1일이 되면 복을 빌고 액운을 없앨 목적으로 수험생뿐만 아니라 엄청난 인파가 이곳에 몰립니다. 참고로 신년을 맞아 신사에 가서 참배하는 것을 **하쓰모우데**初詣라고 합니다.

일본에 방문할 때 자주 볼 수 있는 종교시설이 신사인데요. 신사는 토속신앙을 바탕으로 하는 신도의 종교시설입니다. 신사가 모시는 신들이 각기 달라서 일본에는 '팔백만의 신'이 있다고 합니다. 물론, 팔백만은 구체적인 숫자가 아니라 그만큼 무수히 많다는 상징입니다. 사물에 영혼이 깃들어 있다는 믿음을 바탕으로 만들어진 애니미즘인 것이죠. 신들이 다양하기 때문에, 기타노텐만구처럼 역사적 인물을 모시는 신사뿐만 아니라, 동물, 지형지물, 산신령 등을 모시는 신사도 많습니다. 심지어는 머리카락을 모시는 신사도 있습니다. 그렇기 때문에 창시자도 없으며 불경이나 성경 등의 경전이나 교리나 가르침이 없습니다.

일본에서 불교는 6세기경 백제를 통해 전해진 이후, 당나라에서 유학한 승려들에 의해 발달하게 됩니다. 그러면서 신도와 불교가 융합된 독특한 신앙이 만들어지기도 하였습니다. 현재도 일본의 가정집에는 가미다나神棚(집에서 신도의 신이나 조상신을 모시기 위해 마련한 제단)가 불단과 함께 있는 경우가 있는데요. 이러한 역사에서 온 독특한 모습입니다.

◦ 장례식만큼은 절에서 하는 이유 ◦

규슈 남쪽에는 두 개의 큰 섬이 있습니다. 하나는 세계자연유산으로 등재되어 있는 야쿠시마, 그리고 또 하나는 로켓우주발사센터가 있는 다네가시마입니다. 다네가시마에는 또 하나 중요한 역사가 있습니다. 바로 1543년 이곳으로 포르투갈 상인들이 들어와 유럽의 화승총을 처음으로 전달한 역사입니다. 이 화승총은 전국 시대에 널리 보급되었고 훗날 임진왜란에 이용되기도 하였죠. 그리고 화승총과 함께 들어온 것이 크리스트교였습니다. 크리스트교는 특히 규슈 지역을 중심으로 포교가 이루어졌고 많은 신자가 생겨났습니다.

하지만 전국 시대가 막을 내리고 등장한 통일된 에도 정부는 크리스트교를 허용하지 않았으며 크리스트교인들을 박해하였습

기타노덴만구 신사. © Tomomarusan(wikimedia)

니다. 서구 세력에 대한 위협감과 함께 신 앞에서의 평등이라는 개념이 당시 신분제와 충돌하였기 때문이었습니다. 이러한 이유로 크리스트교는 탄압되었고 그 과정에서 1637년 규슈의 시마바라라는 곳에서 대규모 반란이 일어나, 3만 7천여 명이 죽음을 당하기도 하였습니다.

크리스트교인에 대한 탄압과 색출은 에도 시대 동안 이어졌습니다. 예수나 마리아가 그려진 성화상을 밟게 하거나 절에 등록해 불교 신자임을 증명하게 했지요. 그 결과 대부분의 사람들이 절에 등록하였으며 그 등록부는 호적 역할을 하게 됐습니다. 절이 종교 시설이 아니라 정부기관 같은 역할도 했던 것입니다. 뿐만 아니라

절은 장례식 장소로도 이용되었는데요. 이 시기부터 장례식은 절에서 하는 풍습이 정착하였고, 지금도 일본 국민의 다수가 절에 등록되어 있기 때문에 죽으면 불교식으로 장례식을 치르는 경우가 많습니다.

∘ 정치와 종교에 예민합니다 ∘

19세기 중엽 메이지 유신이 일어나면서 종교의 자유가 보장되었고 크리스트교의 포교가 가능해졌습니다. 정부는 공존하고 있던 신교와 불교를 분리하는 정책을 실시하였으며, 신도를 국교로 지정하였습니다. 이때부터 전국 각지의 신사들은 정부의 관리를 받게 되었고, 정치권력을 가지고 있던 천황을 숭배하는 **국가 신도**라는 것이 만들어졌습니다. 신사마다 다양한 신을 모셨던 것이 천황의 권력과 연결되면서 '천황'이라는 '살아 있는 신'을 모시게 되어버린 것입니다. 그리고 천황과의 관계에 따라 격이 높은 신사를 **신궁**이라고 불렀습니다. 당시 일본이 조선을 포함한 식민지 곳곳에도 국가 신도를 강요한 것은 우리도 잘 알고 있는 사실입니다.

이렇게 국가주의로 사용된 신도가 정치와 완전히 분리된 것은 큰 희생이 있고 나서였습니다. 패전 후, 당시 쇼와 천황은 일본을 통치했던 연합군총사령부에 의해 자신의 신격을 부정하는 **인간 선언**이라는 것을 하게 됩니다. 뿐만 아니라, 패전 이후 새롭게 만들어진 일본국 헌법 20조에는 종교의 자유와 함께 다음과 같은 정교 분리의 원칙이 포함되어 있습니다. "종교의 자유를 누구에게나 보장한다. 어떠한 종교 단체도 국가로부터 특권을 받거나 정치상의 권력을 행사하여서는 아니 된다. 국가 및 그 기관은 종교 교육 그 외 어떠한 종교적 활동도 하여서는 아니 된다."

정교 분리의 원칙은 과거의 침략 전쟁과도 연관이 있기 때문에 일본에서는 조금 더 예민하게 받아들여진 것 같기도 합니다. 예를 들어 일본은 크리스마스를 공휴일로 지정하고 있지 않습니다. 그 이유는 아기 예수의 탄생을 축하하는 크리스마스의 종교적인 색채가 정교 분리의 원칙을 어길 소지가 있기 때문입니다.

이 정교 분리의 원칙은 아직 일본 사회에서 논쟁이 되고 있습니다. 조금 더 무거운 예입니다만, 야스쿠니 신사참배 같은 것입니다. 일본 수상의 야스쿠니 신사참배는 일본 정부의 역사 인식에 대한 비판과 외교 문제를 낳고 있지만, 일본 내에서는 헌법에 명기된 정교 분리의 원칙을 어긴 것이 아니냐는 논쟁을 빚고 있습니다. 대표적으로 2001년 야스쿠니 신사를 참배한 고이즈미 준이치로 수상에 대해 시민단체가 정교 분리의 원칙을 어겼다는 위헌 소송을 낸 일이 있었습니다. 후쿠오카 지방법원은 이를 위헌이라고 판결했지요. 수상의 의도와 목적, 일반인에 미치는 영향 등을 고려할 때 고이즈미 수상의 신사참배가 헌법에서 금지한 종교 활동에 해당한다고 본 것입니다. 2005년에는 2심에 해당하는 오사카 고등법원에서도 위헌 판결을 내렸습니다. (바로 전날 도쿄 고등법원에서는 합헌 판결을 내렸으며, 위헌 판결을 내린 오사카 고등법원에서도 원고 측의 손해배상 청구는 기각되었습니다.)

◦ 종교단체의 정당 진출 ◦

또 다른 정교 분리에 관한 것으로 종교정당이 있습니다. 일본에는 종교정당이 존재하는데요. 바로 최근 자민당과 연립한 공명당이 그것입니다. 불교 종파의 모임으로 시작된 창가학회가 그 지지 기반이며, 이 때문에 정교 분리의 원칙을 어긴 것 아니냐는 논쟁이 일어나기도 하였습니다. 1964년 설립된 공명당은 1967년 중의원 25명을 당선시키며 정치 세력을 확대하였고, 지금도 자민당과 연립하는 등 정치적으로 굳건한 입지를 가지고 있습니다.

이와 비슷하지만 매우 다른, 정계 진출을 노렸던 또 하나의 종교 집단이 있었습니다. 1990년 25명의 후보가 전부 낙선했던 진리당입니다. 그리고 이 정당을 만든 종교 집단은 바로 사이비종교로 알려진 옴진리교입니다. 아사하라 쇼코가 설립한 옴진리교는 초능력, 요가, 종말론 등의 기발한 내용으로 20~30대를 중심으로 한때 1만 명 이상의 신자를 거느리기도 하였는데요. 1995년에는 도쿄 지하철역에 독가스 사린을 살포한 지하철 가스 테러 사건을 일으키며 13명의 사망자와 수천 명의 부상자를 내 일본뿐만 아니라 전 세계에 충격을 가져다주었습니다.

일본의 종교는 역사적으로 많은 부침이 있었습니다. 크리스트교는 탄압당한 역사를, 불교는 세속화된 역사를 가지고 있고 신도는 정치와 결부되어 국가주의가 된 역사를 가지고 있죠. 이러한 종교의 역사는, 종교가 문화와 풍습 곳곳에는 자리 잡고 있지만 하나의 신앙으로 깊게 자리매김하지 못한 원인이 되기도 하였습니다.

그렇다면, 처음으로 돌아가서 일본에 신자 수가 인구보다 많은 이유가 짐작이 되시나요? 정답은 신자 수를 조사할 때 개개인이 아닌 종교기관을 통해서 하기 때문입니다. 그리고 각 종교기관은 통일된 방법이 아닌, 예컨대 명부에 등록된 사람을 신자로 집계하는 등 각자의 방법을 쓰고 있죠. 하지만 개개인에게 종교 유무를 조사한 설문에서 종교가 있다고 대답한 사람은 전체의 4분의 1 정도밖에 되지 않았습니다. 이 차이는 결국 종교를 바라보는 관점과 집계 방법의 차이에서 비롯된 것이겠죠.

우리도 제사를 지낼 때, 유교를 믿는다고는 하지 않습니다. 이러한 관점으로 일본의 종교를 이해하면 조금 더 와닿을까요?

천황은
신의 자손이라고?

_ 삼종신기와 천황제

일본은 숫자 3을 좋아합니다. 세 개를 의미하는 '미쓰三つ'가 '들어차 있다'라는 의미의 '미쓰滿つ, 充つ'와 발음이 비슷하기도 하고, 숫자 3이 다른 짝수에 비해 편 가르지 않고 조화로운 이미지가 있다고 보기 때문입니다. 생각해보면 3대 마쓰리, 3대 야경, 삼종신기三種神器와 같이 곳곳에 숫자 3이 자리 잡고 있네요. 2는 너무 적고 4는 너무 많고 3이라는 숫자가 여러모로 안정적으로 느껴지는 것은 저도 일본에서 생활을 했기 때문일까요? 여하튼 여러 신비로운 세 가지 세트 중에서도 가장 미스터리한 삼종신기와 황실에 대해 이야기해보겠습니다.

삼종신기는 계승되고 있다?

삼종신기라고 하면 무엇을 가리킬까요. 일본의 고도 경제성장을 이끌었던 세 가지 상품인 세탁기, 냉장고, 흑백TV를 삼종신기라고 하는가 하면, 일본식 경영을 대표하는 종신고용제, 연공서열, 기업별 노조를 삼종신기에 갖다 붙이기도 합니다. 하지만 진짜 삼종신기는 따로 있습니다.

삼종신기는 일본 신화와 관계가 있습니다. 우리나라의 단군신화와 비슷한 신화가 일본에도 있는데요. 하늘에서 내려온 자손이 국가를 만든다는 천손강림신화가 그것입니다. 일본의 신화에는 조상신에 해당하는 아마테라스 오미가미天照大神라고 하는 신이 있습니다. 태양을 신격화한 신이지요. 그녀가 손자인 니니기노 미코토瓊瓊杵尊를 지상으로 내려보내면서 세 가지를 하사하였는데 그것이 바로 삼종신기입니다. 그 세 가지는 검(쿠사나기노쓰루기), 거울(야타노카가미), 구옥(야사카니노마가타마)입니다.

그리고 지상계에 내려온 니니기노 미코토의 직계 자손이 누구냐 하면, 바로 천황입니다. 지금도 일본에 존재하는 천황, 그가 신의 자손인 것입니다. 갑자기 신화에서 역사로 바뀌는 이 전개에 당황하는 사람이 많지만 우리나라에서와는 달리 일본에서는 신화가 현실로 이어져 있다고 여기죠.

그렇다면 삼종신기는 지금도 있을까요? 지금도 황실에서 계승하고 있다고 합니다. '있다고 합니다'라는 애매한 표현을 쓴 이유

삼종신기인 검, 거울, 구옥.

는 아무도 본 적이 없어서 확신할 수 없기 때문입니다. 실제로 역대 천황도 본 적이 없습니다. 그만큼 귀중하기 때문이죠. 볼 수 없어서 믿을 수 없고, 인터넷에 떠돌아다니는 사진조차 상상에 불과합니다. 천황이 있는 도쿄의 황궁에 이 삼종신기가 있다고 전해집니다. 그런데 삼종신기 중에 옥을 제외한 거울과 검은 가타시로形代라고 하는 모조품이고, 오리지널 거울은 미에현의 이세신궁에, 오리지널 검은 아이치현의 아쓰다신궁에 있다고 합니다.

삼종신기의 계승은 일본 황실의 상징 그 자체라고 볼 수 있습니다. 그 때문인지 1989년 히로히토裕仁 천황이 세상을 떠났을 때에는 세 시간 만에 삼종신기의 계승이 이루어졌습니다. 물론 레이와 연호가 시작된 지난 2019년에도 일본의 황궁에서는 삼종신기 계승식이 열렸습니다.

◦ 천황도 상속세를 낼까? ◦

2019년, 30년간의 헤이세이 시대가 저물고 레이와 시대가 열리면서 나루히토德仁 천황이 즉위하였습니다. 새로운 시대의 시작에 사회 전체가 들떴는데요. 그런데 당시 삼종신기의 증여세가 화제가 되었습니다. 헌법은 황실도 따라야 하는 최고 규범인 만큼 삼종신기도 증여세 대상이 된다는 것이었습니다. 그전까지 공식적으로 거론된 적이 없었던 증여세가 문제가 됐던 이유는 2019년에 아키히토明仁 천황이 생전 퇴위를 하였기 때문입니다. 이런 사례가 지금의 헌법 아래에서 처음 있는 일이었거든요. 원래 삼종신기와 같이 황실의 유서 깊은 물건은 세법에 따라 과세를 하지 않도록 정해져 있습니다만, 그것은 선대왕이 사망해서 상속을 받을 때에 해당하는 것으로 이번과 같은 증여에 관한 규정은 없었습니다. 그래서 결국 과세를 했느냐? 당연히 삼종신기는 특례법에 따라 비과세 대상이 되었습니다. 과세를 한다고 하더라도 가치를 가격으로 매길 수도 없었겠지요.

황실의 유서 깊은 물건은 비과세 대상이 되어 있지만, 다른 세금에 대해서는 황실도 예외는 아닙니다. 일례로 1989년 쇼와 천황이 세상을 떠났을 때 상속세의 대상이 된 유산이 18억 6,900만 엔이었고, 황실은 4억 엔이 넘는 상속세를 납부했습니다. 왠지 천황은 세금을 안 내도 될 것 같지만, 현실은 그렇지 않습니다. 헌법 아래의 천황이니까요.

◦ 평민 출신이 황후가 되다 ◦

일본의 황실은 한 번도 혈통이 단절된 적이 없는 만세일계 신화를 가지고 있습니다. 그래서 황실은 전통과 보수를 상징하는 동시에 신비주의와 폐쇄적인 이미지를 가지고 있습니다. 이러한 분위기가 시대의 변화와 많은 불협화음을 내고 있는 것도 사실입니다.

현재의 미치코美智子 상황후와 마사코雅子 황후는 일본 황실에서 가장 많은 주목을 받은 두 사람입니다. 2019년에 퇴위한 아키히토 상황의 부인 미치코 여사는 일본에서 큰 화제가 되었던 '테니스 코트 사랑'의 주인공이죠. 테니스 코트 사랑이란 아키히토 상황이 황태자였던 1957년 가루이자와의 테니스 경기에서 두 사람이 상대팀으로 처음 만나 사랑에 빠진 이야기를 말합니다. 당시 황태자였던 아키히토가 여러 차례 전화하고 구애한 끝에 결혼까지 이어졌는데요. 언론에서는 미치코를 당시의 연호인 쇼와를 붙여서 '쇼와의 신데렐라'라고 불렀습니다. 원래는 황족 또는 특정한 귀족과 혼인하는 것이 황실 관례인데 미치코는 평민 출신이었거든요. 물론 평민이기는 했지만 닛신제분이라는 대기업 사장의 딸이었으니, 호락호락한 집안은 아니었습니다. 평민 출신과의 자연스러운 만남과 혼인은 당시의 자유로운 시대 분위기와 함께 큰 주목을 받았고, 미치코가 착용한 스웨터, 헤어밴드 등이 유행하는 이른바 '미치(코)붐'이 일어났습니다.

하지만 진짜 신데렐라 스토리는 황실에 들어가서도 이어졌습니다. 평민 출신이라는 기존의 관례를 깨고 들어온 그녀를 황실 사람들이 크게 좋아했겠어요? 그들의 태도는 그다지 호의적이지 않았으며 시집살이와 따돌림이 이어졌습니다. 하지만 그럼에도 미치코는 꽤나 주관이 뚜렷했는데요. 중신들에게 육아를 맡기는 황실 문화와 다르게 직접 육아를 한 일례는 특히 많이 알려져 있습니다. 그 때문에 '나루짱 헌법'이라는 유명한 에피소드도 생겼죠. 아들인 나루히토가 생후 7개월이었을 때 미치코 부부는 미국에서의 공무로 약 2주간 자리를 비우게 되었습니다. 그때 미치코 여사가 나루히토의 육아를 위해 메모를 남겨두었는데요. 그 메모지에 적혀 있던 지침들이 일명 나루짱 헌법이라고 불리며 당시 황실의 육아 지침으로 화제가 된 적이 있습니다. 이 나루짱 헌법에 따라 성장한 나루히토가 2019년 레이와 시대를 연 126대 천황입니다.

◦ 아들에 대한 압박 ◦

꼭 아들을 출산해야 한다는 압박이 있다면, 누가 결혼하고 싶을까요? 이 이야기는 미치코 상황후의 며느리이자 현재 천황의 부인, 마사코 황후의 이야기입니다.

나루히토 천황과 결혼한 마사코 황후는 엘리트 출신의 신여성이었습니다. 원래 이름은 오와다 마사코小和田雅子이고 아버지는 오와다 히사시小和田恆입니다. 천황의 장인어른인 오와다 히사시는 외교관 출신으로, 영토 분쟁 등을 재판하는 국제기구인 국제사법재판소ICJ의 소장을 지낸 인물입니다. 마사코 황후 또한 하버드대학교를 우등생으로 졸업한 수재였으며 외무고시에 합격한 촉망받는 외교관이었습니다.

그렇지만 그녀의 인생은 1986년 스페인 공주 환영 모임에서 바뀌었습니다. 그녀는 그곳에서 나루히토 황태자를 만났고 황태자는 그 이후 7년간 연락을 하며 구애하였습니다. 처음에는 황태자의 청혼도 거절하였지만 결국 "평생 최선을 다해 지켜주겠습니다"라는 약속을 믿고 1993년 혼인하게 됩니다. 결국 외교관의 꿈을 접고 황실로 들어간 것이죠. 결혼 당시에는 일본 황실의 보수적인 성향과 현대적인 엘리트 교육을 받은 그녀와의 차이가 화제를 만들며 많은 사람들의 이목을 집중시켰습니다. 물론 우려의 목소리도 있었습니다.

그리고 우려는 그대로 현실이 되었습니다. 당장 결혼 기자회견에서부터 입방아에 오르기 시작하였는데요. 황태자보다 발언 시간이 더 길었다, 황태자보다 키가 더 크다, 황태자와 나란히 걸었다 등의 이유로 구설수에 올랐습니다. 공무에 있어서도 갈등이 있었습니다. 나루히토 황태자 부부는 영국 왕실처럼 적극적인 대외활동을 하고 싶어 했지만 당시 천황 부부와 궁내청은 조용히 지내길 바랐습니다. 풍부한 해외 경험과 화려한 경력을 가진 현대적인 여성은 황실과 어울리지 않았습니다. 그리고 그 스트레스의 정점은 아들을 출산해야 한다는 압박이었습니다.

마사코 황태자비는 결혼 후 3년이 지나도 임신을 하지 못하였습니다. 얼마 지나지 않아 '불임'과 같은 단어가 언론에 나오기 시작했고, 겨우 임신을 했지만 유산을 하기도 했습니다. 2001년에는 8년 6개월 만에 득녀를 하였지만, 왕위를 계승할 수 있는 것은 아들뿐이었기에 시련은 끝나지 않았죠. 결국 2003년에는 대상포진으로 쓰러져 입원을 하였고, 2006년에는 궁내청에서 황태자비가 적응장애를 앓고 있다고 발표하였습니다. 자신의 경력을 잘 살려 왕실의 일을 해내고 싶었던 마사코는 후계자를 먼저 확보해야 한다는 보수파와 궁내청에 의해 몸과 마음이 다 무너진 것처럼 보였습니다.

◦ 여성 천황은 가능할까? ◦

마사코 황후가 딸을 출산함으로써 일본 사회에서는 여성 천황에 대한 논쟁이 일어났습니다. 2000년 초반까지 황실에는 황태자였던 나루히토와 그 동생인 후미히토文仁 외에 그 이후의 계승자가 없었습니다. 1965년 후미히토가 태어난 이래에 태어난 아홉 명이 모두 딸이었죠. 하지만 황실 규정인 황실전범에는 생물학적으로 이어진 황실의 남성에게만 왕위를 계승한다고 되어 있습니다. 생물학적이라는 것은 양자도 안 된다는 뜻이죠.

상황상 황실전범의 개정 필요해 보였습니다. 당시 수상이었던 고이즈미 준이치로는 2004년 '황실전범에 관한 유식자 회의'라는 자문 기구를 만들어 논의를 시작하였습니다. 참고로 그 일원 중 한 명은 앞에서 소개했던 국제난민기구의 소장 오가타 사다코(192쪽 참고)였지요. 결론적으로 반대 세력이 있었지만 모계를 통해 계승한 여성 천황이 가능하다는 결론이 내려졌습니다. 하지만 당시 관방장관이었던 아베 신조를 포함한 보수파가 반발했고, 그러한 논쟁 중에 2006년 후미히토 부부 사이에 아들 히사히토悠仁가 태어나면서 논쟁은 멈추었습니다.

이런 분위기를 보면 '지금까지 일본에서는 여성 천황이 없었나 보네?'라고 오해할 수도 있겠습니다. 하지만 서기 592년부터 36년간 왕위를 지킨 스이코推古 천황을 포함하여 일본 역사에서 여성 천황은 여덟 명이나 있었습니다. 하지만 메이지 시대에 접어들어 만들어진 황실규범에서 남성의 왕위 계승만을 인정하였고, 이것이 지금껏 이어져오고 있는 것입니다. 아직도 현재 진행형인 이 논쟁은 조만간 다시 급물살을 타지 않을까요? 후미히토 부부 사이에 아들 히사히토가 태어났지만, 여성 황족은 결혼을 하면 황실에서 이탈하기 때문에 아마도 히사히토가 천황의 자리에 오를 때쯤이면 눈앞에 황실의 소멸이 가까워져 있을 가능성이 크거든요.

2019년 NHK에서 실시한 조사에서 여계 천황을 찬성하는 의견은 71퍼센트였습니다. 과거에 비해 크게 상승한 이 수치는 국민 다수가 황실에 변화가 필요하다고 생각한다는 것을 보여주는 것 같습니다. 하지만 데이터보다 더 중요한 건 '누가 아들을 반드시 출산해야 하는 집과 결혼하고 싶어 할까' 하는 문제입니다.

이제는 천황이 된 나루히토, 그리고 마사코 부부. 2021년 신년 인사 영상에서 흥미로운 것을 발견했습니다. 나루히토 천황과 마사코 황후가 나란히 앉아 번갈아 인사를 하는 장면이었죠. 무엇이 흥미롭냐고요? 바로 이전 시대에서는 이런 장면을 상상하기 힘들었기 때문입니다. 아키히토 천황이 신년 인사를 할 때 미치코 황후는 없었습니다. 중심은 항상 남편이었습니다. 그에 비하면 나란히 앉아 30초가량 발언하는 정도였지만 그 모습이 신선하게 느껴졌습니다.

일본 국민에게 노래로
힘이 되어준 가수가 있다?

_ 1980년대 대중가요와 1990년대 제이팝

김광석, 그보다 더 우리나라 국민들이 그리워하는 가수가 있을까요? 서정적인 가사와 마음을 울리는 통기타 연주, 진정성 있는 목소리까지 여전히 선명한데요. 일본에도 김광석과 같은 가수가 있습니다. 오자키 유타카尾崎豊라는 가수입니다.

창법, 음색, 장르 등에서 김광석과 오자키 유타카는 매우 다르지만 그래도 그를 일본의 김광석이라고 감히 말하는 이유는 아직도 그리워하고 기억하고 그의 노래를 듣고 싶어 하는 사람들이 많다는 공통점 때문입니다. 그리고 짧은 생애를 살았다는 점과 사인이 석연치 않는 점도 비슷하지요. 일본의 시대와 문화를 이해하기 위해 그의 짧은 생애를 따라가보겠습니다.

◦ 오자키 유타카와 시부야 ◦

오자키 유타카는 우리나라 가수 포지션이 리메이크했던 〈I LOVE YOU〉라는 노래로 많이 알려져 있습니다. 하지만 이 가수가 일본 사회와 문화에 어떤 영향을 미쳤는지, 그리고 그 시대를 이해하는 데 얼마나 중요한 인물인지는 잘 모르는 경우가 많습니다. 2021년 동일본대지진 10주년을 기념으로 어느 잡지에서 '나에게 힘을 준 노래'를 조사를 하였는데요. 그 목록에도 오자키 유타카의 〈내가 나이기 위해서僕が僕であるために〉라는 곡이 포함되어 있었습니다. 약 30년 전의 곡이 아직도 사랑받고 있다는 것은 그 시대뿐 아니라 지금 이 시대에도 그의 감정이 전달되고 있다는 것이겠지요.

도쿄의 번화가인 시부야의 크로스타워 빌딩에 가면 오자키 유타카의 기념비가 있습니다. 그가 세상을 떠난 3년 뒤에 만들어진 이 기념비 근처에는 지금도 수많은 팬들의 메시지가 남아 있습니다. 시부야는 오자키 유타카에게 가장 큰 영향을 준 장소인데요. 특히 가수 생활을 시작했던 학창시절 그는 이곳을 자주 지나다녔고, 그때 그 시부야의 풍경이 그의 앨범에 큰 영향을 줬습니다.

오자키 유타카는 1965년 도쿄 출생으로, 방위청에서 근무하는 자위관 아버지와 보험 외판원인 어머니 사이에 태어났습니다. 적극적이고 상냥한 부모님 아래에서 어릴 때는 크게 부족함이 없이 자랐고 가라테에 능숙했으며 단가(짧은 가곡)를 만들기도 하였

습니다. 하지만 초등학교 때 이사를 가면서 새로운 학교에 적응하지 못하고 등교를 거부하였으며 이때부터 음악과 가까워지기 시작하였습니다. 중학생 때는 학교의 두발 규제에 반발하여 가출을 하였고, 이러한 경험이 그의 데뷔곡인 〈15세의 밤15の夜〉을 탄생시켰습니다. 명문 아오야마학원 고등학교로 진학한 그는 열입곱 살 때 CBS소니 오디션에 합격하여 본격적으로 가수의 길을 가게 됩니다. 데뷔 앨범 〈17세의 지도+七歳の地図〉는 그의 기념비가 있는 시부야에서 그가 바라본 풍경이 배경이 되었습니다.

◦ 졸업하지 못한 자의 졸업 ◦

결국 그는 고등학교를 졸업하지 못했습니다. 음악을 하겠다는 고상한 이유 때문은 아니었습니다. 흡연, 음주, 디스코장 출입 등으로 무기정학을 받았고, 매일 반성문을 써내라는 선생님에게 반항하며 학교를 그만두었기 때문입니다. 그런데 졸업을 하지 못한 그가 가장 히트시킨 곡이 무엇인지 아십니까? 아이러니하게 바로 〈졸업卒業〉이라는 곡입니다.

종이 울리고 평소처럼 교실 한편 / 나의 자리에 앉아서 / 무엇을 좇고 따라야만 하는지 생각을 했었어 / 소란스러운 마음 / 지금 나에게 있는 것은 / 의미 없다 생각하며 방황하고 있었지 / 방과 후 거리를 어슬

렁거리며 / 밤에 몰래 학교에 들어가 / 창문을 깨트렸어 / 계속 반항을 하고 계속 몸부림치고 / 빨리 자유로워지고 싶었어 / 믿을 수 없는 어른들과의 / 치열했던 다툼 속에서 서로를 용서한다는 게 / 무엇인지 난 모르겠어 / 싫증이 나면서도 그런대로 지냈었지 (중략)

가사를 보고 어떤 느낌이 드시나요? 졸업에 관한 노래는 한국에도 일본에도 많습니다만, 정든 학교를 떠나고 새로운 시작에 가슴 설레는 일반적인 곡들과는 사뭇 느낌이 다릅니다. 그에게 졸업이란 이 노래의 가사처럼 자신을 구속하고 억압했던 학교로부터 자유를 얻은 날이었나 봅니다. 어쨌든 기성세대로부터 미움받았던 이 노래는 당시에는 금지곡으로 지정되기도 했습니다.

데뷔곡 〈15세의 밤〉과 데뷔 앨범 〈17세의 지도〉, 그리고 이 〈졸업〉이라는 노래에는 공통점이 있습니다. 기성세대에 대한 반감과 저항, 자유 같은 것들이 녹아 있다는 것입니다. 그리고 1980년대 오자키 유타카는 그것들의 상징인 동시에 10대들의 대변자가 되었습니다.

1980년대 이전에는 이런 종류의 노래를 찾기가 쉽지 않았습니다. 이런 식으로 저항과 자유를 논하는 노래는 거의 없었죠. 보통 저항과 자유는 시대적 배경을 가지고 있는 것이었기 때문에 1980년대 이전에 저항과 자유를 표현하는 곡들은 사회 운동과 관련이 있었습니다. 하지만 오자키의 노래는 오토바이를 훔친다거나 창문을 깨는, 기성세대의 눈에는 이유 없는 불량스러운 저항과 자유가 나타나 있었습니다. 오자키는 왜 이런 노래를 불렀을까요. 오자키는 왜 불량학생이 되었을까요. 가정형편이나 금전적 어려움 때문은 아니었을 텐데요. 그래서 몇몇 사람들은 80년대라는 시대적 배경에 주목하기도 했습니다.

∘ 1980년대 그 불량했던 시기 ∘

오자키 유타카의 인기 배경을 그 시대에서 찾는 의견이 많습니다. 1980년대라고 하면 일본 사회는 고도 경제성장기를 지나 매우 풍족한 시대였는데요. 물질적 풍요로움이 젊은 세대에게 또 다른 차원의 욕구를 만들어낸 것이 아닌가 하는 의견이 있습니다. 특히 이 시대는 대량생산 대량소비의 사회를 지나 다양한 욕구가 폭발하는 그런 시대였으니까요. 독자적인 패션 문화가 등장하고 시부야가 젊은이들의 중심지로 떠오르는 등 개성 강한 시대였습니다.

하지만 이러한 사회적 분위기와는 다르게 일률적이고 단편적인 것을 강요하는 곳이 있었습니다. 바로 학교였습니다. 당시 중학교는 복장, 두발, 태도 등을 엄격하게 규율했으며, 기성세대들이 만들어놓은 엘리트 양성과 같은 교육을 하고 있었습니다. 특히 1970년대와 1980년대에 걸쳐 입시제도가 바뀐 부작용으로 학원 등 사교육이 급증하였고, 아이들은 치열한 경쟁에 내몰리게 되었죠. 이런 사회 분위기 속에서 1970년대부터 학교 폭력과 청소년

비행 등이 사회 문제로 크게 부각되기 시작하였는데요. 엄격하고 일률적인 교육이 학교에 대한 저항과 반항으로 이어졌으며 그로 인해 오자키 유타카의 인기가 높아졌다고 평가하기도 합니다.

하지만 오자키 유타카가 10대들 사이에서 폭발적인 인기를 얻은 것이 이러한 배경 때문만은 아니라고 생각합니다. 오자키라는 가수가 가지고 있는 매력, 외모와 더불어 그가 만들어낸 음악에는 사람의 마음을 끄는 무언가가 있습니다.

이제부터는 무엇이 / 나를 또 붙들어 매려고 할까 / 앞으로 몇 번 나 자신을 졸업해야만 / 진실된 자신에 다시 닿을 수 있을까 / 꾸며진 자 유를 / 누구도 알아차리지 못하고 / 몸부림치던 날들도 끝나가 / 지금 지배로부터의 졸업 / 투쟁으로부터의 졸업

이 부분은 앞에서 소개한 〈졸업〉의 뒷부분 가사입니다. 기성 세대와 학교에 대한 반항과 저항을 노래하는 줄 알았더니 뒷부분은 어느새 스스로에게 "나는 누구일까"를 묻고 있습니다. 자전적 노랫말. 이것이 오자키 유타카만의 매력입니다. 1980년대 풍요로움 속에서 무의식 중에 더 높은 가치를 추구했던 10대들에게 이런 노랫말이 크게 와닿지 않았을까 생각합니다.

오자키의 자전적 음악은 이후 미스터칠드런과 같은 가수로 이어졌습니다. 미스터칠드런은 1990년대 다수의 밀리언셀러를 기록한 일본의 대표 록 밴드로, 현재까지도 사랑받고 있는 그룹인데

요. 미스터칠드런의 보컬이자 작사, 작곡을 담당하고 있는 사쿠라이 카즈토시桜井和寿는 오자키의 음악을 많이 듣고 자랐다고 말하였으며, 오자키의 대표곡인 〈내가 나이기 위해서〉 등을 커버곡으로 내놓기도 했습니다.

◦ 1990년대 제이팝 전성기 ◦

요즘은 제이팝이라는 용어가 널리 사용되고 있는데요. 제이팝은 일본 대중음악을 통칭하는 말로 특히 1990년대에 활발히 사용되었습니다. 당시 팝송을 중심으로 방송했던 FM 방송국 J-WAVE에서 일본 노래를 뭔가 세련되게 부를 수 없을까 고민하다가 등장한 용어가 바로 제이팝이었다고 하죠. 그러니 어떤 특별한 장르를 지칭하는 것은 아니고 상업적으로 만들어져 사용된 용어입니다. 어쨌거나 1990년대는 제이팝의 전성기였습니다. 레코드 판매량은 1988년부터 약 10년간 두 배로 늘었고, 앞서 소개한 미스터칠드런을 포함해 사잔올스타즈, B'z, ZARD와 같은 밀리언셀러 가수가 대거 등장하였습니다.

　다양한 음악의 공급만 늘어난 것은 아니었습니다. 음악의 수요도 급속도로 증가하였는데요. 그 배경에는 우리나라의 노래방에 해당하는 가라오케의 등장이 있었습니다. 가라오케는 1985년 오카야마에서 처음 등장하여, 1996년에는 호실이 16만 개까지 늘어났습니다. 가라오케의 등장과 번성에 따라 음악을 귀로만 듣는 것이 아닌 부르고 즐기는 것이 증가하였으며, 워크맨이나 CD플레이어와 같은 음향 기기가 저렴해지면서 음악을 더욱 쉽게 접할 수 있게 되었습니다. 이러한 배경으로 1990년대 제이팝이 성장할 수 있었던 것입니다. 그리고 1980년대까지 외모 중심의 아이돌 음악이 주류였던 것에 대한 반발로 오히려 독창적이고 매력적인 음악들이 대거 등장하기도 하였습니다.

당시 우리나라는 일본의 대중문화를 개방하지 않았음에도 해적판 등으로 제이팝을 접하는 경우가 많았습니다. 이는 제이팝의 기세와 무관하지 않았는데요. 때문에 1998년부터 진행된 일본 대중문화의 개방을 우려하는 목소리도 있었습니다.

음악에는 국경이 없다는 것을 개인적인 경험에서도 자주 느낍니다. 한국을 잘 아는 일본인 중에는 김광석을 좋아하는 사람이 드물지 않고, 오자키 유타카를 그리워하는 한국인도 적지 않습니다. 사람의 내면을 비추는 음악, 진정성을 담은 음악에 공감하게 되는 것. 결국 국경을 넘어 누구에게나 같은 것이겠죠. 김광석과 오자키 유타카를 비교하는 것은 그런 의미에서는 의미가 없다고 생각합니다. 가슴을 뒤흔드는 것은 같으니까요.

'오타쿠'라는 말은 취향을 묻는 말에서 시작되었다?

_ 만화, 애니메이션, 캐릭터 산업

영화 <러브레터> 속 대사 "오겡끼데스카"는 중년층에게는 잊을 수 없는 명대사입니다. 원래는 "겡끼데스까"라고만 하여도 뜻은 통하지만, 그 앞에 존경어 '오'를 붙인 것이죠. '돈'을 의미하는 '오카네お金'도 이렇게 만들어진 단어입니다. 하지만 '오'를 붙여서 전혀 다른 이미지가 된 단어도 있습니다. 바로 '오타쿠'입니다. 이미 누구나 다 알 정도로 유명해진 이 단어는 우리나라에서 '덕후', '오덕', '덕질' 등 다양하게 파생되어 사용되고 있습니다. 과거에는 이상하고 특이한 취향을 가진 사람이라는 부정적인 이미지가 있었지만, 지금은 능력자로 인식되고 있지요. 심지어는 '덕업일치'라는 단어도 등장했습니다.

。오타쿠의 유래 。

덕업일치는 우리나라에서 만들어진 신조어입니다. 덕질과 직업이 일치한다는 의미로, 덕질은 좋아하는 일에 광적으로 빠져 있는 것을 뜻합니다. 따라서 덕업일치는 관심사가 직업이 된 것을 의미하지요. 좋아하는 일로 돈을 번다는 이 표현에는 그렇지 못한 사람들의 작은 부러움이 들어 있기도 합니다.

하지만 오타쿠와 직업은 사실 공존하기가 쉽지 않습니다. 그 이유는 뒤에서 서술하기로 하고, 일단 오타쿠를 조금 더 이해하기 위해 1980년대의 일본을 살펴보겠습니다. 1950년대 후반부터 1970년대까지를 우리는 흔히 일본의 고도 경제성장기라고 부릅니다. 그 시기를 지나면서 일본인들은 많은 풍요를 누리게 되었죠. 그리고 자본주의 2위라는 경제 규모와 그로 인한 자신감은 대중문화의 발전을 가져오게 됩니다. 동시에 독자적인 서브컬처도 성장했고, 그중에서도 특히 만화와 애니메이션은 그 대상이 어린이를 넘어 다양한 연령층으로 확대되며 성인 팬도 늘어나기 시작하였습니다.

이렇게 늘어난 팬들은 자신의 취향을 타인과 공유하기 시작했습니다. 상대방에게 "댁은 어떤 작품을 좋아하시나요?"라고 물었던 것입니다. 여기서 상대방을 지칭하는 '댁'이 바로 '타쿠'인데요. 여기에 존경어의 '오'를 붙이면 '오타쿠'가 됩니다. 그렇지만 일본에서도 상대방을 지칭하는 용어로 '오타쿠'를 쓰는 것은 일반적이지 않았습니다. 특히 젊은 10~20대에게 그랬습니다. 가령 우리나라의 10~20대가 상대방을 "댁"이라고 부르면 어색한 것처럼요. 그리고 이 호칭은 1980년대 대중평론가 나카모리 아키오中森明夫에 의해 그들을 지칭하는 이름으로 굳어졌습니다.

∘ 오타쿠가 유명해진 사건 ∘

'오타쿠'라는 단어가 일본에서 널리 퍼진 것은 1980년대 후반입니다. 1988년과 1989년에 '도쿄사이타마 연속 유아 유괴 살인 사건'이 발생합니다. 네 명의 여아를 유괴하여 살인한 미야자키 쓰토무宮崎勤의 집에서 무려 5,763개의 비디오테이프가 발견되었는데요. 그중에는 공포영화와 아동 성인물이 다수 있었고, 이에 많은 언론에서 오타쿠를 사회적 문제자, 잠재적 범죄자로 보도하여 대중들에게 그러한 인식이 자리 잡히게 되었죠. 오타쿠라고 하면 흔히 남성을 떠올리게 되는 것도 이 사건에 따른 영향이라고 볼 수 있습니다. 실제로는 오타쿠의 여성 비율도 적지 않습니다.

이 사건이 사회에 던진 충격은 매우 컸습니다. 오타쿠는 이전에도 존재하였으나 일본 사회에서는 오타쿠에 크게 관심을 가지지 않았습니다. 자신이 좋아하는 것에만 빠져 있고 타인과의 대화를 즐겨하지 않았던 이들에게 사회가 관심을 갖지 않았던 것은 어쩌면 당연했죠. 사회 부적응자 정도로의 이미지였던 오타쿠는 이 사건 이후 잠재적 범죄자라는 이미지가 더해졌습니다.

◦ 안노 히데아키와 〈신세기 에반게리온〉 ◦

1990년대, 오타쿠의 이미지에 또 다른 영향을 주는 사건이 발생합니다. 그것은 애니메이션 〈신세기 에반게리온〉의 성공이었습니다. 나온 지 25년이 넘은 이 작품은 지금도 일본의 미디어와 애니메이션을 이야기할 때 자주 언급됩니다. 〈신세기 에반게리온〉의 성공은 두 가지 측면에서 오타쿠에 대한 이미지 전환에 성공합니다. 첫 번째는 이 애니메이션을 제작한 감독이 오타쿠였다는 점입니다. 단순히 소비하던 오타쿠가 작품을 만드는 크리에이터로 성공할 수 있다는 것을 보여줬죠. 덕업일치의 대표적인 사례가 되겠네요. 당시 오타쿠에 대한 이미지를 개선하는 데 도움이 된 것은 틀림없습니다. 두 번째는 〈신세기 에반게리온〉의 성공이 오타쿠 시장에 대한 관심을 불러일으켰다는 점입니다. 1990년대 이후 일본은 버블경제의 붕괴와 함께 '잃어버린 10년'이라고 불리는 시기를 겪습니다. 이 시기에 〈신세기 에반게리온〉을 소비하는 오타쿠는 새로운 구매력을 가진 계층으로 관심을 불러일으켰죠. 당시 일본 정부가 콘텐츠를 중시하는 정책을 펼친 것도 도움이 되었습니다. 애니메이션이 게임, 만화, 영화 등으로도 출시되는 미디어믹스의 발전도 이때부터 시작되었습니다.

〈신세기 에반게리온〉 포스터.

◦ 덕업일치와 데즈카 오사무 ◦

1970년대 이후 오타쿠는 윤택한 경제 상황과 문화 발전을 배경으로 그 문화를 소비하면서 등장하였습니다. 좋아하는 콘텐츠가 있고 그것을 소비할 수 있는 경제적 여유가 있었던 것이죠. 오타쿠는 소비가 중심인데 직업은 생산이 중심이니 그 사이에 괴리가 분명히 존재합니다. 덕업일치가 쉽지 않다고 하는 것은 이런 이유 때문이지만, 〈신세기 에반게리온〉의 안노 히데아키보다 훨씬 이전에도 덕업일치를 했던 인물이 있습니다. 바로 '만화의 신'이자 '아톰의 아버지'라고 불리는 데즈카 오사무手塚治虫입니다.

1928년생인 그는 어렸을 때부터 만화에 대한 열정이 대단했습니다. 만화광이었던 아버지의 영향으로 소학교 3학년 때부터 만화를 그리기 시작했고 2차 세계대전 중이었던 중학생 시절에도 늘 만화를 그리며 시간을 보내곤 했습니다. 전쟁 중에 공습을 목격한 경험 때문에 전쟁의 위험성이나 반전에 관한 내용이 작품에 녹아 있기도 한데요. 그가 그 기간 동안에 그린 만화는 2천여 장이 넘는다고 합니다. 원래는 의사가 될 생각이었지만 오사카대학교 의학부를 졸업하고 전문의 면허를 취득했을 때 그는 이미 〈신보물섬〉이라는 작품으로 인기를 얻은 작가이기도 했지요. 의사와 만화가 사이에서 고민한 끝에 좋아하는 일을 선택했고 그렇게 만화가의 길을 가게 됩니다.

그의 가장 유명한 작품은 1963년 TV 애니메이션 〈우주소년 아톰〉입니다. 일본 만화의 상징처럼 여겨지는 이 작품은 로봇의 시선으로 인간의 내면을 묘사하고 고찰하고 있습니다. 애니메이션의 고향인 미국으로 수출되면서 일본인들에게 자부심을 심어주기도 하였죠. 그는 이후 〈밀림의 왕자 레오〉, 〈불새〉, 〈도로로〉를 비롯한 수많은 작품을 제작하였으며, 1989년 눈을 감을 때까지 43년간 15만 장, 420권 분량의 만화를 그렸습니다. 그의 노력은 만화, 애니메이션, 캐릭터 산업에 엄청난 영향을 주었고, 그의 작품과 함께 수많은 오타쿠도 탄생하였습니다. 그 역시 많은 만화를 소비하였는지에 대해서는 알기 어려우므로 덕업일치라는 표현이 적절한지는 모르겠으나, 오타쿠 문화를 이해하는 데에 있어서 그의 발자취는 의미가 매우 중요합니다.

쿠마몬이 오타쿠 문화에서 시작되었다고?

2016년 신카이 마코토의 작품 〈너의 이름은〉은 일본과 한국을 포함한 전 세계에서 인기를 끌었습니다. 그리고 이 작품과 함께, 배경이 되었던 일본의 각 지역은 유명세를 타게 됐습니다. 많은 해외 관광객들이 이른바 성지순례를 위해 일본을 방문했었죠. 그런데 이 성지순례는 그 이전에도 있었습니다. 예를 들어 2007년 TV 애니메이션으로 방영된 〈러키스타〉의 실제 배경인 사이타마현의 와시미야정에는 전국에서 팬들이 몰렸습니다. 특히 등장인물이 사는 것으로 나오는 와시노미야 신사는 1월 1일 참배객이 2007년 13만 명에서 2008년 30만 명으로 증가하였지요. 그 효과로 2007년도 결산에서 와시미야정의 세입이 전년도 대비 36퍼센트 증가하였습니다.

쿠마몬. 지역활성화를 위해 만든 캐릭터가 지금은 일본 전역에서 사랑받고 있다.

이러한 성지순례는 지역활성화라는 목표와 맞물려, 지방정부에 큰 자극을 주었습니다. 그 과정과 정책에서 쿠마몬이 등장하였습니다.

쿠마몬은 규슈 구마모토현의 캐릭터입니다. 지역 관광객을 유치하기 위해 만들어진 이 마스코트는 2011년 전국 마스코트 선발 대회에서 1위를 차지하기도 하였습니다. 지역 마스코트는 일상에 지친 도시 사람이 여유로운 지방을 방문하도록 홍보하는 역할을 하는데요. 일본에서는 이런 마스코트를 '느긋하다'와 '캐릭터'를 합쳐 유루캬라ゆるキャラ라고 부릅니다. 그런데 이러한 지역 마스코트가 만들어지게 된 것은 오타쿠의 성지순례 문화에서 기인한 것입니다.

오타쿠는 과거 성숙하지 못한 사람이라는 이미지가 강했습니다. 하지만 현재는 한 분야를 깊게 알고 있는 능력자로 평가되기도 합니다. 또한 사회 부적응자라는 인식도 많이 사라졌죠. 어쩌면 오타쿠는 다양한 업종과 분야가 존재하는 현대사회와, 특별한 지식과 기술이 요구되는 관료제 조직사회에서 가장 적합한 존재일지도 모릅니다.

아쿠타가와 류노스케의
《라쇼몽》

_ 문학과 영화

상을 수여한다는 것은 다양한 의미를 안고 있습니다. 일반적으로는 그 분야에서의 권위와 영향력을 인정하는 것에 큰 의미를 두지만, 마냥 그런 의미만 있는 것은 아니지요. 대표적으로 문학상은 단순히 권위만을 부여하는 데 그치지 않고 새로운 작가와 작품을 소개하는 역할을 하기도 합니다. 우리나라에 대표적인 문학상으로는 현대문학상, 동인문학상 등이 있는데요. 일본에는 어떤 문학상들이 있을까요?

。소설 라쇼몽。

나생문? 라쇼몽?

문학, 영화, 심리학에 관심이 있는 분들에게는 익숙한 단어일지도 모르겠습니다. 꽤나 다양한 분야에서 등장하는 용어이지만, 일본에 대해 이야기할 때도 어쩌면 꼭 등장하는 단어입니다.

라쇼몽(羅生門, 나생문)은 교토에 있었던 문을 말합니다. 과거에는 라조몽(羅城門, 나성문)이라고도 하였습니다. 헤이안 시대의 수도인 헤이안쿄(현재의 교토시)의 입구 역할을 하는 곳이었지요. 참고로 헤이안쿄는 중국 장안을 본떠 만든 도시입니다. 현재 라쇼몽은 그 터만 남아 있는데요. 문학이나 영화에서는 황폐하고 무너진 모습으로 묘사되고 있어서 많은 사람들이 흉물이 된 라쇼몽을 떠올리는 경우가 많습니다. 하지만 원래는 아주 화려하고 웅장한 모습이었죠. 사실 많은 일본인들은 헤이안 시대라고 하면 오히려 화려함을 떠올리는 경우가 많습니다.

작가 아쿠타가와 류노스케芥川龍之介는 헤이안 시대 말기 라쇼몽을 배경으로 매우 짧은 단편소설《라쇼몽》을 남겼습니다. 줄거리는 다음과 같습니다.

기아와 천재지변으로 쇠퇴하고 있는 헤이안 시대 말기, 해고당한 하인 한 명이 라쇼몽 근처를 어슬렁거리고 있습니다. 도적질이라도 해야 하나 생각하지만 용기가 나질 않았죠. 인기척을 따라 라쇼몽 누각에 오르자, 그곳에는 죽은 사람들이 널부러져 있었고 그 가운데 한 노파가 죽은 이들의 머리카락을 뽑고 있었습니다. 노파는 나쁜 짓인 줄은 알지만 생계를 위해 어쩔 수 없었다고 말하며 죽은 사람들도 살아생전 나쁜 짓을 하였으니 머리카락을 뽑는 것을 용서할 것이라고 하였습니다. 그 이야기를 들은 하인은 노파의 옷을 빼앗으며 "나도 이렇게 해야 굶어 죽지 않아"라고 말하며 떠나버립니다.

아쿠타가와 류노스케의 대표 작품인 이 단편소설은 극한 상황에서 악한 행동을 정당화하는 인간의 추악함과 이기심을 보여줍니다. 많은 사람들이 그의 창작물로 알고 있지만 정확히 말하자면 설화를 바탕으로 만든 작품입니다. 〈곤쟈쿠모노가타리슈今昔物語集〉에 있는 옛이야기를 조합하고 재해석한 것이죠. 류노스케는 이러한 형태의 작품을 많이 썼기 때문에 그의 작품 중 다수가 교토를 배경으로 하고 있습니다.

소설 《라쇼몽》은 발표 당시에는 아무런 관심을 받지 못했습니다. 그것도 그럴 것이 류노스케가 도쿄대학교에 재학 중에 쓴 것이기 때문이죠. 이 작품이 조명받은 것은 이후 그의 작품 〈코〉가 관심을 받으면서부터입니다. 류노스케는 메이지 시대의 유명 작가인 나쓰메 소세키夏目漱石의 제자였는데요. 그때 나쓰메 소세키를 감탄하게 만든 작품이 바로 〈코〉였습니다. 〈코〉라는 작품도 인간 내면을 보여주는 단편소설인데요. 사실 그의 유명 작품 대부분이 단편입니다.

。천재 소설가 아쿠타가와 류노스케。

나쓰메 소세키가 메이지 시대를 대표한다면 그다음 시대인 다이쇼는 아쿠타가와의 시대였습니다. 일본 국민 소설가의 제자였다는 것만으로도 류노스케가 범상치 않은 인물이었다는 것을 알 수 있죠. 아쿠타가와 류노스케, 그는 어떤 사람이었을까요?

아쿠타가와 류노스케는 1892년 도쿄에서 태어났습니다. 그의 인생은 어릴 때부터 순탄치 않았죠. 그가 일곱 살 때 어머니가 정신질환이 발병하였고, 사랑을 받아야 할 나이에 외가에 맡겨져 이모의 손에 성장하였습니다. 원래 류노스케의 성은 아쿠타가와가 아닌 니이하라新原였습니다만, 열한 살에 엄마가 세상을 떠나고 숙부의 양자가 되면서 성을 변경한 거였죠. 류노스케의 인생도 인생이지만, 류노스케의 누나가 여섯 살에 세상을 떠났으니 류노스케의 엄마도 가슴 아픈 인생을 살았습니다. 이런 어린 시절로 인해 류노스케는 자존감이 낮았으며, 항상 잘해야 한다는 강박관념과 주변의 평가에 신경을 곤두세우는 성격을 가지게 되었습니다.

그랬던 그가 자신의 글에 자신감을 갖게 된 시기가 바로, 나쓰메 소세키로부터 칭찬받았던 《코》를 썼을 무렵입니다. 이후 그는 《게사쿠 삼매경》,《지옥변》,《갓파》,《톱니바퀴》와 같은 숱한 명작을 남겼습니다. 아쿠타가와 류노스케의 시대가 도래한 것이죠. 하지만 그의 성격은 바뀌지 않아서 말기 작품인 《갓파》와 《톱니바퀴》에는 염세적인 분위기가 짙습니다. 이 많은 작품 중 앞에서 소개한 《라쇼몽》은 1915년 잡지 《제국문학》에 발표된 것으로, 100여 년이 지난 지금까지도 일본의 대표 문학 작품으로 교과서에 수록 되어 있습니다.

그는 1927년 서른다섯 살의 나이로 스스로 목숨을 끊었습니다. 자살의 동기는 막연한 불안으로 알려져 있지만, 세상을 등질 무렵 위장병, 신경쇠약 등 정신적, 육체적 피폐와 매형의 자살에 따른 빚 문제 등 불안의 원인은 많았습니다. 물론, 어느 것이 정확한 죽음의 원인인지 구체적으로 알 길은 없습니다.

나쓰메 소세키의 제자였던 그는 《인간실격》을 쓴 다자이 오사무에게 큰 영향을 주었습니다. 다자이 오사무는 류노스케를 찬양하며 좋아한 것으로 알려져 있습니다. 나쓰메 소세키, 아쿠타가와 류노스케, 다자이 오사무. 일본 문학을 대표하는 작가가 이렇게 이어져 있는 것이 아주 흥미롭습니다.

◦ 우정으로 시작된 일본의 대표 문학상 ◦

아쿠타가와 류노스케에게는 기쿠치 간菊池寬이라는 절친한 친구가 있었습니다. 기쿠치 간은 기쿠치 히로시라고도 불렸는데요. 류노스케는 장남의 이름을 그의 이름을 따서 히로시比呂志라고 지었을 정도 둘의 사이가 막역했습니다. 지금으로 치면 소울메이트였죠.

기쿠치 간은 소설가이자 1923년 문예춘추사를 창립한 인물입니다. 문예춘추사는 지금도 일본의 대표적인 월간지와 주간지를 발행하고 있는 출판사인데요. 1935년 기쿠치 간이 문예춘추사에서 친구 류노스케를 기리며 만든 상이 바로 아쿠타가와상입니다. 일본인이라면 아쿠타가와상의 존재는 모르는 사람이 없습니다. 1년에 2회 순수문학을 집필하는 신인 작가들에게 수여하는 상으로 나오키상과 더불어 일본의 대표적 문학상으로 꼽힙니다. 하지만 이 상이 제정되었을 때부터 큰 관심을 불러일으킨 것은 아닙니다. 아쿠타가와 작가는 매우 유명했지만요.

류노스케가 《라쇼몽》을 발표한 것은 대학 시절, 그러니까 스물세 살 때의 일입니다. 그리고 이와 비슷한 나이에 최연소 아쿠타가와상을 받은 사람이 있습니다. 바로 1956년 《태양의 계절》이라는 작품을 쓴 이시하라 신타로입니다. 이 책은 금방 베스트셀러가 되었죠. 혹시 이시하라 신타로라는 이름이 익숙하신가요? 우익적 발언으로 우리나라 언론에도 자주 등장한 전 도쿄도지사가 바로 그입니다. 여하튼 그의 등장으로 아쿠타가와상은 큰 관심을 받게 되었습니다. 1년에 두 번이라는 수상 횟수가 너무 많은 것 아니냐는 의견이 있지만 현재도 수상자가 발표되면 작가와 수상작에 시선이 집중되고 있습니다.

아쿠타가와상과 함께 유명한 문학상에는 나오키 산주고상이 있습니다. 통칭 '나오키상'이라고 부릅니다. 순수문학과 단편에 집중되어 있는 아쿠타가와상과는 달리, 나오키상은 대중성 있는 작품에 수여되는 경우가 많습니다. 나오키상 수상자로는 《용의자 X

의 헌신》의 히가시노 게이고, 재일동포 이야기로 영화로도 각색되었던 《GO》를 쓴 가네시로 가즈키金城一紀 등이 있습니다. 나오키 산주고直木三十五도 아쿠타가와 류노스케와 비슷한 시기에 활동한 작가로, 친구였던 기쿠치 간이 나오키 산주고를 기리기 위해 만든 것이 나오키상의 시작입니다. 1935년 아쿠타가와상과 함께 만들어졌지요. 우정으로 시작된 역사네요.

◦ 라쇼몽 효과 ◦

《라쇼몽》은 영화로도 제작되었습니다. 1950년 일본의 거장 구로사와 아키라黒澤明 감독이 제작했는데요. 이 작품은 베니스 국제영화제에서 황금사자상을 수상하면서 일본 영화의 황금기를 이끌게 됩니다. 다만 영화 〈라쇼몽〉은 소설의 내용을 그대로 한 것이 아니라, 아쿠타가와 류노스케의 《덤불 속》이라는 작품을 뼈대로 하여 《라쇼몽》의 내용을 추가한 것입니다. 하나로만 하기에는 이야기가 너무 짧았기 때문이었죠.

소설 《라쇼몽》이 하인과 노파의 이야기를 하고 있다면, 영화 〈라쇼몽〉은 한 사무라이의 죽음에 대한 엇갈리는 진술을 다루고 있습니다. 관련자들은 하나의 현상을 두고 각자 자신에게 유리한 방향으로 해석하고 기억하여 본질을 다르게 인식하고 있죠. 이 영화에서 유래되어, 이러한 인간의 본질을 '라쇼몽 효과'

라고 합니다.

이 영화는 처음에는 큰 주목을 받지 못했습니다. 당연히 구로사와 감독은 베니스 영화제에서 수상할 거라고 전혀 예상하지 못하였죠. 출품이 되었다는 사실조차도 모르고 있었는데 낚시를 갔다가 돌아오니 축하를 받았다는 일화는 유명합니다.

구로사와 아키라를 포함하여 1950년대의 일본 영화 황금기를 이끌었던, 미조구치 겐지溝口健二, 오즈 야스지로小津安二郎를 일본의 3대 영화 감독이라고 합니다. 구로사와 아키라의 〈라쇼몽〉, 〈7인의 사무라이〉, 미조구치 겐지의 〈우게쓰 이야기〉, 오즈 야스지로의 〈도쿄 이야기〉는 당대 국내외에서 높은 평가를 받았던 대표적 작품이었죠. 이러한 분위기 속에 1958년에는 누적 영화 입장객만 11억 명이 넘을 정도로 영화 산업이 정점을 찍었습니다.

◦ 라쇼몽과 고레에다 감독 ◦

1958년을 정점으로 일본의 영화 산업은 내리막길을 걷습니다. TV 보급 등이 가장 큰 이유였죠. 제작 스튜디오들은 불황을 맞게 되었고, 수익 개선을 위해 새로운 장르의 영화들이 속속 등장하게 됩니다. 특히 1950년대부터 **태양족**이 등장했으니까요.

태양족이 뭐냐구요? 앞서 아쿠타가와상 수상작으로 소개했던 이시하라 신타로의 〈태양의 계절〉에서 유래한 세대입니다. 2차 세계대전 이전의 가치관을 싫어하고 기존의 질서를 거부하며 서양식 자유분방함과 향락을 추구하고 방탕한 생활을 즐기는 세대였지요. 이러한 사회 분위기를 배경으로 영화 산업의 위기를 타개하기 위해서 등장한 것이 바로 야쿠자 영화와 핑크 영화였습니다. 핑크 영화란, 쉽게 말해 저예산 포르노 영화를 말합니다. 특히 그중에서도 닛카츠라는 영화사가 드라마를 넣어 만든 로망 포르노는 1970년대에 나름 인기를 끌며 명맥을 유지하였습니다. 일본 영화는 야하다는 이미지가 남아 있다면 핑크 영화 때문일 것입니다. 지금으로 치면 콘텐츠의 홍수 속에서 살아남기 위해 성을 상품화한 것이었죠. 하지만 핑크 영화는 진짜 포르노 비디오가 등장하면서 1980년대 자취를 감춥니다.

1980년대 일본 영화는 할리우드 영화의 강세로 주춤하게 됩니다. 동시에 1980년대 후반부터는 애니메이션이 성행하기 시작하였죠. 미야자키 하야오 감독의 인기도 이 시기에 높아졌습니다. 영화계는 침체기였지만 1990년대 이후 국내외에서 좋은 평가를 받은 영화들도 꽤 있었습니다. 대표적인 작품이 바로 이와이 슌지 감독의 〈러브레터〉였죠. 그리고 1990년대 후반에 등장한 고레에다 히로카즈 감독이 2018년 〈어느 가족〉으로 칸영화제 황금종려상을 수상했습니다.

〈걸어도 걸어도〉, 〈그렇게 아버지가 된다〉, 〈아무도 모른다〉 등 숱한 명작을 남긴 고레에다 감독의 작품 중에 〈세 번째 살인〉이라는 작품이 떠오릅니다. 〈세 번째 살인〉은 주인공인 변호사가 살인 사건의 진실을 파헤치는 내용인데요. 재판 과정에서 용의자는 진술을 번복하고, 사건은 파헤치면 파헤칠수록 미궁 속으로 빠져 들어가죠. 결국은 사실을 알아내는 것조차도 점점 의미가 퇴색되어가는데요. 이 영화는 일본의 사법제도와 사형제도를 다루고 있지만, 진실과 거짓, 믿음과 의심이 반복된다는 점에서 영화 〈라쇼몽〉이 떠오르기도 합니다.

"하인의 행방은 아무도 모른다."

소설 《라쇼몽》의 마지막 문장은 매우 유명합니다. 하인은 과연 어떻게 되었을까요? 소설은 이렇게 여지를 남긴 채 독자에게 마지막 질문을 던지고 있습니다. 선과 악이 뚜렷하고 마무리가 깔끔한 것을 선호하는 우리와는 달리 일본의 문학과 영화에서는 결론을 독자 또는 관객의 상상력에 맡기는 찝찝한 결말이 많습니다. 통쾌하지 않아도 신나지 않아도 스릴이 없어도, 여러 번 반복해서 보게 되는 이유가 되죠. 하지만 문학과는 다르게 일본 영화는 침체기를 지나고 있는 것이 틀림없습니다. 과연 일본 영화 산업은 1950년대처럼 부활할 수 있을까요?

문화

와비사비 라이프가 뭡니까?

_ 단순함과 오래됨의 미학

취업, 결혼, 출산, 시험, 연애…… 뭐 하나 제대로 해내기 힘든 세상에 지친 젊은이 세 명이 고향인 시골로 내려와 소소한 일상을 보내며, 우리에게 잊고 지냈던 행복을 선사해준 영화가 있었습니다. 바로 영화 <리틀 포레스트>인데요. 그렇게 바쁘게 산다고 문제가 해결되느냐는 주인공의 대사를 들으며, 느린 도시에서 빠르게 살았던 교토의 생활을 떠올렸습니다.

<리틀 포레스트>는 원래 일본이 원작입니다. 한국에서 리메이크한 작품도 훌륭하지만, 원작에서 더 와비사비ゎびさび 라이프가 느껴집니다. 와비사비 라이프가 뭐냐고요? 겉치레보다 본질에 집중하며, 부족함에서 만족을 느끼고, 서두르기보다는 유유자적하고 느긋하게 살아가는 삶을 의미합니다. 줄리 포인터 애덤스Julie Pointer Adams가 쓴《와비사비 라이프: 없는 대로 잘 살아갑니다》라는 책에서도 소개되었죠. SNS를 포함한 각종 매체들이 소유를 부추기고 경쟁을 불러일으키는 것에 지친 젊은이들에게 와비사비 라이프는 또 하나의 트렌드라고 할 수 있습니다. 비단 일본만의 이야기는 아니죠.

◦ 명료하게 정의 내리기 힘든 와비사비 ◦

와비사비에 대해 조금 더 알아볼까 합니다. 정확한 설명이 쉽지 않은 이 단어는, '와비ゎび'와 '사비ㄹび'가 합쳐진 말입니다. 와비와 사비는 일본의 문화적 미의식에서 유래한 것이지만, 정신과 철학이라고도 할 수 있는데요. 먼저 와비라는 것은 검소한 공간과 고요한 정취 등으로 대변되는 단순함의 미학이며, 사비라는 것은 시간의 흐름에 의해 생기는 아취와 같은 오래됨의 미학입니다. 이렇게 설명해도 사실 명확하게 이해하기가 쉽지 않지요.

어떻게 보면 정확한 의미를 알기 힘든 것이 더 좋은 것 같기도 합니다. 의미가 정확하고 명료하게 설명된다면, 오히려 사람들이 이렇게 큰 관심을 갖지 않았을 수도 있지 않을까요. 규정하기 어렵고 신비롭기 때문에 오히려 특별하게 느껴지는 것일지도 모릅니다. 실제로 이러한 특성을 유지해야 한다고 생각하는 사람들도 많습니다.

와비사비가 잘 느껴지는 곳이 바로 교토의 절입니다. 잘 정제된 정원과 정숙함에서 와비사비를 느낄 수 있죠. 물론, 붐비는 시간은 피해야 하겠지만요. 그리고 또 하나, 와비사비가 잘 나타나는 것이 바로 다도입니다.

문화

◦ 꾸밈없고 절제된 차 문화 ◦

임진왜란으로 잘 알려져 있는 도요토미 히데요시. 그에게 죽임을 당한 사람은 셀 수 없이 많겠지만 그중엔 석연치 않은 죽음을 당한 사람도 있습니다. 바로 센노 리큐千利休라는 인물입니다. 다도의 대가였던 그는 일본인이라면 누구나 알 만큼 유명한 인물이죠. 그는 당시 대표적인 상업도시인 사카이 출신 상인의 아들이었습니다. 사카이는 현재 오사카에 있는 도시인데요. 당시 교토, 나라 등과 함께 일본의 중심지였고, 특히 상업 자본이 발전하면서 성장한 상인 계층인 조닌들이 많이 살던 도시였습니다. 상대적으로 경제력이 좋았던 조닌 계층에서 다도가 유행한 덕에 센노 리큐는 쉽게 다도를 접할 수 있었습니다.

센노 리큐는 **와비차**를 집대성하였다고 알려져 있습니다. 앞서서 추상적이지만 와비에 대해서 서술하였는데요. 그렇다면 와비차는 무엇일까요? 차의 종류라고 생각하는 분들이 많지만, 소박하고 꾸밈없는 절제된 마음가짐을 중시하는 차 문화를 이야기합니다.

와비차를 집대성한 것이 센노 리큐라면, 와비차의 창시자는 무로마치 시대의 승려인 무라타 주코村田珠光입니다. 그 시대의 다도는 엘리트들의 여가 활동인 동시에 새로운 인맥을 쌓고 관계를 맺는 방법이었습니다. 품위와 위신을 보여주는 활동으로서 당시 무사들은 기본적으로 다도를 배웠습니다. 하지만 그러한 시대적

분위기와는 다르게 무라타 주코는 절제된 내면과 상대방을 대접할 때의 정신적인 교류를 중시하였는데, 이러한 태도가 와비차의 시작이라고 볼 수 있습니다. 특히 센노 리큐의 다실에는 니지리구치躙り口라는 작은 입구가 있었는데요. 그곳에 기어서 들어가는 것 자체가 권력이나 위신과 상관없이 모두 평등하다는 것을 의미했습니다.

◦ 리큐와 히데요시는 취향이 달랐다? ◦

물론 전국 시대에는 다도가 권력을 뽐내는 방법으로 이용되기도 했습니다. 오다 노부나가와 도요토미 히데요시도 다도를 즐겨하였고 그들의 차 스승이 바로 센노 리큐였습니다. 당시 유명한 다도의 거장이었던 그는 처음에는 오다 노부나가의 차 스승이었다가, 그가 암살당한 뒤에는 도요토미 히데요시의 차 스승으로 최측근이 되었습니다. 센노 리큐의 수제자를 리큐칠철利休七哲이라고 하는데요. 이들은 도요토미 히데요시를 위해 다구를 수집하는 등의 역할을 하였습니다. 하지만 도요토미 히데요시는 황금으로 된 다구로 귀족들에게 차를 대접을 하며, 거대한 규모의 다회를 열어 천하통일의 성과를 과시하는 등 와비차의 리큐와는 분명히 다른 화려한 취향을 가지고 있었습니다.

센노 리큐와 도요토미 히데요시에 관한 일화를 하나 소개하겠습니다. 많이 알려진 리큐와 나팔꽃 이야기인데요. 히데요시가 리큐의 집에 나팔꽃이 아름답게 피어 있다는 소리를 듣고 보고 싶다고 청하니, 리큐가 아침의 다회에 초대했습니다. 하지만 정원에 가보니 나팔꽃이 하나도 없는 게 아니겠어요? 불쾌해진 히데요시가 허리를 숙이고 니지리구치를 통과하여 다실에 들어가니, 화병에 나팔꽃 한 송이가 자태를 뽐내며 딱 꽂혀 있었습니다. 한순간의 감동을 위해 정원의 나팔꽃을 모두 잘라버린 것이었지요. 히데요시는 '역시 리큐답다'라고 생각했습니다.

하지만 히데요시는 이후 리큐에게 할복 명령을 내립니다. 소작농 출신의 권력자와 유복한 상인 출신의 다도의 대가는 지금 생각해도 어울리지 않는 조합 같기도 한데요. 취향이 달랐던 것일까요? 리큐의 죽음에는 여러 설이 존재합니다. 히데요시가 리큐에게 딸을 하사할 것을 명령하였으나 거절했다는 설, 다이도쿠지 정문 위에 리큐의 목상이 안치된 것을 보고 히데요시가 분노했다는 설, 리큐가 조선 침략을 반대했다는 설 등이 있습니다. 야마모토 겐이치山本兼一의 소설 《리큐에게 물어라》는 이러한 내용들을 다루고 있으며 영화로도 제작되었습니다.

◦ 와비사비와 미니멀리즘 ◦

와비사비와 미니멀리즘은 상통하는 부분이 있습니다. 앞서 나온 센노 리큐의 와비차는 다실을 화려함을 배제하고 단란함과 소박함을 기준으로 만들어진 문화입니다. 이러한 분위기는 서양에서 넘어온 미니멀리즘과 비슷한 부분이 있습니다. 미니멀리즘은 1960년대부터 등장하기 시작하여 음악, 건축, 패션, 철학 등과 접목되었으며, 단순함과 간결함을 바탕으로 한 심플함을 추구하였습니다. 하지만 미니멀리즘과 와비사비는 분명 차이가 있습니다. 미니멀리즘이 불필요한 부분을 줄이고 단순화시키는 것에 상당한 노력을 들이고 또 그 과정에서 소소한 스트레스를 받는다면, 와비사비는 단조로움 속에서 완벽보다는 편안함을 추구합니다.

사실 '와비사비 라이프'라는 표현은 일본에 없는 표현입니다. 영화 〈리틀 포레스트〉를 예로 들며 이것이 와비사비 라이프라고 외쳤지만, 이 단어는 '와비사비'라는 일본의 미의식과 정신이 서양인에 의해 재해석되면서 여기에 '라이프'라는 단어가 더해져 등장한 것입니다. 그리고 그것이 다시 우리에게 알려진 것이죠. 그러니 오히려 일본인에게 와비사비 라이프를 말한다면 고개를 갸우뚱거릴지도 모릅니다.

하지만 일본의 와비사비 미의식이 지금 우리의 트렌드와 연결된다는 것은 꽤나 흥미로운 일입니다. 이것은 문화나 풍습이 언제든 다른 곳에서 또 다른 모습으로 트렌드가 될 수 있다는 것을 보여주죠. 그리고 그 과정에서 그 나라의 문화나 풍습을 자연스럽게 알게 되는 것은 또 하나의 즐거움입니다.

참고자료

PART 1. 법

코세키 쇼오이찌 저, 김창록 역, 《일본국 헌법의 탄생》, 뿌리와이파리, 2010

앤드루 고든 저, 문현숙, 김우영 공역, 《현대일본의 역사 1, 2》, 이산, 2015

이즈미 도쿠지 저, 이범준 역, 《이즈미 도쿠지, 일본 최고재판소를 말하다》, 궁리출판, 2016

石井小夜子·平湯真人·坪井節子, 《少年法、少年犯罪をどう見たらいいのか(소년법, 소년범죄를 어떻게 봐야 하는가)》, 明石書店, 2001

강상중 저, 노수경 역, 《떠오른 국가와 버려진 국민》, 사계절, 2020

大田堯, 永原慶二, 尾山宏, 《家永三郎の残したもの引き継ぐもの(이에나가 사부로가 남긴 것을 잇는 것)》, 日本評論社, 2003

松尾尊兊, 《滝川事件(타키가와 사건)》, 岩波書店, 2005

이웅현, "일본 문부과학성 '교과서 조사관'의 계보", 평화와 민주주의연구소, 평화연구, 22권(2호), pp.38~72, 2014.10

PART 2. 정치·경제

요시미 슌야 저, 서의동 역, 《헤이세이(平成) 일본의 잃어버린 30년》, AK, 2020

한영혜, 《일본사회개설》, 한울아카데미, 2011

伊藤正直, "戦後ハイパー·インフレと中央銀行(전후 하이퍼인플레와 중앙은행)", 日本銀行金融研究所/金融研究, 2012.1

이시무레 미치코 저, 서은혜 역, 《신들의 마을》, 녹색평론사, 2015

段勲, 《千昌夫の教訓(센 마사오의 교훈)》, 小学館文庫, 2000

山本七平, 《日本人の土地神話(일본인의 토지신화)》, 日本経済新聞出版, 1990

원종학, 권혁욱, 김영각, "일본 재정정책의 추이와 전망", 한국조세재정연구원, 2016.10

안베 유키오 저, 홍채훈 역, 홍춘욱 감수, 《일본 경제 30년사》, 에이지21, 2020

原田曜平, 《さとり世代(사토리 세대)》, 角川書店, 2013

山岡拓, 《欲しがらない若者たち(탐내지 않는 젊은이들)》, 日本経済新聞出版, 2009

高橋伸夫, 《未来傾斜原理: 協調的な経営行動の進化(미래 경사 원리: 협조적인 경영 행동의 진화)》, 白桃書房, 1996

PART 3. 사회

萩原進, 《農地収奪を阻む―三里塚農民怒りの43年(농지수탈을 막다-산리즈카 농민 분노의 43년)》, 編集工房朔, 2008

大和田武士, 鹿野幹夫, 《「ナリタ」の物語1978年開港から('나리타' 이야기-1978년 개항부터)》, 崙書房, 2010

오제 아키라, 《우리마을 이야기 1~7》, 길찾기, 2012

「NHKスペシャル」取材班, 《沖縄返還の代償 核と基地 密使・若泉敬の苦悩(오키나와 반환의 대상・핵과 기지 밀사・와카이즈미케이의 고뇌)》, 光文社, 2012

아라사키 모리테루 저, 김경자 역, 《오키나와 이야기》, 역사비평사, 2016

NHK '도카이무라 임계사고' 취재반 저, 신정원 역, 《83일》, 뿌리와이파리, 2015

야마모토 요시타카 저, 서의동 역, 《일본 과학기술 총력전》, AK, 2019

http://www.asahi.com/senkyo2007/news/TKY200706280119.html

国立国会図書館の電子展示会, "ブラジル移民の100年(브라질 이민의 100년)" (https://www.ndl.go.jp/brasil/index.html)

오가와 류키치 저, 박상연 역, 《어느 아이누 이야기》, 모시는사람들, 2019

이시재, 《현대일본》, 일조각, 2005

일본부락해방연구소 저, 최종길 역, 《일본 부락의 역사》, 어문학사, 2010

정혜선, 《일본사 다이제스트》, 가람기획, 2011

PART 4. 문화

하마구치 고료 기념관

https://www.town.hirogawa.wakayama.jp/inamuranohi/siryo_inamura.html

"防災教育から生まれた『釜石の奇跡』- 片田教授に聞く(방재 교육으로부터 태어난 '가마이시의 기적'-카타다 교수에게 묻다)", 유튜브, 2012

西尾敏彦, "もう1人の『水稲農林１号』育ての親(또 1명의 농림1호를 키운 사람)", 社団法人農林水産·食品産業技術振興協会

https://www.jataff.or.jp/senjin2/3.html

山本七平, 《昭和東京ものがたり(쇼와 도쿄 이야기) 1, 2》, 読売新聞社, 1990

강태웅, 《이만큼 가까운 일본》, 창비, 2016

권숙인, 김효진, 지은숙, 《젠더와 일본 사회》, 한울아카데미, 2016

권혁태, 《일본 전후의 붕괴》, 제이앤씨, 2013

야마모토 겐이치 저, 권영주 역, 《리큐에게 물어라》, 문학동네, 2010

BS朝日, "昭和偉人伝(오자키 유타카)", 尾崎豊編, 2015.4

권희주, "일본 문화예술인-아쿠타가와 류노스케", 네이버 지식백과(세손출판사, 일본사학회)

조양욱, 《일본지식채널》, 예담, 2008

레너드 코렌 저, 박정훈 역, 《와비사비》, 안그라픽스, 2019

줄리 포인터 애덤스 저, 박여진 역, 《와비사비 라이프》, 윌북, 2017

熊倉功夫, 《千利休(센노 리큐)》, 創元社, 2015

최관, 《우리가 모르는 일본인》, 고려대학교출판부, 2007

양은경, 《일본사를 움직인 100인》, 청아출판사, 2012

색인

314